新能源汽车构造

主 编 曹淼龙 庞 茂 吴立军

北京理工大学出版社
BEIJING INSTITUTE OF TECHNOLOGY PRESS

内 容 简 介

本书共 12 章，包括新能源汽车基础、纯电动汽车、混合动力电动汽车、电机与电机控制系统、燃料电池电动汽车、电池与电池管理系统、整车控制系统与混合动力系统、电动化部件、变速器、CAN 通信数据总线与智能网联、新能源汽车行业与电力设备、新能源汽车的发展趋势。

本书为读者提供新能源汽车构造的基础知识，能够满足读者分析新能源汽车工程领域的基础现状和现存问题的要求，同时也是读者进一步学习新能源汽车结构与实践认知的基础。

本书适合本科院校车辆工程、新能源汽车工程等专业教学使用。

图书在版编目（CIP）数据

新能源汽车构造 / 曹淼龙，庞茂，吴立军主编. --
北京：北京理工大学出版社，2023.6
　　ISBN 978-7-5763-2539-3

　　Ⅰ. ①新… Ⅱ. ①曹… ②庞… ③吴… Ⅲ. ①新能源
-汽车-构造 Ⅳ. ①U469.7

　　中国国家版本馆 CIP 数据核字（2023）第 116640 号

责任编辑： 高 芳		**文案编辑：** 李 硕	
责任校对： 刘亚男		**责任印制：** 李志强	

出版发行 / 北京理工大学出版社有限责任公司
社　　址 / 北京市丰台区四合庄路 6 号
邮　　编 / 100070
电　　话 / (010) 68914026（教材售后服务热线）
　　　　　　　(010) 68944437（课件资源服务热线）
网　　址 / http://www.bitpress.com.cn

版 印 次 / 2023 年 6 月第 1 版第 1 次印刷
印　　刷 / 三河市天利华印刷装订有限公司
开　　本 / 787 mm×1092 mm　1/16
印　　张 / 14
字　　数 / 323 千字
定　　价 / 62.00 元

　　在中国共产党第二十次全国代表大会报告中，习近平总书记提出了建设制造强国的重要战略，强调要实现由"制造大国"向"制造强国"的转变，打造具有全球竞争力的先进制造业体系。在新能源汽车产业中，这一精神得到了充分体现。随着我国新能源汽车市场的不断扩大和技术的不断创新，对高技能人才的需求也越来越迫切，高技能人才将成为产业技术与科学研究的桥梁，同时也是制造强国和现代化工业体系的基础。

　　为了培养更多的高技能人才，中国政府推出了一系列培养计划，包括建立技能人才培养体系、制定职业技能等级认定标准、建立国家职业技能竞赛制度等。这些举措的实施，为新能源汽车产业提供了大量的专业人才。

　　"二十大"提出的培养高技能人才、建设制造强国、建设现代化工业体系等精神，为新能源汽车产业的发展提供了重要的支撑和指导。在新的历史时期，将坚定不移地贯彻这一精神，推动新能源汽车产业的高质量发展，为中国制造业的振兴和国家的可持续发展作出更大的贡献。

　　大力推进节能减排，保护生态环境，这是中国积极应对全球气候变化，推动可持续发展的重要举措之一。在此目标的指引下，许多新能源汽车技术得到了快速发展和应用，以减少传统内燃机汽车的排放和对环境的负面影响。

　　国家发改委、国家能源局发布了《氢能产业发展中长期规划（2021—2035 年）》，明确了氢的能源属性，确认氢是未来国家能源体系的重要组成部分，要充分发挥氢能清洁低碳特点，推动交通、工业等用能终端和高耗能、高排放行业绿色低碳转型。在"二十大"提出的建设现代化工业体系和新能源汽车产业的思想指导下，燃料电池电动汽车得到了国家的重点扶持和发展。燃料电池电动汽车是一种运用氢能源作为燃料，通过燃料电池产生电能来驱动的电动汽车，具有高能量密度、零排放、静音、高效、轻量化等优点。在当前的全球气候变化和能源危机的背景下，燃料电池电动汽车的发展具有重要意义，为中国实现可持续发展作出了积极贡献。

　　本书共 12 章，包括新能源汽车基础、纯电动汽车、混合动力电动汽车、电机与电机控制系统、燃料电池电动汽车、电池与电池管理系统、整车控制系统与混合动力系统、电动化部件、变速器、CAN 通信数据总线与智能网联、新能源汽车行业与电力设备、新能源汽车的发展趋势。

　　本书秉承新形态教材风格，略去过于抽象的内容，通过图片展现它们；体现工科专业教材特点，注意理论与工程实际相联系，以及前导课程内容与本课程内容间的联系与区别；行文通俗易懂，力求深入浅出。本书适合本科院校车辆工程、新能源汽车工程等专业教学使用。

　　本书由浙江科技学院曹淼龙、庞茂、吴立军主编。其中第 1~4 章由曹淼龙、孙雨舟编写，第 5~7 章由吴立军、颜昊编写，第 8~10 章由曹淼龙、平观林和赵津成编写，第 11、12 章由庞茂、何健舟、徐祖宏编写。全书由曹淼龙统稿。书中实践练习题答案由曹淼龙、颜昊、平观林、赵津成、孙雨舟整理，并得到曹石、付昊、朱家仪、章迈等研究生的帮助。

　　本书参考借鉴了其他同类教材，在此向有关作者致谢。由于编者水平有限，书中难免有错漏之处，恳请广大读者、专家给予批评指正。

编　者

2023 年 3 月

目　录

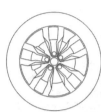

第1章
新能源汽车基础

本章以时间为主线，简要介绍汽车的发展历程。在汽车发展的早期曾有很多使用汽油或柴油以外的能源的方案，或者有些用汽油或柴油但不用内燃机，可是因为成本效益低而被淘汰。20世纪70年代起，这些能源方案复兴，人们提倡新能源汽车是为了应对环保和石油危机需要，减少或放弃燃烧传统的汽油或柴油驱动内燃机的主流车型。

学习目标

(1)了解汽车的发展历程和早期电动汽车的理论知识。

(2)理解新能源汽车的发展意义。

(3)掌握新能源汽车的概念与分类。

(4)理解在现代能源背景下发展新能源汽车的重要性。

(5)掌握新能源汽车技术路线及关键技术。

1.1　汽车发展历程

汽车是现代文明的重要标志，已融入了现代最先进的科学技术。汽车作为一种道路交通工具，在国防建设和人民生产、生活等方面均起着十分重要的作用。最早的道路交通工具是人力车和畜力车，此后又经历了蒸汽机汽车、电动汽车、内燃机汽车等数百年的发展阶段。

1.1.1　汽车的诞生

在汽车的发展史上，法国陆军工程师、炮兵大尉尼古拉斯·古诺可以被称为开创者之一。在1769年，他成功地研制出了世界上第一辆以蒸汽机为动力的汽车，这是汽车历史上的一个重要里程碑，如图1-1所示。这辆汽车重约4 t，由3个车轮支撑，其最高车速只能达到6 km/h。但这项发明为后来的汽车技术发展奠定了基础。

随着技术的不断进步，德国工程师卡尔·本茨在1879年成功制出了一台二冲程发动机。此后，他于1883年创立了本茨公司和本茨莱茵发动机厂，为汽车技术的发展作出了

巨大贡献。1885 年，他在曼海姆制成了第一辆本茨专利的发动机汽车，并在 1886 年 1 月
29 日申请了专利，如图 1-2 所示。这辆汽车被认为是第一辆现代意义上的汽车，因此这
一天也被视为汽车的诞生日。本茨的发明和创新极大地推动了汽车技术的进步，标志着汽
车从独特的玩具到现代交通工具的转变，促进了人类交通方式的革命。

图 1-1　第一辆以蒸汽机为动力的汽车　　　　图 1-2　第一辆本茨专利的发动机汽车

在本茨之后，汽车技术得到了快速的发展。1901 年，美国汽车制造商奥兹莫比尔制造
了第一辆商业化的汽车，名为"Curved Dash"，这标志着汽车开始向大众市场普及。在接
下来的几十年中，汽车技术不断革新和发展，速度、安全性和舒适性不断提升。例如，
1912 年，电气工程师查尔斯·凯特林制造了第一辆实用的电动汽车，为汽车技术在环保和
可持续性方面的发展奠定了基础。1913 年，福特开发出世界上第一条汽车生产流水线，使
得汽车的生产成本大幅降低，价格变得更加亲民。随着时间的推移，汽车的设计和功能也
发生了巨大的改变。例如，引入了自动变速器和巡航控制系统等新技术，汽车的驾驶变得
更加方便和安全。同时，汽车的外观设计也变得更加时尚和个性化，满足了人们对汽车的
不同需求和喜好。

如今，汽车已经成为现代社会不可或缺的一部分。它为人们提供了便捷、高效、舒适
的出行方式，同时也促进了全球经济和文化的交流和发展。虽然汽车技术已经取得了长足
的进步，但仍然有许多挑战和机遇等待着我们去应对和发掘。

1.1.2　早期电动汽车

1873 年，英国人罗伯特·戴维森研制出了世界上第一辆实用的电动汽车，这比德国人
戴姆勒和本茨发明汽油发动机汽车早 10 年以上。戴维森发明的电动汽车是一辆载货车，
长 4 800 mm，宽 1 800 mm，使用铁、锌、汞合金与硫酸进行反应的一次电池，如图 1-3
所示。其后，从 1880 年开始可充放电的二次电池得到应用。对于当时的电动汽车来讲，
从一次电池发展到二次电池是一次重大的技术变革，使电动汽车需求量有了很大提高，在
19 世纪下半叶成为交通运输的重要产品，写下了电动汽车在人类交通史上的辉煌一页。
1890 年法国和英国伦敦的街道上行驶着电动大客车，当时的车用内燃机技术还相当落后，
行驶里程短、故障多、维修困难，而电动汽车维修方便。

图 1-3　第一辆实用的电动汽车

在欧美，电动汽车最盛期是在 19 世纪末。1899 年，法国人考门·吉纳驾驶一辆 44 kW 双电动机为动力的后轮驱动电动汽车，创造了车速 106 km/h 的纪录。1900 年，美国制造的汽车中，电动汽车为 15 755 辆，蒸汽机汽车为 1 684 辆，而汽油机汽车只有 936 辆。

随着电动汽车技术不断发展，它逐渐成了 19 世纪末和 20 世纪初期城市交通运输的主力。许多城市都开始建立电动汽车充电站，以支持这种新兴的交通方式。在当时，电动汽车被认为是清洁、安静、高效和可靠的交通工具，而且比传统的内燃机汽车更易于操作和维护。

进入 20 世纪以后，内燃机技术的不断进步。1908 年，美国福特汽车公司 T 型车问世，以流水线生产方式大规模批量制造汽车使内燃机汽车开始普及。在市场竞争中，蒸汽机汽车与电动汽车由于存在着技术及经济性能上的不足，前者被无情的岁月淘汰，后者则呈萎缩状态。

然而，随着石油工业的迅速发展和内燃机汽车的推广，电动汽车的市场份额开始逐渐下降。20 世纪 20 年代，随着美国的油价下降，内燃机汽车的销售量开始大幅增加，而电动汽车则开始逐渐退出市场。

尽管如此，电动汽车一直在持续发展和改进。在 20 世纪 70 年代和 80 年代，随着人们环保意识的不断提高和石油价格的不断上涨，电动汽车再次受到关注。在这个时期，许多公司开始研发新的电动汽车技术，以提高电动汽车的性能和使用寿命。通用汽车公司 1996 年 12 月推向市场的 EV1 电动汽车，车身结构采用复合材料，主能源采用 32 块铅酸电池。EV1 的最高车速可达到 128 km/h，从静止加速到 96 km/h 的时间小于 9 s，一次充电可以行驶 144 km，是 20 世纪 90 年代电动汽车的经典之作。福特汽车公司于 1998 年以小型卡车 Ranger 为样车推出的一款铅酸电池电动汽车，0~80 km/h 加速 2.5 s，最高车速 120 km/h，最大续驶里程 131 km。1994 年，首批 200 辆比亚迪电动汽车作为出租汽车在深圳街头亮相。1995 年，孙逢春院士带领团队造出了中国第一款纯电动大客车——远望号，如图 1-4 所示。

图1-4 远望号

到了21世纪，随着全球气候变化问题的日益严重，电动汽车再次成了人们关注的焦点。许多国家和地区开始推行政策，鼓励人们使用电动汽车，以减少内燃机汽车对环境的污染和对能源的依赖。随着电动汽车技术的不断进步和成本的不断下降，电动汽车正在逐渐成为未来交通运输的主力。

1.1.3 现代电动汽车

现代电动汽车在发展初期的状况可以概括为技术不成熟、市场需求不高、价格昂贵、续驶里程短等。在20世纪末和21世纪初，市场上虽然已经有了一些电动汽车，但由于电池技术、电机技术和充电设施等方面的限制，电动汽车的续驶里程很短，市场需求也不高，价格也很昂贵。这些问题限制了电动汽车的推广和普及。

21世纪以来，现代电动汽车的发展进入了一个全新的阶段，随着气候变化、能源短缺、环保意识等问题的日益凸显，电动汽车在世界范围内逐渐成了一种新的趋势和解决方案。2000年，世界各国开始关注和推广电动汽车的发展，一些国家和地区还出台了相关政策和鼓励措施。在此背景下，电动汽车逐渐成了汽车产业的一股新生力量，相关技术和产品也在不断地改进和完善。目前，现代电动汽车已经从最初的试验性产品逐渐发展成了一种市场化的、成熟的交通工具。

在现代电动汽车的发展过程中，市场和技术两方面都起到了重要的推动作用。

从市场方面来看，现代电动汽车的发展已经进入了一个高速增长的阶段。据国际能源署的数据显示，截至2020年，全球电动汽车的销售量已经达到了1 000万辆以上，占据了汽车市场的一定份额。特别是在欧洲、中国等地，电动汽车的销售量增长速度更是迅猛，已经成了汽车市场的一股强劲的增长动力。同时，各国政府和汽车厂商也在不断推出相关的政策和产品，以满足消费者的需求和市场的变化。此外，越来越多的政策措施也在促进电动汽车的发展。全球范围内，各国政府出台了许多激励电动汽车购买和使用的政策，如减税、免费停车、免费充电等。一些城市还在市区内限制内燃机汽车的行驶，鼓励人们使用电动汽车。同时，许多国家也设立了电动汽车生产补贴，帮助企业降低生产成本，促进电动汽车的发展。

在技术方面，电动汽车的发展也取得了巨大进步。随着电池技术不断提升，电动汽车的续驶里程得到了显著提高，充电速度也越来越快。另外，智能化、自动驾驶等技术的应用也使得电动汽车更加智能化、安全和便捷。但是，电动汽车的成本仍然较高，对消费者来说购买电动汽车仍然需要一定的经济承受能力；电动汽车的充电设施建设和充电时间等问题也制约着电动汽车的发展；电动汽车的安全性和稳定性等问题需要得到进一步的研究和解决。不过，随着科技的进步和政府的支持，电动汽车逐渐走向了成熟。新一代的电池技术和电机技术的不断发展，使得电动汽车的续驶里程和性能得到了显著提升。

沃尔沃计划在 2030 年之前逐步淘汰汽油和柴油新车的销售，从 2030 年开始只交付电动汽车。通用汽车宣布计划从 2035 年开始停售内燃机汽车，并在同年将旗下的产品过渡到零排放汽车，以及纯电动汽车。这一举措意味着到 2035 年时，通用汽车旗下的凯迪拉克、别克和雪佛兰等品牌的产品，都将取消内燃机，进入零排放时代。捷豹汽车宣称从 2025 年起，只生产纯电动汽车。马自达公布的电动汽车战略布局表示在 2025 年前将推出 13 款电动化车型，并陆续增加纯电车型，到 2030 年将达成全车系电动化目标。本田汽车宣布将在 2040 年使电动汽车和燃料电池电动汽车占到销量的 100%，以达成碳中和目标。在此之前，本田将力争 2030 年使电动汽车和燃料电池电动汽车的销量达到 40%，2035 年达到 80%。德国汽车巨头梅赛德斯-奔驰表示，希望到 2039 年停止销售传统内燃机汽车，并计划届时在全球范围内销售新型车辆，以实现碳中和。所有梅赛德斯车型都将在 20 年内转变为纯电动或混合动力车型，通过不同的方式实现上述目标。2022 年 4 月 3 日，比亚迪公告称根据战略发展需要，公司自 2022 年 3 月起停止内燃机汽车的整车生产。未来，在汽车版块比亚迪将专注于纯电动和插电式混合动力汽车业务。

总之，21 世纪以来，现代电动汽车经历了从起步到蓬勃发展的过程。政策扶持、技术进步和消费者需求共同推动了电动汽车的发展。随着电池技术不断提升、充电设施不断完善以及智能化、自动驾驶等技术的应用，电动汽车将更加普及和智能化，成为未来可持续发展的主力军。

1.2　新能源汽车概述

1.2.1　新能源汽车的概念和分类

新能源又称非常规能源，是指刚开始开发利用或正在积极研究、有待推广的能源，如太阳能、地热能、风能、海洋能、生物质能和核聚变能等。联合国开发计划署（The United Nations Development Programme，UNDP）将新能源分为大中型水电、新可再生能源和传统生物质能三大类。常规能源一般指技术上比较成熟且被大规模利用的能源，因此大中型水电一般被看作常规能源，而核能、太阳能、现代生物质能、海洋能等新能源备受关注。

2009 年 6 月 17 日，中华人民共和国工业和信息化部出台的《新能源汽车生产企业及产品准入管理规则》，对新能源汽车作出了明确的定义：新能源汽车是指采用非常规的车用燃料作为动力来源（或使用常规的车用燃料、采用新型车载动力装置），综合车辆的动力控制和驱动方面的先进技术，形成的技术原理先进、具有新技术、新结构的汽车。非常规的车用燃料指除汽油、柴油、天然气（NG）、液化石油气（LPG）、乙醇汽油（EG）、甲醇、二甲醚之外的燃料。

新能源汽车包括纯电动汽车、增程式电动汽车、混合动力电动汽车、燃料电池电动汽车和其他新能源汽车等。

1. 纯电动汽车

纯电动汽车(Blade Electric Vehicle，BEV)是一种采用单一蓄电池作为储能动力源的汽车，利用蓄电池作为储能动力源，通过电池向电动机提供电能，驱动电动机运转。从电动机理念诞生，到第一辆实用纯电动汽车；从电动汽车的第一次衰落到复兴；从全球石油和环保危机，到现在电动汽车的飞速发展；这期间，电动汽车经历了怎样的复杂过程？下面介绍纯电动汽车的兴衰史。

1) 孕育期(1820s—1870s)

孕育期的标志性事件是，1873 年英国化学家罗伯特·戴维森制造出世界上第一辆实用的纯电动汽车，采用一次电池驱动，并且在 7 年后应用了可充放电的二次电池。

实用的纯电动汽车的诞生离不开很多科学家和工程师的贡献。早在 1828 年，匈牙利物理学家耶德利克·阿纽什就发明了人类第一台电力发动机。1831 年，被称为"电学之父"和"交流电之父"的迈克尔·法拉第首次发现电磁感应现象，并在同年发明了人类的第一台发电机。1834 年，美国机械师托马斯·达文波特制造出第一辆直流电机驱动的电动汽车。1859 年，法国物理学家加斯顿·普兰泰发明了铅酸蓄电池，这是电动汽车从试验模型走向实用化的重要节点。

2) 第一次发展期(1870s—1920s)

纯电动汽车的第一次发展期的关键是击败竞争者内燃机汽车。

早期内燃机技术很落后，内燃机汽车存在续驶里程短、故障多、维修难、振动和噪声大、汽油味刺鼻等诸多问题，其性能远不及纯电动汽车。纯电动汽车凭借着价格低、操作简单、速度较快、安静等优点，迅速在欧美市场得到认可。很多公司开始生产纯电动汽车，如美国 Riker 公司、底特律电气公司，英国电动出租汽车公司等。

很多工程师不断改进纯电动汽车技术。1880 年，法国电气工程师古斯塔夫·特鲁维改进了小型电机的运行效率，将它安装在三轮车上。1884 年，英国发明家和实业家托马斯·帕克制造了第一辆配备高容量可充电电池的电动汽车。1899 年，比利时工程师卡米乐·热纳茨制造了世界上第一辆车速超过 100 km/h 的铝制车身纯电动汽车。

换电加速了纯电动汽车的普及。1896 年，Hartford Electric Light 公司意识到推广充电设施的重要性，并承诺凡在通用电气购买的汽车，可使用该公司提供的设备换电。此服务从 1910 年开始，持续了 15 年，共计帮助电动汽车用户行驶了 900 万 km 的路程。以"换电"代替"加油"，是人类历史上最早的民用车"换电站"。

1911 年，《纽约时报》用"完美"来称赞电动汽车的环保、安静与使用的实惠。在 1915 年，仅美国的电动汽车保有量就达 50 000 辆之多，电动汽车市场占有率一度高出内燃机汽车 16%。

3) 第一次衰退期(1920s—1990s)

1920 年后，纯电动汽车逐渐被内燃机汽车超越，纯电动汽车工业迅速衰败。这里有内因和外因。内因是纯电动汽车进入瓶颈期，蓄电池技术停滞，制造成本依然较高。外因主要有 3 个：首先，内燃机技术进步，尤其是可靠性的提升；其次，石油开采技术进步，汽油成本下降，加油方便，耗时短；最后，城市化进程对续驶里程要求更高，当时纯电动汽车续驶里程依然是 50 km 左右，而内燃机汽车更适合长距离行驶。此外，1912 年内燃机汽车售价仅为纯电动汽车的一半，这在商业上宣判了后者的死刑。

1920—1990 年，纯电动汽车基本在欧美汽车市场消失。第二次世界大战期间，内燃机汽车较长的续航更满足战争需求。第二次世界大战结束后,内燃机汽车依旧主宰着世界。直到 20 世纪 70 年代到 90 年代初的三大石油危机爆发,以及 20 世纪 80 年代的环保意识的崛起,人们又逐渐开始讨论新能源话题,包括纯电动汽车。但是,这距离上次纯电动汽车的辉煌已经有近 70 年的空白时间。

4) 第二次发展期(1990s 至今)

1990 年,通用汽车在洛杉矶车展上发布了一款名为 Impact 的纯电动概念轿车,吹响了推动纯电动汽车回归的号角。这里以通用纯电动汽车 EV1 为例。1996 年初代 EV1 使用铅酸蓄电池,蓄电池容量约为 17 kW·h,续驶里程 97 km;1999 年第二代 EV1 使用能量密度更高的镍氢蓄电池,电池容量约为 26 kW·h,续驶里程增至 160~230 km。虽然 2002 年通用终止了 EV1 项目(传言是电池技术瓶颈和较低的利润率),但 EV1 是纯电动汽车大规模商业化一次伟大的尝试,验证了纯电动汽车替代内燃机汽车的可能性。

进入 21 世纪后,车用电池、电机和控制系统等技术进步极大地推动了纯电动汽车的市场化。比如,金属氧化物半导体、微型控制器、单片机和功率转换器,提高了电力利用率,降低了成本。另外,商业化锂电池取代了铅酸电池,因为前者能量密度更高、质量更轻、循环寿命更长、充电速度更快。

21 世纪初,纯电动汽车产业进入第二次高速发展期,纯电动汽车数量增速变快。2011 年,全球大约有 50 万辆电动汽车。到 2018 年底,全球范围内插电式电动汽车库存达到 510 万辆,纯电动汽车达到 330 万辆。另外,很多国家提出了禁售内燃机汽车的时间表(从 2025 年到 2050 年不等)。21 世纪还出现了更多品牌的纯电动汽车,包括传统和新兴车企。传统车企在暗暗发力,包括通用 Bolt,三菱 i-MiEV,奥迪 e-tron,宝马 i3 等。新兴车企尤为抢眼,如 2003 年成立的美国特斯拉公司,在 2006 年推出世界首款使用锂离子电池的续驶里程达 320 km 的量产纯电动跑车 Roadster,在 2012 年推出续驶里程达 610 km 的纯电动汽车 Model S,2016 年推出更便宜的达 L2 自动驾驶级别的纯电动汽车 Model 3。2010 年,中国比亚迪推出使用磷酸铁锂电池的纯电动汽车 e6,续驶里程达 300 km,是当时世界上续驶里程最长,首款大批量面向大众的纯电动乘用车。

特斯拉 Model S 是一款全尺寸高性能电动轿车,如图 1-5 所示。Model S 的性能表现十分出色,0~100 km/h 加速最快仅需 3.0 s。Model S 车型的续驶里程分别为:Model S60 400 km、Model S60D 408 km、Model S75 480 km、Model S75D 490 km、Model S90D 557 km、Model SP90D 509 km。特斯拉还将推出超过续驶里程 600 km 的 P100D。

图 1-5 特斯拉 Model S

定位中型纯电动汽车的小鹏 P7 整体外观设计比较前卫，前脸采用封闭式中网设计，和很多新能源汽车的车型一样，保持简约的设计风格，如图 1-6 所示。小鹏 P7 的内饰依旧和外观一样简洁，整体营造出更时尚的座舱氛围。小鹏 P7 最长续驶里程达到 706 km，是目前国内的顶尖水准。

图 1-6 小鹏 P7

2. 增程式电动汽车

增程式电动汽车是一种可增加续驶里程的纯电动汽车，配备有发动机和发电机组成的增程器，电池只保持在浅度放电，一旦电池电量不足，增程器就会给电池充电。在车辆行驶的过程中，只利用电能驱动车辆，兼有混合动力电动汽车和纯电动汽车的特征，是现阶段解决新能源汽车技术问题最切实可靠的方案之一。研究增程式电动汽车的关键技术对我国新能源汽车的发展与推广有着重要的意义。

1）增程式电动汽车的结构特点

增程式电动汽车动力系统的基本结构主要由发动机与发电机耦合组成的辅助动力系统（Auxiliary Power Unit，APU）、动力电池、驱动电机、电压转换器和传动系统组成。

在增程式电动汽车的动力系统中，动力电池是主要动力来源，当汽车以纯电动方式行驶时，驱动电机所需要的电量完全由动力电池提供；发动机和发电机组是辅助动力源，当动力电池电量不足时，给动力电池充电并且提供驱动电机所需电量；驱动电机可以看成回收能量源，负责刹车制动过程中的能量回收。

2）增程式电动汽车的工作模式

根据不同路况的行驶条件和动力电池的状态，增程式电动汽车可以划分为 5 种工作模式，分别为纯电动行驶模式、APU 单独驱动模式、混合驱动模式、制动能量回收模式和停车充电模式。

（1）纯电动行驶模式。

在动力电池能量充足的条件下，汽车进入纯电动行驶模式，此时 APU 关闭，只有动力电池提供驱动电机需求能量，相当于一辆纯电动汽车。动力电池所提供的能量应能够满足车辆的起步过程、加速阶段、爬坡过程和怠速阶段的需要，并且要能够满足汽车空调等用电设备的功率需求。

（2）APU 单独驱动模式。

当动力电池电量不足时，汽车进入 APU 单独驱动模式。动力电池的电池电量状态

(State of Charge，SOC)降至能量管理策略所设定的最小阈值 SOC_{min} 时，APU 起动，并且发动机根据 APU 控制策略运行在最佳工况点，带动发电机发电，产生的电能一部分用于满足车辆行驶所需能量，另一部分为动力电池充电。

当动力电池电量恢复至充足时，APU 停止工作，继续由动力电池单独给驱动电机提供能量，维持车辆的行驶，这时候又进入了纯电动行驶模式。

（3）混合驱动模式。

在车辆行驶过程中，某些时刻(如爬坡、加速等工况下)整车需求功率较大，而动力电池所提供的功率不足以满足整车需求功率时，APU 起动，APU 联合动力电池一起工作，提供整车行驶所需要的能量。

（4）制动能量回收模式。

在车辆运行过程中，当发生减速或者刹车制动请求时，驾驶员需要踩下制动踏板，当满足制动能量回收策略条件时，整车即可进入制动能量回收模式。制动能量回收模式可以在车辆制动时，将车辆的动能损失通过驱动电机转化成电能，给动力电池充电，用于动力电池驱动车辆，提高了能量利用率。在制动能量回收模式下，驱动电机可以看成发电机，回收的能量通过动力电池来存储。

（5）停车充电模式。

当车辆停车时，动力系统全部停止输出电能，此时通过车载充电器连接外接充电桩对动力电池进行充电，以备下次行车使用。

此模式是保证车辆大部分以纯电动方式行驶的基础，可减少辅助动力系统的使用频次，能够显著降低出行成本以及减少污染物排放。

3）增程式电动汽车的优点

结合增程式电动汽车的结构以及工作模式，可以看出其具有以下优点：

（1）以纯电动模式行驶时，辅助动力系统不起动，车辆行驶所需的能量全部由动力电池来提供，从而减少了车辆对化石燃料的依赖性，一定程度上缓解了石油危机。

（2）用于城市公交时，因为城市公交的路线固定，并且每天行驶里程不会太远，车辆的纯电动续驶里程满足用户每天大部分的行驶里程要求，车辆大部分情况在纯电动模式下行驶，能达到零排放和低噪声的效果。

（3）动力电池可以在晚间用电低谷期进行充电，缓解了供电压力。

（4）发动机不直接驱动车辆，只用于带动发电机进行发电，发动机与机械系统解耦，所以发动机可工作在最佳效率工况点，大大提高了整车燃料效率。

4）增程式电动汽车国内外发展现状

增程式电动汽车作为解决纯电动汽车续驶里程短这一问题的理想车型，受到广大国内外车企的研发与推广。国内外近几年推出的不少增程式概念车均已投入量产，进入市场。

（1）国外发展现状。

美国通用汽车公司于 2007 年推出了世界上第一款增程式电动汽车雪佛兰 Volt，并于 2009 年实现量产。随着 Volt 的正式量产，越来越多的人关注增程式电动汽车。雪佛兰 Volt 动力系统包括：一台额定功率 45 kW 的驱动电机驱动前轮，使用 1.0 L 排量的三缸涡轮增压 ECOTEC 汽油发动机和最大输出功率为 53 kW 的发电机作为增程器，动力电池的容量为 16 kW·h。

奥迪汽车公司在 2010 年的日内瓦车展上推出了 A1 e-tron 增程式电动汽车，该车配备有 95 kW 电动机, 12 kW·h 电池, 15 kW 发电机, 0.25 L 排量的转子发动机。奥迪选择转子发动机作为增程发电的动力来源, 主要原因就是转子发动机便于布局的小体积, 较高的功率密度和工作时的平顺性。

美国凯普斯通公司为了推广自家的微型燃气轮机发电机, 也改装了一辆 CMT-380 增程式概念车, 并于 2009 年的洛杉矶车展进行了展示。CMT-380 的 APU 使用的是凯普斯通公司的一台 30 kW 的微型燃气轮机发电机。该车的百公里加速时间仅为 3.9 s, 最高车速能够达到 240 km/h, 纯电动续驶里程为 130 km。在增程模式下, 最大续驶里程达到 800 km。

捷豹在 2010 年发布了一款名为 C-X75 的增程式概念车。该车使用了两台中置式最大功率为 70 kW 的微型燃气涡轮发动机, 并且配备有 4 台功率 145 kW 的分布式驱动电机驱动车轮。C-X75 能在 3.4 s 内完成百公里加速, 最高车速可达 330 km/h, 纯电动续驶里程 110 km, 在微燃发电机起动的增程模式下, 最大续驶里程达到 900 km。

日本马自达汽车公司于 2013 年推出马自达 2 增程式车型 Extender EV, 该车装载了一台 19 kW 的转子发动机, 排量为 0.33 L, 并且搭配了一款最大功率为 74 kW、峰值扭矩 153 N·m 的电动机。在纯电动模式下, 使用 20 kW·h 的动力电池供电。增程模式下最大续驶里程达到 380 km。

截至 2023 年 2 月, 宝马汽车最新增程式电动汽车是 iX3 xDrive40Hybrid, 这是一款 2022 年推出的混合动力车型, 采用 2.0 L 四缸涡轮增压发动机和一台电动机组成的混合动力系统。电机的峰值功率为 70 kW, 峰值扭矩为 265 N·m, 搭配了一块 12 kW·h 的电池组, 纯电动模式下续驶里程约为 60 km。同时, 该车在纯电动模式下的最高车速为 135 km/h, 混合动力模式下最高车速可达 210 km/h。

(2) 国内发展现状。

随着新能源汽车的快速发展, 我国也开始重视起增程式电动汽车的研发。跟国外相比, 我国增程式电动汽车起步相对较晚, 关键技术的掌握方面还相对逊色。但是, 国内汽车企业已经在紧跟国际节奏, 加快增程式电动汽车的研发, 并取得了一定成就。

2010 年 11 月, 奇瑞瑞麒 S18D 增程式电动汽车在第 25 届世界电动汽车大会首度亮相, 这是国内自主品牌中的首款小型增程式纯电动汽车。驱动电机为一台 30~45 kW 的永磁同步电机, 配备了一台额定功率 8 kW、工作点扭矩 25 N·m/(3 000 r/min) 的双缸发动机, 带动一台 7 kW 额定功率的发电机发挥辅助供电的作用。纯电动续驶里程 100~145 km, 增程模式下续驶里程达到 300 km。

江淮汽车公司于 2013 年广州车展上推出了 iREV 增程式电动汽车, 汽车装备一台 35 kW、85 N·m 的发动机, 同时搭配两台永磁同步电动机。电池容量为 12 kW·h, 纯电动续驶里程 55 km, 增程模式下续驶里程可达到 400 km。

广汽传祺推出的增程式电动汽车是传祺 GE3 插电混合动力版。这款车搭载了一台 1.5 L 四缸发动机和一台电动机, 发动机主要用于发电, 为电动机供电, 同时也可以为电池充电。在纯电模式下, 传祺 GE3 插电混合动力版可以行驶 120 km; 在混合动力模式下, 续驶里程可以达到 520 km。这款车的推出为广汽传祺进一步拓展了新能源汽车市场。

2016 年日内瓦车展, 来自中国的一款增程式超跑——泰克鲁斯·腾风亮相。该车配备 20 kW·h 的锂电池, 可供纯电动行驶 150 km。辅助动力系统由燃气涡轮发动机带动发电机进行发电, 在增程模式下续驶里程达到 2 000 km, 动力电池电量能够在 40 min 左右被燃气涡轮发动机充满。

在 2016 年北京车展上，北汽新能源展出了一款用微燃机代替传统发动机的微燃机增程式电动汽车模型，续驶里程可超过 1 000 km。

上汽通用于 2017 年 4 月推出了别克 Velite5 增程式电动汽车，该车配备有 18 kW·h 的锂离子电池，并且搭载了一台 1.5 L 的发动机，纯电动续驶里程为 116 km，增程模式下可达到 768 km。

正道集团在 2017 年上海车展上展示了三款增程式概念车，它们均采用涡轮发电机+超级电池的增程式混动模式，最高车速可达 250 km/h，综合续驶里程超过 1 000 km，微型涡轮发电机最高转速达到 $1×10^5$ r/min。

目前中国厂商推出的最新增程式电动汽车是比亚迪唐 DM-i，它于 2021 年 12 月上市。该车采用了比亚迪自主研发的第四代 DM 双模混合动力系统，具有全新的外观设计和更加出色的动力性能，可以满足日常驾驶和长途出行的需求。据官方数据显示，该车的纯电动续驶里程可达到 100 km，总续驶里程超过 1 200 km，配备了一系列智能化的科技配置，包括 12.8 英寸中控液晶屏、升级版 BYD DiLink 3.0 车联网系统等。

增程式电动汽车辅助动力系统的研究和发展是未来汽车技术发展的重要方向之一，目前还存在着一些问题需要解决。例如，增程式电动汽车的系统复杂度较高，需要多个不同的组件相互配合才能正常运作，因此需要高度集成化的设计和制造技术。此外，增程式电动汽车的续驶里程和行驶性能也需要进一步提升，使其更加适应人们的出行需求。对此，奥迪 A1 e-tron(见图 1-7)增程版采用了一种先进的辅助动力系统，使车辆在纯电动模式下可连续行驶 50 km。当行驶里程超过 50 km 时，可以通过车辆底部的小型发动机对电池进行充电，从而增加车辆的续驶里程。该发动机排量为 254 mL，峰值转速达到 5 000 r/min，带动可以产生 15 kW 功率的发电机，质量仅为 70 kg。这种辅助动力系统不仅具有高效、低排放的特点，而且也为车辆提供了更长的续驶里程，进一步满足了人们对汽车的需求。

图 1-7 奥迪 A1 e-tron

随着技术的不断进步和发展，未来的增程式电动汽车辅助动力系统有望进一步提高能量密度和动力输出、降低成本、减轻质量，使其更加适用于各种类型的汽车，并促进电动汽车的普及化。

3. 混合动力电动汽车

混合动力电动汽车(Hybrid Electric Vehicle，HEV)是指驱动系统由两个或多个能同时运转的单个驱动系联合组成的汽车，行驶功率依据实际的行驶状态由单个驱动系单独或共同提供。因各个组成部件、布置方式和控制策略的不同，混合动力电动汽车有多种形式。混合动力电动汽车一般又分为普通混合动力电动汽车和插电式混合动力电动汽车。纵观世界，混合动力电动汽车的发展道路很曲折，因为受到的外界影响太多，有时候没有足够的发展空间，但其发展终究到了百家争鸣的时代。

1)国外混合动力电动汽车发展历程

混合动力电动汽车其实并不是最近几十年开始兴旺的。早在1904年，美国的电动汽车公司就达到了67家，年产量达到了4 000多辆，这个时候电动汽车依旧是汽车市场很重要的一员。然而，没过几年，福特Model T搭载了电动机起动系统，比起当时起动还要预热20 min的电动汽车更加好用，于是人们开始放弃电动汽车，Model T当年销量就达到182 809辆，从此发动机就成了汽车的主要动力来源。

不过这种迅猛的汽车发展势头也带来了灾难性的后果，1952年12月洛杉矶的一次光化学烟雾事件中，65岁以上的老人死亡400多人，美国政府因此意识到大气污染的危害。1966年，美国国会公开倡导使用纯电汽车或者油电混合动力电动汽车。

随后美国本土的大厂商(主要是通用)开始逐步研发混合动力汽车以及纯电动汽车，新能源市场保持着缓慢的发展。这种状况一直到了1997年，丰田在日本推出了第一代混合动力电动汽车普锐斯。

2000年左右，美国政府考虑到了各种情况(石油资源、石油企业利益等)，最终干预加州政府，使其不再对纯电动汽车补贴，失去补贴的纯电动汽车由于成本过高，销量也一落千丈，通用此后直到2006年都没有再通过新的新能源项目。

2001年，普锐斯正式进入美国市场，因其出色的油耗表现以及可靠性，获得了联邦税收2 000美元的补贴。有了强大的支持以及优秀的表现，普锐斯从此打开了美国的市场并成为新能源汽车中的耀眼明星。

看着丰田普锐斯在美国以及世界范围内的成功，其他厂商没有办法忽略新能源这块蛋糕。2005年，福特在北美车展上发布了Fusion hybrid原型车，并且在2008年的洛杉矶车展上正式发布了第一代的Fusion hybrid车型(Fusion也即国内的蒙迪欧)，这也是当时为数不多的混动动力电动汽车。2007年的北美车展上，通用展示了雪佛兰沃蓝达的概念车，并且在2010年进行了量产，当时是是第一家量产出增程式混合动力电动汽车的厂家。

新能源汽车的发展主场一直都是美国，因为美国对环保要求较高，同时也对内燃机汽车不怎么感兴趣，所以新能源汽车便有需求。欧洲则偏向于内燃机汽车，所以新能源汽车一直没什么发展，直到德国政府在2008年宣布10年内普及100万辆插电以及纯电车型后，厂商们才陆续推出新能源汽车，如标致3008Hybrid、宝马Activybrid7等，但表现都一般。

近年来，各国车企都对自家的混动系统做了优化，如福特的第二代Fusion hybrid、丰田的第四代普锐斯、通用的第二代沃蓝达等，开启了一个混合动力电动汽车百家争鸣的时代。

2）国内混合动力电动汽车发展历程

国内其实很早就开始关注新能源汽车，早在 2001 年便起动了"863 计划"，用于研发设计纯电、混合动力以及燃料电池电动汽车，但万事开头难，刚开始几年只是处于积累技术阶段，没有什么瞩目成绩。

到了 2010 年，国家正式出台个人购买新能源汽车的补贴政策，直接引爆了国内的新能源汽车市场，新能源汽车销量猛增。由于国家政策向插电式混合动力电动汽车以及纯电动汽车倾斜，普通混合动力电动汽车并没有过多的优惠，所以国内目前自主品牌的新能源汽车多是插电以及纯电。

吉利博瑞 GEPHEV（见图 1-8）的插电式混合动力系统由一台 1.5T 三缸发动机、一台电机、一台 7DCT 变速箱以及容量为 11.3 kW·h 的电池组构成。整套系统的综合最大功率为 192 kW，纯电动续驶里程为 60 km。

图 1-8　吉利博瑞 GEPHEV

4. 燃料电池电动汽车

燃料电池电动汽车（Fuel Cell Electric Vehicle，FCEV）是一种基于燃料电池技术的纯电动汽车，它与传统蓄电池电动汽车相比，采用了一种新型的电源系统。燃料电池是将氢气与氧气在催化剂的作用下发生化学反应，产生电能并产生水的一种设备。燃料电池电动汽车的核心部分是燃料电池系统，该系统由燃料电池电堆、氢气储存罐、氧气储存罐和电气控制系统等组成。

燃料电池电动汽车的优点在于其燃料是氢气，这是一种非常环保的燃料。氢气与氧气的反应只产生水和热，不产生任何有害的尾气和二氧化碳等污染物。另外，相较于传统蓄电池电动汽车，燃料电池电动汽车的续驶里程更长，充电时间更短，使用起来更加便利。同时，燃料电池电动汽车也具有非常高的能量效率，可以将燃料的能量转化为电能，达到非常高的能量利用效率。

然而，燃料电池电动汽车也存在一些问题。首先，氢气的储存和运输需要特殊的设施和技术，成本较高。其次，燃料电池电堆的制造成本也较高，需要大量的研发和制造技术。最后，燃料电池电动汽车的安全性和可靠性等问题也需要得到进一步的研究和解决。

总的来说，燃料电池电动汽车是一种新型的、非常环保的电动汽车，具有很高的能量利用效率和续驶里程等优点。随着技术的不断发展和成本的不断降低，燃料电池电动汽车为未来的交通出行提供了一个更加环保的选择。

1）燃料电池电动汽车原理

燃料电池电动汽车的原理是通过将氢气与氧气进行反应，产生水和电能，利用电能驱动电机。这一技术被认为是未来电动汽车的重要发展方向之一，因为燃料电池的能量密度高、排放零污染，而且充电速度较快，可以通过加氢的方式快速充电。

燃料电池电动汽车的核心部件是燃料电池电堆。燃料电池电堆通常采用聚合物电解质膜燃料电池（Polymer Electrolyte Membrane Fuel Cell，PEMFC）或固体氧化物燃料电池（Solid Oxide Fuel Cell，SOFC）技术。在 PEMFC 中，氢气和氧气在阳极和阴极之间通过一个聚合物电解质膜进行反应，产生电能和水，电能被输送到电动机驱动汽车。在 SOFC 中，氢气在阳极上进行氧化反应，产生电子和氢离子，氢离子穿过固体氧化物电解质膜，与氧气在阴极上进行还原反应，产生水和电能。

燃料电池电动汽车的氢气来源有多种途径，其中最常用的方式是通过水解法将水分解为氢气和氧气，或者使用天然气进行加氢，从而得到氢气。加氢的速度很快，通常只需要几分钟，而且加氢的时候不会产生二氧化碳等污染物。

为了供应所要的输出能量，汽车上所使用的是燃料电池组合而成的燃料电池电堆。燃料电池电堆相比蓄电池来说，质量上占有极大的优势。除此之外，由于自带发电设备，燃料动力电池汽车不要从电网中获得电能，只要在适当时候补充燃料即可，因此也不存在电动汽车的通病——里程焦虑。

对于燃料电池来说，关键在于氢气的获取以及化学反应的催化剂。氢气是极易燃的气体，虽然在常温下稳定性高，但是点燃或加热后很容易与其他物质发生化学反应，再加上质量轻，扩散速度快，因此氢气的存储和运输一直是燃料动力电池发展中的一大难题。不过，由于氢气的存储、运输与燃油有着异曲同工之处，在发展初期，可以将加油站改造为加气站，因此，在这一点上，相比电动汽车要建立全新的充电站，也并非全然是劣势。

众所周知，氢气最简单的获取方式即是电解水，而电解水的方式虽然简单，却要耗费大量的电能。对于燃料电池而言，先是电解水获得氢气，再用氢气作为燃料去发电，貌似是走了个弯路，人们也对能量的转换效率也产生质疑，最常听到的言论就是氢气的制造所耗费的能量要远大于其能提供的能量。

最后的难题就在于使用的催化剂上。燃料电池的催化剂是促进燃料电池中氧气还原反应的关键因素之一，直接影响着燃料电池的性能和稳定性。然而，传统的燃料电池催化剂使用的主要是铂等贵金属，造成了成本高、资源稀缺和环境问题等不利影响。因此，如何降低燃料电池的成本，解决催化剂问题是燃料电池产业发展的关键之一。

针对这一问题，研究人员提出了多种解决方案。以下是其中的几个例子。

（1）开发新型催化剂：近年来，研究人员逐渐开始关注非贵金属催化剂的开发。例如，过渡金属氮化物、氧化物、硫化物、碳基材料等均可用作催化剂，具有较好的氧气还原活性和稳定性，且成本更低。

（2）优化催化剂结构：通过优化催化剂的形貌、晶体结构和晶面等，可以提高催化剂的表面积和催化性能，从而降低催化剂的用量。

（3）提高催化剂利用率：通过燃料电池系统的优化设计和工艺控制，可以提高催化剂的利用率，从而降低催化剂的用量和成本。

（4）回收再利用：燃料电池催化剂具有很高的稀缺性和价值，因此研究人员逐渐开始关注催化剂的回收和再利用。例如，通过电化学方法将用过的催化剂回收，并再次利用。

总的来说，解决燃料电池催化剂问题是一个复杂的系统工程，需要在催化剂材料开发、催化剂结构优化、系统设计和工艺控制等多个方面进行综合研究和优化。

2）基础设施的障碍

氢气分子尺寸小、易渗漏、易燃，这些物理特性决定了其储存和运输极为困难：既要保证不会造成过多的损耗，也要保证整个过程的安全性。早期由于燃料电池技术的局限，氢气必须以液态的形式进行存储。而在标准大气压下，氢气在零下 253 ℃时，才会以液态形式存在，因此必须使用特殊的"保温"容器来存储液态氢。液态氢极易气化，因此曾经发生过燃料电池电动汽车停放时间较长后，氢气箱就变得空空荡荡的现象。

丰田的燃料电池电动汽车上配置了一对"三型"塑料氢气储气罐，其罐内压强为 68.95 MPa，为保证罐体强度，丰田公司将碳纤维材料作为增强材料来包裹气罐外部。

在安全性上，为了让新款氢燃料电池电动汽车达到美国汽车工程师学会制定的标准，丰田曾进行了多次碰撞测试。其设计原则是，即便在氢气输送管因交通事故或其他原因发生破裂时，也要保证车内乘员的安全。同时，丰田在燃料电池电动汽车上也安装了一个氢气的紧急排放装置。出现紧急情况时，能够在几分钟内将可燃部件内残留的氢气全部放光。

3）净能量的失败者

几乎每一次有燃料电池的消息公布时，都会有插电式汽车的拥趸回应：制造氢气所耗费的能量要远远大于氢气所提供的能量。这个说法对于燃料电池来说，就略有些不公平了，因为关于汽油或者其他类型的能源，从来没有提到过这两者之间的比较。而事物之间的比较，应该建立在同一基础之上。

"不管是内燃机提供的热能、电池中的电能，还是燃料电池提供的电能，与制造这些能源耗费的能量相比，都是要少的，"丰田技术中心的首席工程师 Matt McClory 在回应时说到，"而这个过程是符合能量定律的。在能量变化过程中，都会存在损耗，转换的过程越多，损耗的也就越多。这对于任何一种形式的动力系统来说，都是相同的。"

事实上，电解水制氢气确实要耗费大量的能量，制造 1 kg 的氢气就要耗电 50~60 kW·h，在丰田的 FCHV-adv 车上能储存 6 kg 的氢气。相比于汽油高达 80%~85% 的生产效率，氢气的生产效率目前仅为 50%~60%。不过随着技术的进步，这一数字也会逐渐提高。更重要的是，虽然氢气的生产效率低，但是其热效率高，而最终的 45% 的总热效率是纯电动汽车所不能比拟的。

4）不同燃料的效率比较

对于天然气资源丰富的地区，也可以以天然气为原料来制造氢气。目前采用的技术为气态甲烷裂变技术，向天然气中注入高压水蒸气来提取氢气。通过这种方式提取的氢气纯度很高，可直接用于燃料电池电动汽车。

虽然目前并没有找到比铂金属更合适或者与铂金属相当的替代材料作为催化剂，但是降低成本并非只有这一种办法。

丰田在制造燃料电池催化剂的工艺上取得了很大的进步，通过将铂金属镀到催化剂的表面，大幅度降低了铂金属的使用量，也就降低了燃料电池的成本。而且，目前丰田燃料电池电动汽车上的铂金属含量与清洁柴油汽车的催化剂中使用的铂金属含量基本相当，未来有可能将燃料电池电动汽车的铂金属含量降至低于清洁柴油汽车的水平。

基于此，丰田称燃料电池电动汽车的售价不会高于 5 万美元(折合人民币约 35 万元)，虽然依然很高，但是相比于曾经 100 万美元的单价，已经有了相当大的进步。而且相比纯电动汽车，这个价格已经占据了优势。

燃料电池电动汽车另外的成本来自氢气站的建设。然而，前文也提到过，相比于电动汽车，燃料电池电动汽车在这方面同样存在优势：第一，初期的加气站可以通过加油站改造而来，而电动汽车的充电站和充电桩都要另建；第二，初期的加气站每天预计可以给 50 辆燃料电池电动汽车补充氢气，而加气站具有可扩展性，随着规模的增大，最终加气站可以达到每天给上千辆燃料动力电池车加氢，也就是说平均每一千辆燃料动力电池车才配备一个加气站，而平均每辆电动汽车却要配备 1.5 个充电器。

面对电动汽车，燃料电池电动汽车并不占劣势。此外，电动汽车也在大跨步发展着，当纯电动汽车快速成熟，续驶里程延长充电时间减少到一定程度时，燃料电池电动汽车是否还有竞争优势还未可知，更不用说现在已经取得一定认可、市场接受程度更高的混合动力电动汽车了。

在基础设施同样完备、能源危机愈加严重的时候，燃料电池电动汽车和纯电动汽车就站到了同一高度。那时候，什么会成为推动燃料电池电动汽车成为主流的因素呢？一切都还是未知数。

丰田 Mirai 氢燃料电池电动汽车(见图 1-9)于 2014 年年底在日本上市，之后陆续登陆英国、德国、丹麦及美国市场。Mirai 可以在 3 min 内加满氢，百公里加速仅需 9.6 s，最大续驶里程约 500 km。

图 1-9　丰田 Mirai 氢燃料电池电动汽车

5. 其他新能源汽车

除了纯电动汽车、混合动力电动汽车和燃料电池电动汽车，还有一些其他类型的新能源汽车，具体如下。

（1）太阳能汽车：使用太阳能电池板将太阳能转化为电能作为能源的一种新能源汽车，如图 1-10（a）所示。它的优点是无须加油、使用成本低，但存在的缺点是太阳能转化效率低，不适合在夜间或阴雨天气行驶。

（2）空气动力汽车：使用压缩空气驱动，是一种无排放的新能源汽车，如图 1-10（b）所示。它的优点是使用方便、低噪声、无尾气排放、使用安全，但存在的缺点是使用成本高，需要频繁充气，储气成本高，续驶里程短。

（3）超级电容汽车：使用超级电容器存储能量的一种新能源汽车，如图 1-10（c）所示。它的优点是储能效率高，能够快速充电，寿命长，但存在的缺点是存储能量密度较低，续驶里程短。

（4）液化石油气汽车：使用液化石油气作为燃料的一种新能源汽车，如图 1-10（d）所示。它的优点是燃料价格低廉、使用成本较低，但存在的缺点是排放污染物，不属于清洁能源汽车。

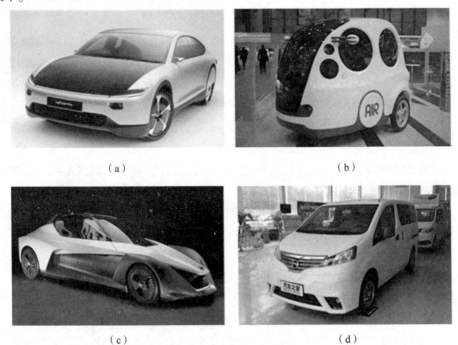

（a）　　　　　　　　　　（b）

（c）　　　　　　　　　　（d）

图 1-10　其他新能源汽车

（a）太阳能汽车；（b）空气动力汽车；（c）超级电容汽车；（d）液化石油气汽车

这些新能源汽车类型各有优缺点，未来随着技术的不断发展，可能会有更多种类的新能源汽车出现。

1.2.2　新能源汽车的发展背景

新能源汽车的发展背景可以追溯到环境污染和能源短缺的问题。传统内燃机汽车使用化石燃料，排放出大量的有害气体和颗粒物，对环境和人类健康造成严重影响。同时，石油资源的逐渐枯竭和国家能源安全的考虑也推动了新能源汽车的发展。为了解决环境污染和能源短缺的问题，各国政府陆续出台了新能源汽车政策，鼓励和支持新能源汽车的研发、生产和推广。

此外，新能源汽车的技术也得到了长足的进步。纯电动汽车和燃料电池电动汽车等技术已经趋于成熟，成本逐渐降低，性能和续驶里程得到大幅提升。太阳能汽车、空气动力汽车、液化石油气汽车等也在逐步发展，未来有望成为新的绿色出行方式。

总的来说，新能源汽车的发展是为了实现可持续发展和环保，解决能源短缺和能源安全问题，也是一种重要的技术革新和产业升级。据石油巨头英国石油公司（BP）发布的《世界能源统计年鉴 2012》显示，截至 2011 年年底，全球石油储量约 1.653 万亿桶，比 2010 年增加 8.3%。我国是一个能源短缺的国家，但却是一个能源消费大国。2011 年我国石油消费量达到 4.6 亿吨，成为世界第二大石油消费国，仅次于美国。目前，我国人均石油消费量为世界平均水平的 60%，石油占一次能源消费比重仅为 18%，低于世界平均水平（33%），预计未来我国石油消费仍将持续稳定增长，处于上升通道。石油在交通领域的消费逐年增长，到 2020 年交通用油占全球石油总消耗的 62% 以上。美国能源部预测，2020 年以后，全球石油需求与常规石油供给之间将出现净缺口，2050 年的供需缺口几乎相当于 2000 年世界石油总产量的两倍。

目前世界汽车保有量突破 10 亿辆，预计到 2030 年全球汽车保有量将突破 20 亿辆，主要增量来自发展中国家，其中中国增速全球第一。我国汽车产量逐年增加，2012 年我国汽车产销量双双突破 1 900 万辆，再次突破纪录，增速都超过了 4%，蝉联世界第一，成为世界第一大汽车生产大国和第一大新车销售市场。我国汽车保有量增加迅速，至 2011 年 8 月底，我国汽车保有量突破 1 亿辆，居世界第二位。2021 年，全国汽车保有量达到 3.8 亿辆，由此带来的能源安全问题将更加突出。

汽车消费的快速增长导致石油消耗加速增长。据统计，目前我国汽车用燃油消费占全国燃油消费的比例已经达到了 55% 左右，每年新增燃油消费量的 70% 以上被新增汽车所消耗。我国经济持续快速发展，对石油资源的需求激增，能源供需矛盾日益突出，对进口石油的依赖度不断提高。2011 年我国石油对外依存度达到 56.5%，比 2010 年上升了 1.7 个百分点。2013 年我国石油对外依存度达 60% 左右。国际能源机构预测，随着越来越多中国消费者购买汽车，到 2030 年，中国石油消耗量的 80% 需要依靠进口。

燃油汽车在行驶过程中会产生大量的有害气体，不但污染环境，还大大地影响人类健康。汽车尾气排放的主要污染物为一氧化碳（CO）、碳氢化合物（HC）、氮氧化物（NO_x）、铅（Pb）、细微颗粒物及硫化物等。这些一次污染物还会通过大气化学反应生成光化学烟雾、酸沉降等二次污染物。据统计，全球大气污染的 42% 源于交通车辆产生的污染。随着城市机动车数量的快速增长，机动车排气污染已成为城市大气污染的主要贡献者。一些城市机动车排放的污染物对多项大气污染指标的贡献率已达到 70% 以上。雾霾严重影响了人们的身心健康和日常出行，引起了全社会的广泛关注。机动车是雾霾形成的重要因素之一，因此必须研究改善城市机动车排放污染的对策和措施。

1.2.3　新能源汽车的发展现状

面对全球范围日益严峻的能源形势和环保压力，近年来，世界主要汽车生产国都把发展新能源汽车作为提高产业竞争能力、保持经济社会可持续发展的重大战略举措。目前，新一轮的新能源汽车研发、示范和产业化已经开始，而且得到各国政府和企业的高度重视。电动汽车能源多样化如图 1-11 所示。

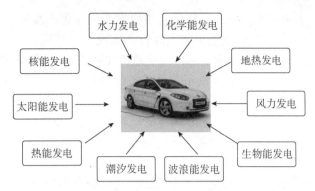

图 1-11　电动汽车能源多样化

从国际上看，随着技术的不断创新与突破，面对金融危机、油价攀升和日益严峻的节能减排压力，2008 年以来，以美国、日本、欧盟为代表的国家和地区相继发布实施了新的电动汽车发展战略，进一步明确了产业发展方向，明显加大了研发投入与政策扶持力度。日本以产业竞争力为第一目标，全面发展混合动力、纯电动、燃料电池 3 种电动汽车，研发和产业化均走在世界前列；美国以能源安全为首要任务，强调插电式电动汽车发展；欧盟以 CO_2 排放法规为主驱动力，重视发展纯电动汽车。

从技术层面看，混合动力电动汽车技术逐步成熟，已进入产品市场竞争期，率先实现产业化，正成为汽车市场销售新的增长点，其中，日本市场混合动力电动汽车已达到汽车销量的 10% 左右。

纯电动汽车电池技术发展迅速，整车产品更加接近消费者需求；插电式电动汽车作为一种具有纯电动和混合动力双重特征的电动汽车，已成为全球新的研发热点。车用燃料电池技术取得重大进展，通用汽车公司轿车燃料电池发动机贵金属催化剂 Pt 的用量从上一代的 80 g 降低到 30 g，到 2015 年降至 10 g，燃料电池电动汽车在动力性、安全性、续驶里程、低温起动等性能指标方面已接近内燃机汽车水平，整车成本显著下降。经多年探索实践，国际汽车产业界达成了电动汽车产业化战略共识：在技术路线上，前期（2010—2015 年），在依靠内燃机汽车技术改进和推进车辆小型化实现降低油耗和排放的同时，为满足更为严格的节能减排法规目标要求，应尽快推进混合动力技术的应用，并发展小型纯电动汽车和插电式混合动力电动汽车；中期（2015—2020 年），在混合动力技术得到广泛应用的基础上，提高汽车动力系统电气化程度，加大小型纯电动汽车和插电式混合动力电动汽车推广力度；中远期（2020 年以后），各种纯电驱动技术将逐步占据主导地位，通过进一步发展纯电动汽车和燃料电池电动汽车，实现大幅降低石油消耗和 CO_2 排放。在车型应用方面，纯电动、混合动力和燃料电池等不同类型的电动汽车技术各自具有最优的交通出行适用范围。对于城市短途出行需求，小型纯电动汽车具有优势；对长途出行需求，适合采用混合动力电动汽车、插电式混合动力电动汽车或者燃料电池电动汽车。

我国高度重视电动汽车技术的发展。"十五"期间（2001—2005 年），起动了"863 计划"电动汽车重大科技专项，确立了"三纵三横"（三纵：混合动力电动汽车、纯电动汽车、燃料电池电动汽车；三横：电池、电机、电控）的研发布局，取得了一大批电动汽车技术创新成果。"十一五"以来，我国提出"节能和新能源汽车"战略，政府高度关注新能源汽车的研发和产业化。

2008 年北京奥运会、残奥会期间，有 595 辆电动汽车累计运行 371.4 万 km，载客

441.7万人次，执行公务用车970次。我国自主研发的新能源汽车通过了这次规模化、集中化、高强度的运行考核，用科技成果和实际行动实现了奥林匹克中心区域交通的"零排放"，以及在中心区域的周边地区和奥林匹克交通优先路线上的"低排放"。2010年上海世博会期间，也有超过1 000辆新能源汽车在世博场馆和周边运行。其中世博会园区以新能源汽车实现公共交通的零排放，包括120辆纯电动客车、36辆超级电容客车和6辆燃料电池电动汽车以公交车形式示范运行，140辆纯电动场馆车和100辆燃料电池观光车通过特定形式满足公共需求，可减少二氧化碳排放1.3万t；园区周边则以符合国Ⅳ标准的混合动力电动汽车实现低排放。

为推动节能与新能源汽车规模化、产业化，促进我国汽车产业加快结构调整、实现跨越式发展，北京奥运会后，财政部、科技部发出了《关于开展节能与新能源汽车示范推广工作试点工作的通知》，决定在北京、上海、重庆、长春、大连、杭州、济南、武汉、深圳、合肥、长沙、昆明、南昌等13个城市开展节能与新能源汽车示范推广试点工作。目前，节能与新能源汽车示范推广试点城市已增至25个，增加了天津、海口、郑州、厦门、苏州、唐山、广州、沈阳、成都、南通、襄阳、呼和浩特等12个城市。2010年9月8日，时任国务院总理温家宝主持召开国务院常务会议，审议并原则通过《国务院关于加快培育和发展战略性新兴产业的决定》。其中，节能环保、新一代信息技术、生物、高端装备制造、新能源、新材料和新能源汽车等7个产业，被确定为我国的战略性新兴产业并将在今后加快推进。2012年5月30日，国务院常务会议通过了《"十二五"国家战略性新兴产业发展规划》，明确提出新能源汽车产业要加快高性能动力电池、电动机等关键零部件和材料核心技术研发及推广应用，形成产业化体系。2012年7月9日，由工业和信息化部牵头制定的《节能与新能源汽车发展规划（2011—2020年）》正式发布。到2020年，纯电动汽车和插电式混合动力电动汽车生产能力达200万辆、累计产销量超过500万辆，燃料电池电动汽车、车用氢能源产业与国际同步发展。规划明确了业内强烈关注的新能源汽车技术路线：以纯电驱动为新能源汽车发展和汽车工业转型的主要战略取向，当前重点推进纯电动汽车和插电式混合动力汽车产业化，推广普及非插电式混合动力电动汽车、节能内燃机汽车，提升我国汽车产业整体技术水平。中国新能源汽车销量趋势如图1-12所示。

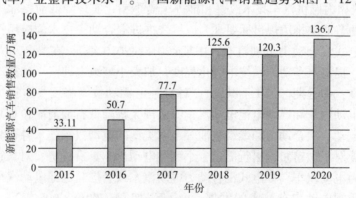

图1-12 中国新能源汽车销量趋势

当前，我国电动汽车发展已进入关键时期，既面临重大的发展机遇，也面临着严峻的挑战。我国电动汽车发展中还存在很多需要解决的问题，如核心技术还不具竞争优势，企业投入不足，政府的协调统筹潜力还没有充分发挥等。总体看，我国电动汽车研发起步不晚，发展不慢，但由于传统汽车及相关产业基础相对薄弱、投入不足，差距仍在，中高端技术竞争压力越来越大。因此，必须加大攻坚力度，推动我国汽车工业向创新驱动转型，抢占技术制高点，培育新能源汽车战略性新兴产业，引领产业变革，确保我国汽车行业可持续发展。

1.2.4　新能源汽车技术路线及关键技术

1. 技术路线

电动汽车按动力系统电气化水平分为两类：一类是全部或大部分工况下主要由电动机提供驱动功率的电动汽车(称为纯电驱动电动汽车，如纯电动汽车、插电式混合动力电动汽车、增程式电动汽车以及燃料电池电动汽车)；另一类是动力电池容量较小，大部分工况下主要由内燃机提供驱动功率的电动汽车(称为常规混合动力电动汽车)。从培育战略性新兴产业角度看，发展电气化程度比较高的纯电驱动电动汽车是我国新能源汽车技术的发展方向和重中之重。要在坚持节能与新能源汽车"过渡与转型"并行互动、共同发展的总体原则指导下，规划电动汽车技术发展战略。

(1)确立纯电驱动的技术转型战略。顺应全球汽车动力系统电动化技术变革总体趋势，发挥我国的有利条件和比较优势，面向纯电驱动实施汽车产业技术转型战略，加快发展纯电驱动电动汽车产品。

实施这一技术转型战略，要依靠自主创新，坚持自主发展，突破电动汽车核心瓶颈技术；同时要充分利用国际资源，进一步提升我国汽车共性基础技术水平，服务于"纯电驱动"的技术转型战略。

(2)坚持"三纵三横"的研发布局。我国电动汽车研发在"三纵三横"的技术创新战略指导下，经过"十五""三纵三横、整车牵头"和"十一五""三纵三横、动力系统技术平台为核心"两阶段技术攻关，取得了重大技术突破，形成了中国特色的电动汽车研发体系。"十二五"期间，继续坚持"三纵三横"的基本研发布局，根据"纯电驱动"技术转型战略，进一步突出"三横"共性关键技术。

在"三纵"方面，纯电动汽车、增程式电动汽车和插电式混合动力电动汽车作为纯电驱动汽车的基本类型归为一个大类；燃料电池电动汽车作为纯电驱动电动汽车的特殊类型继续独立作为一"纵"；混合动力电动汽车主要为常规混合动力电动汽车。

在"三横"方面，"电池"包括动力电池和燃料电池；"电机"包括电动机系统及其与发动机、变速箱总成一体化技术等；"电控"包括"电转向""电空调""电制动"和"车网融合"等在内的电动汽车电子控制系统技术。新能源汽车"三纵三横"布局图如图 1-13 所示。

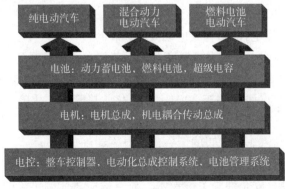

图 1-13　新能源汽车"三纵三横"布局图

2. 关键技术

1）电池

以动力电池模块为核心，实现我国以能量型锂离子动力电池为重点的车用动力电池大规模产业化突破。瞄准国际前沿技术，深入开展下一代新型车用动力电池自主创新研究，为电动汽车产业中长期发展进行技术储备。重点研究新型锂离子动力电池，包括新型锂离子动力电池设计、性能预测、安全评价及安全性新技术。

突破燃料电池关键技术和系统集成，推进工程实用化，为新一代燃料电池电动汽车研发与产业化奠定核心技术基础。重点推进燃料电池的工程实用化，建立小批量生产线，进一步提升燃料电池性能，降低成本，强化电堆与系统的寿命考核，改进提高燃料电池系统控制策略与关键部件性能，提升燃料电池系统可靠性与耐久性，为燃料电池电动汽车示范运行提供可靠的车用燃料电池系统。加强燃料电池基础材料和系统集成科技创新，研发高稳定性、高耐久性、低成本的关键材料和部件。

2）电机

面向混合动力大规模产业化需求，开发混合动力内燃机/电动机总成和机电耦合传动总成（电动机+变速箱），形成系列化产品和市场竞争力，为混合动力电动汽车大规模产业化提供技术支撑。面向纯电驱动大规模商业化示范需求，开发纯电动汽车电动机及其传动系统系列，为实现纯电动汽车大规模商业示范提供技术支撑。

3）电控

重点开发混合动力专用发动机先进控制算法、混合动力系统先进实时控制网络协议、多部件间的转矩耦合和动态协调控制算法，研制高性能的混合动力系统（整车）控制器，满足混合动力汽车大规模产业化技术需求。重点开发先进的纯电驱动电动汽车高效、智能和低噪声的电动化总成控制系统（电动空调、电动转向、制动能量回馈控制系统），电动汽车的车载信息、智能充电及其远程监控技术，满足纯电动汽车大规模示范需要。

4）混合动力电动汽车

针对常规混合动力电动汽车大规模产业化需求，开展系列化混合动力系统总成开发、协调控制、能量管理等关键技术攻关和整车产品的产业化技术研发，将节能环保发动机开发与电动化技术有机结合，重点突破产品性价比，形成市场竞争优势。突破混合动力电动汽车产业化关键技术，构建混合动力电动汽车零部件配套保障体系，开展批量化生产装备与工艺、质量管理体系以及配套的维修检测设备开发，建成混合动力电动汽车专用的装配、检测、检验生产线。

5）纯电动汽车（含插电式/增程式电动汽车）

小型纯电动汽车方面，针对大规模商业化示范需求，开发系列化特色纯电驱动车型及其能源供给系统，重点掌握电气系统集成、动力系统匹配和整车热-电综合管理等技术。纯电动商用车方面，重点研究整车 NVH、轻量化、热管理、故障诊断、容错控制与电磁兼容及电安全技术。

6）以燃料电池电动汽车为代表的下一代纯电驱动汽车

面向高端前沿技术突破需求，基于高功率密度、长寿命、高可靠性的燃料电池技术，突破新型氢-电结构耦合安全性等关键技术，攻克适应氢能源供给的新型全电气化底盘驱动系统平台技术，研制出达到国际先进水平的燃料电池电动汽车，并进行示范考核；掌握车载供氢系统技术，实现关键部件的自主开发，掌握下一代燃料电池电动汽车动力系统平台技术，研制下一代燃料电池电动汽车产品，并进行运行考核。

 实践练习题

1. 请总结汽车发展对人类的影响。
2. 新能源汽车的分类有哪些？
3. 发展新能源汽车的意义是什么？

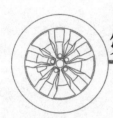

第2章
纯电动汽车

　　纯电动汽车是指以蓄电池供电给电动机,由电动机推动行走的汽车,电池的电量由外部电源补充,媒体常简称作"电动车",故常与其他以电力推动的车辆(如无轨电车)混淆。本章简述纯电动汽车的结构与原理,着重介绍纯电动汽车的电控系统,并且详细讲解关于纯电动汽车在电控安全防护相关的安全操作,为纯电动汽车电控安全实践操作进行一定的指导。

▌学习目标

　　(1)了解纯电动汽车的基本理论。
　　(2)掌握纯电动汽车中电动机的工作原理与分类。
　　(3)掌握纯电动汽车中电控安全防护操作。
　　(4)了解纯电动汽车技术路线及关键技术。

2.1　纯电动汽车简介

　　纯电动汽车自身不排放废气,因此不会污染行经路面周遭的空气。电机在低速和加速时的能力及能量效率十分杰出,因此纯电动汽车应用在频繁走走停停的工况可以提高效率。内燃机汽车在停车时内燃机仍然需要怠速转动以免熄火,如此就把燃料白白浪费掉,同时产生不必要的碳排放、污染。相比之下纯电动汽车在停车时电机完全静止,避免了不必要的能量消耗,而且在制动及下坡时可以回收动能以回充电池,充分善用能量之余也不会产生刹车的废热,同时避免零件损耗,也不需要任何保养。即使是私人电动汽车,在交通拥挤的都市也有减少浪费和污染的效果。

　　图2-1所示的日产聆风是一款纯电动汽车,它采用先进的电动汽车技术,拥有高效的电力驱动系统和优秀的续航性能。聆风配备了一套高性能电池组,能够提供长达400 km的续驶里程,大大满足了人们的出行需求。该车采用前置前驱电机布局,搭载了一台高效电机,最大功率为110 kW,峰值扭矩为320 N·m。在动力输出方面表现出色,具有高速驾驶和优异的加速性能。此外,聆风还搭载了智能充电技术,支持快速充电模式,只需

30 min 即可完成 80% 的电池充电，极大地缩短了充电时间。

图 2-1　日产聆风

不过，纯电动汽车也会产生污染及碳排放，主要在其生产过程，特别是电池的制造过程，碳排量比起内燃机汽车的制造过程多很多；产生电力给纯电动汽车充电也产生相当数量的碳排放，排碳量视发电方式而有所不同。在整个纯电动汽车的生命周期，包括制造、供电及弃置后的处理等，所产生的碳排放不一定比内燃机汽车少，这要视供电给纯电动汽车充电的电源碳排放量多少而定。可采用高效率的石化发电（因为内燃机效率常低于 25%，而发电厂涡轮机效率就能达到 60%）或是水力（如北欧的挪威 80% 利用水力发电）、风能（如荷兰的铁路多数为风能驱动）以及太阳能（光电成本已经大幅下降）等再生能源来协助降低碳排放，所以若想利用纯电动汽车达到减少排碳量，就必须配合采用洁净能源发电的产业结构。

2.2　纯电动汽车的结构与原理

纯电动汽车是指完全依靠电能储存和供应的汽车，其结构和原理与传统内燃机汽车有很大的不同。纯电动汽车的动力系统由电机、电池组、电控系统和充电系统组成。电机是纯电动汽车的动力源，它将电能转换为机械能驱动车辆。电池组是存储电能的装置，通常采用锂离子电池。电控系统是控制电机和电池组工作的核心系统，包括电机控制器、电池管理系统和车载计算机等。充电系统则是将电能从外部输送到电池组中，主要包括充电接口和充电设备。

纯电动汽车没有传统内燃机汽车那样的发动机和变速器，而是采用单速变速器或无变速器设计。电机通过变速器直接驱动车轮，提供动力。纯电动汽车还配备了再生制动系统，通过制动时的能量回收将制动能量转换为电能储存在电池中，提高了能源利用效率。

纯电动汽车的原理是利用电池组储存电能，电机将电能转换为机械能，驱动车轮运动，从而实现汽车的行驶。在行驶过程中，电池组的电能逐渐减少，需要通过充电设备进行充电以保证车辆的续驶里程。

2.2.1　电池

电池性能决定了纯电动汽车的最大行程、充电时间。电池成本占了整车成本相当大的比重，制造电池的排碳量也占了整个使用周期排碳量的相当大部分（43%）。所以电池是纯电动汽车发展的最重要的技术关键，重要的电池性能参数有以下几个。

1. 电池容量

纯电动汽车的电池容量一般在 15~60 kW·h 之间，容量大小直接影响输出的最大电流和工作持续时间，即大容量电池可以释放较大的电流值，或者是同样的负载持续工作时间更长。

电池容量越大越好，但要电压稳定，不超标，汽车电池容量过大或过小都不好。

电池容量过大将使汽车电控及其他用电设备不能正常工作，甚至造成损坏。电池容量过小可能无法提供足够的起动汽车发动机的电流，或连续几次起动，电池就会很快放电。

纯电动汽车电池容量具体取决于制造电池物质的能量密度，能量密度可以指在一定体积或质量下的储存能量的多少，在纯电动汽车中，一般较关注的是质量能量密度(W·h/kg)，因为质量越大，车辆加速等情况消耗的能量越高。而当外来因素如上坡等需要增大输出功率时，会使电池容量会变小，使行驶距离比标称预期的短。电池容量影响两次充电之间最远的行驶距离，在合理体积及质量下，现今的电池还未能使纯电动汽车具有及得上一般汽车的行程。

第二代普锐斯是丰田汽车公司推出的混合动力电动汽车，采用了镍氢电池作为其电力储备装置，如图 2-2 所示。镍氢电池是一种具有高能量密度、长寿命和环境友好的电池。第二代普锐斯的镍氢电池组由 28 个单元组成，每个单元的电压为 7.2 V，总电压为 201.6 V。该电池组的容量为 6.5 A·h，最大输出功率为 30 kW。与传统的铅酸蓄电池相比，镍氢电池具有更高的能量密度和更长的使用寿命，使得混合动力电动汽车能够更加高效地利用电能，减少了对化石燃料的依赖，降低了尾气排放和环境污染。

图 2-2　第二代普锐斯的镍氢电池

2. 充电时间

不同车型和充电桩的功率会影响充电速度，维护保养动力电池的方式采用小电流充放，有助于其使用寿命周期的延长。现有纯电动汽车的充电时长因不同车型配置动力电池容量和充电设备而异。为方便用户，可根据不同需要切换到不同充电模式。通常情况下，使用家用插座充电需要 8~12 h，而使用特定的快充设备可能只需要 30 min~1 h，就能达到容量的 70%~90%。

3. 电池寿命

一般的充电电池只能充放电数百次，之后电量就会步入衰减，对纯电动汽车来说，影响电池寿命的因素除制造电池的物质及电极外，同一电池在不同使用条件下，电池寿命也有不同。在不同的电量状态下，以不同的电流充电或放电会对电池寿命有不同影响；放电至低于某一水平及充电至高于另一水平都会对电池寿命有损害，也即在剩余电量不太高也不太低的一个"窗口"内充放电才不致损害电池寿命。这个窗口的大小会因放电电流或充电电流的变化而改变，基于这个原因，特斯拉可自行设定充电至未完全充满的较低容量时就停止，以延长电池寿命。混合动力电动汽车在需要时可以即时由发电机向电池充电，使电池保持在理想电量之内，大幅延长电池寿命，有些型号的电池大多可使用超过 10 年。纯电动汽车不可能在电池需要充电时就马上有充电用的电源，而纯电动汽车本身的行程就已不太足够，要预留一部分电量就变相减少电池可用电量。所以制造商在增加电池容量的同时，也研究如何不会损害电池寿命的电量范围。此外，工作温度影响着电池的能量转换效率，过热过冷也会影响电池的能量转换效率，在极端的低温情况，电池效率可低至原有的 50%。电池能量转换效率提升，充一次电能行走更远距离，相同距离的充电次数就可以减少，因此也同时影响电池寿命。

日产汽车是第一家对用户电池提供有限保养的生产厂商，若电池在 5 年内或行驶少于30 000 km 后容量少于 70%，将提供全新或翻修电池替换。特斯拉没有提供类似保证，但整体上特斯拉的纯电动汽车电池寿命比预期好，Roadster 预期 5 年后或行驶 25 000 km 后电池容量会剩下 70%。而根据一美国组织 PlugInAmerica 研究，在 2013 年(也即 Roadster 投入市场 5 年后) 根据 126 辆 Roadster 的数据，在平均行驶了 50 000 km 后电池容量仍然有 80% ~ 85%。Model S 的数据也理想，根据 84 辆 Model S 的数据，在行驶了 15 000 km 后电池容量仍有95%，而当行驶到 25 000 km 后有 94%，以此推算，行驶 50 000 km 后应有 92%。

现今纯电动汽车所使用的电池有钛酸锂电池、镍氢电池或锂离子电池等。如图 2-3 所示的钛酸锂电池是一种新型的锂离子电池，由于其具有高安全性、高能量密度和较长的寿命等特点，被广泛用于纯电动汽车领域。相较于传统的锂离子电池，钛酸锂电池的寿命更长，可循环充放电次数更多，因此具有更长的使用寿命。这是因为钛酸锂电池采用的是钛酸锂材料，其晶格结构更为稳定，能够降低材料在循环过程中的膨胀和收缩，减少电池的老化速度。此外，钛酸锂电池的电池温度更稳定，能够更好地抵抗高温环境的影响，从而延长电池的使用寿命。其在报废后也可以提炼出回收金属，进行二次利用。

图 2-3　钛酸锂电池

2.2.2　电机

电机的功率质量较内燃机高，在同样动力输出下质量较轻，而且扭力稳定，没有内燃机在转速低时扭力大幅下降的缺点。一般汽油机的效率只有 15%(即所消耗汽油有 85% 被浪费掉，只有 15% 用作推动汽车），柴油机略好一点，有 20%，而电动机则可达 80% 以上，效率比内燃机高很多。

电机的扭力稳定而且较内燃机为大，它可以不靠齿轮增强扭力就直接推动车轮。由于电机体积小，某些设计直接把电机装在车轮之内，这种设计叫轮毂电机或轮内电机。图 2-4 所示为 FCXClarity 后轮的轮毂电机。电机放进车轮，每个电机可以独立调整速度，以保持良好的循迹性能，免去了离合器、变速器、差速器等机械传动系统的能量损耗，减轻了车身质量，减低了噪声及振荡，也省去了部分机械维护工作，增加了可靠性，而且让出更多车厢空间，让车厢内的空间布局更合理。

图 2-4　FCXClarity 后轮的轮毂电机

纯电动汽车使用的电机有多种，大致分为交流电机和直流电机。交流电机又分为交流感应电机，或是有永久磁铁的永磁同步电机。由于电池输出的是直流电，供电给交流电机就需要转换器把直流转成交流，设计较复杂，效率也较低。但交流感应电机有较高的扭力，早期特斯拉的纯电动汽车就是采用三相四极的交流感应电机。

直流电机有传统的串联直流无刷电机，效率为 85%~90%，最高纪录达 96%；另有步进电机衍生出来的开关式磁阻电机。这些电机全部都是无刷设计，其成本较高，但效率也较高，且较耐用、所需保养较少。

直流无刷电机及永磁同步电机需要使用永久磁铁，其中直流无碳刷电动机的推动相对较简单。

2.2.3　电机调速控制装置

电机调速控制装置是为纯电动汽车的变速和方向变换等设置的，其作用是控制电机的电压或电流，完成电机的驱动转矩和旋转方向的控制。

早期的电动汽车上，直流电机的调速采用串联电阻或改变电机磁场线圈的匝数来实现。因其调速是有级的，且会产生附加的能量消耗或使用电机的结构复杂，现已很少采用。后来应用较广泛的是晶闸管斩波调速，通过均匀地改变电机的端电压，控制电机的电流，来实现电机的无级调速。在电子电力技术的不断发展中，它也逐渐被其他电力晶体管（如 GTO、MOSFET、BTR 及 IGBT 等）斩波调速装置所取代。从技术的发展来看，伴随着新型驱动电机的应用，纯电动汽车的调速控制转变为直流逆变技术的应用，将成为必然的趋势。

在驱动电机的转向变换控制中，直流电机依靠接触器改变电枢或磁场的电流方向，实现电机的旋向变换，这使得电路复杂、可靠性降低。当采用交流异步电机驱动时，电机转向的改变只需变换磁场三相电流的相序即可，可使控制电路简化。此外，采用交流电机及其变频调速控制技术，可使纯电动汽车的制动能量回收控制更加方便，控制电路更加简单。

2.2.4　传动装置

纯电动汽车传动装置的作用是将电机的驱动转矩传给驱动轴，当采用电动轮驱动时，传动装置的多数部件常常可以忽略，如传统内燃机汽车传动系统的差速器。因为电机可以带负载起动，所以纯电动汽车上不需要传统内燃机汽车的离合器。因为驱动电机的转向可以通过电路控制实现变换，所以纯电动汽车无须内燃机汽车变速器中的倒挡。当采用电机无级调速控制时，纯电动汽车可以忽略传统汽车的变速器。

2.2.5　行驶装置

行驶装置的作用是将电机的驱动力矩通过车轮变成对地面的作用力，驱动车轮行走。它同其他汽车的构成是相同的，由车轮、轮胎和悬架等组成。

2.2.6　转向装置

转向装置是为实现汽车的转弯而设置的，由转向机、方向盘、转向机构和转向轮等组成。作用在方向盘上的控制力，通过转向机和转向机构使转向轮偏转一定的角度，实现汽车的转向。多数纯电动汽车为前轮转向，工业中用的电动叉车常常采用后轮转向。纯电动汽车的转向装置有机械转向、液压转向和液压助力转向等类型。

2.2.7　制动装置

纯电动汽车的制动装置同其他汽车一样，是为汽车减速或停车而设置的，通常由制动器及其操纵装置组成。在纯电动汽车上，一般还有电磁制动装置，它可以利用驱动电机的控制电路实现电机的发电运行，使减速制动时的能量转换成对蓄电池充电的电流，从而得到再生利用。国内纯电动汽车在大功率载客汽车方面，提供了耐力滑片式空气压缩机，主要用于制动时压缩空气。

2.3　纯电动汽车的电控

2.3.1　电控安全防护

纯电动汽车的电控安全防护主要包括以下方面。

1. 电池安全防护

电池作为纯电动汽车的核心部件之一，需要采取有效的措施进行保护。一方面，电池需要有防水、防火等安全措施，以防止发生液体泄漏或短路等情况；另一方面，电池的过充、过放、过温等状态也需要被监测和控制，以防止电池失效或发生安全事故。

2. 电机控制安全防护

电机控制系统需要能够监测电机的运行状态，如转速、温度、电流等，并对电机进行保护控制。同时，在发生故障时，还需要及时切断电机的电源，避免电机失控导致安全事故。

3. 充电安全防护

纯电动汽车的电池需要经常进行充电，因此充电安全防护非常重要。一方面，需要采取防水、防火、防电击等安全措施，保障充电设备本身的安全；另一方面，需要监测电池的充电状态，如电压、电流等，避免过充、过放等危险状态的发生。

4. 车身电气安全防护

纯电动汽车的各种电气设备需要采取适当的安全措施，以防止发生电气故障。例如，需要使用绝缘材料、采取防护措施，避免电线短路或触电等危险。

纯电动汽车的电控安全防护需要对整个系统进行综合考虑，采取多种技术措施进行保障，以保障车辆的安全性和可靠性。

纯电动汽车维修中的电控安全防护是非常重要的，因为触电事故可能会对维修人员和其他人员造成伤害甚至危及生命。触电事故的伤害形式主要包括电击和电伤两种。电流的机械效应、热效应、化学效应在流经人体内部或接触人体外部组织时会产生病理变化，如损坏人体外部组织，影响呼吸、心脏和神经系统等，严重时甚至可能导致死亡。因此，对于纯电动汽车维修人员来说，必须严格遵守相关的安全规范和操作流程，同时采取必要的防护措施，以确保自身和他人的安全。

纯电动汽车中存在大量的高压电气部件，其电压多在 300 V 以上，工作时的电能转化过程会产生高达几百安培的电流，远远超过人体所能承受的电流范围，因此需要特别注意高压电气系统的安全防护。在电动汽车高压电气系统维修作业中，需要严格遵守规范化的操作流程和安全标准，如佩戴绝缘手套、穿戴绝缘服、使用防静电工具等，以防止电气设备泄漏电能造成触电伤害。图 2-5 所示为纯电动汽车高压电气系统结构。

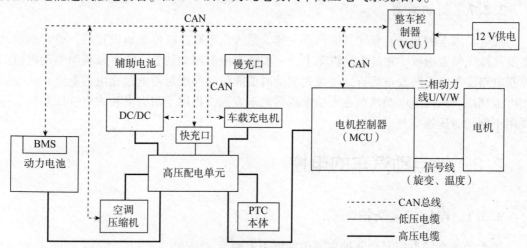

图 2-5 纯电动汽车高压电气系统结构

纯电动汽车高压电气系统的维修作业需要进行专业培训，以确保维修人员对高压电气系统的工作原理和安全操作有充分的了解和掌握。对于维修场地的要求也很高，必须保证维修场地的安全性和通风性，防止因不当的维修操作而引起的安全事故。

总之，纯电动汽车的电控安全防护至关重要，需要进行全面的规范和控制，以确保维修人员和其他人员的安全。

2.3.2 纯电动汽车高压安全防护及操作规范

由于电池输出的是直流电，防护装备的主要作用是保护电动汽车高压维修作业人员安全，保证高压维修作业顺利进行。防护装备在使用之前，都应该进行常规检验，除此之外，对于已经投入使用的个体防护装备和绝缘安全器具，需要定期进行预防性试验。维修作业中的防护装备可以分为个体防护装备、绝缘安全器具和安全警示标。个体防护装备分为绝缘和非绝缘装备。绝缘装备包括绝缘手套、绝缘鞋、绝缘帽、绝缘垫等。非绝缘装备包括防护眼镜、面罩、防护手套、口罩、防护服、安全鞋等，如图2-6所示。绝缘安全器具主要包括绝缘组合工具(见图2-7)和绝缘检测仪器仪表。

图 2-6 非绝缘装备

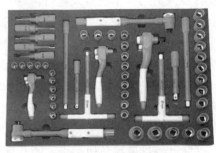

图 2-7 绝缘组合工具

由于纯电动汽车高压系统存在高电压危险，因此在维修作业时必须遵循特定的操作规范。纯电动汽车高压维修操作流程如图2-8所示。

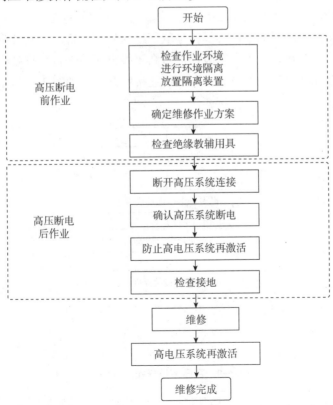

图 2-8 纯电动汽车高压维修操作流程

具体操作如下。

(1)检查作业环境,进行环境隔离,放置隔离装置检查维修场地环境。首先,检查防护设施,纯电动汽车高压维修作业场地必须配备消防设备,优先选用水基灭火器,然后是干粉灭火器。其次,维修场地周围应当无易燃易爆物品和与工作无关的金属物品,并在维修车辆周围设置隔离装置,防止无关人员进入现场。最后,在地面或者车辆附近放置明显的安全标识。多种安全标识一起设置时,应按警告、禁止、指令、提示类型的顺序,先左后右、先上后下排列。

(2)维修作业方案技术负责人确定纯电动汽车断电操作方案并签字。如存在异议,则维修作业人员与技术负责人进行沟通;如不存在异议,则维修作业人员严格按照维修方案进行操作,并由监护人员进行监督并记录测试数据。

(3)检查绝缘辅助用具。选择正确电压等级的绝缘手套、绝缘帽、绝缘鞋、护目镜、绝缘垫、测试用仪器仪表,检查完毕后正确穿戴。

(4)断开高压系统连接。具体分为以下4步。

①断开点火钥匙。纯电动汽车点火钥匙通常有3~4个挡位,断电操作前,维修作业人员必须先关闭点火开关,再拔下点火钥匙,并把点火钥匙放在安全的地方。

②断开辅助电池负极端子。断开低压蓄电池的负极端子,端子以及电缆接头用绝缘盖覆盖。

③断开维修开关。维修开关通常连接动力电池组,手动将维修开关断开,使高压系统处于物理断路状态,单独存放维修接头并交由监护人进行保管,提供绝缘保护或者遮盖维修接头暴露的接插口,放置车辆5~10 min,完成高压电容器放电。

④断开连接接插件之间的连接。确认穿戴好绝缘防护设备后,松开维修接头机械锁紧部件,轻拔脱离,观察线束是否存在破损,对高压线束两端进行防护处理,处理之后放置在专用零部件小车或其他安全部位。高压系统连接断开流程如图2-9所示。

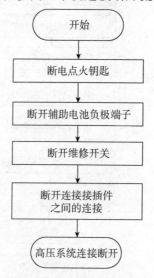

图2-9 高压系统连接断开流程

(5)确认高压系统断电。虽然接插件已经与高压零部件实现了物理脱离,但还无法确定高压零部件是否完全断电,需要进一步确认系统是否已完全断电。通常,测试设备可以采用通用设备万用表。检测位置为低压蓄电池、高压动力电池负极和接地端之间、高压动力电池正极和接地之间、DC/DC 转换器的蓄电池连接处、DC/DC 转换器负极与车辆接地之间、DC/DC 转换器正极与车辆接地之间，以上位置若存在参与电荷，须通过放电设备进行放电处理。

（6）防止高电压系统再激活。确认系统断电后，为保证维修人员安全，应防止高电压系统被再次激活，因此需对已经实现分离带电部件的连接处进行遮盖，然后在维修车辆或台架显眼处贴上标有"高电压系统已关闭"的警示标签，并把负责此工作的负责人的名字和联系方式同时标注在上面。

（7）检查接地。在维修车间或实训车间中，采用充电桩为高压动力电池充电时，并检查是否接地。高压作业必须贯彻"安全第一、预防为主"的方针，在进行纯电动汽车维修时要严格遵守作业规范，一般须完成以上作业步骤之后，再对纯电动汽车高压电气系统进行维修操作。维修操作完成之后由技术负责人确定纯电动汽车上电激活操作方案并签字，维修人员恢复并确认高压零部件以及线束，最后实现车辆再激活。

实践练习题 ▶▶ ▶

1. 什么是纯电动汽车？
2. 请列举纯电动汽车的优缺点。

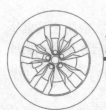

第3章
混合动力电动汽车

混合动力电动汽车是使用两种以上的能源产生动能驱动的汽车，其驱动系统可以有一套或多套，常用的能量来源有燃料(汽油、柴油、液化石油气等)、蓄电池、燃料电池、太阳能电池、压缩气体等，而常用的驱动系统包含内燃机、电机、涡轮机等技术。本章对于混合动力电动汽车进行简要描述，分析不同结构形式的混合动力电动汽车，并以典型的混合动力车型为例对混合动力电动汽车在系统上的结构进行具体分析。

> **学习目标**
>
> 1. 了解混合动力电动汽车的基本理论。
> 2. 掌握混合动力电动汽车的基本结构与原理。
> 3. 了解混合动力电动汽车的技术路线及关键技术。
> 4. 掌握典型混合动力电动汽车的系统应用。

3.1 混合动力电动汽车简介

3.1.1 混合动力电动汽车的定义

使用燃油驱动内燃机加上电池驱动电机的汽车称为混合动力电动汽车，目前市面上的混合动力车型多属此种。混合动力电动汽车在内燃机低速效率不佳的时候使用电机辅助，在普通驾驶时用惯性驱动发电机回收部分动能给电池充电，普遍比同型纯内燃机汽车有更好的燃油效率及加速表现，被视为较环保的选择。

近年来，有些汽车能够通过充电站或家用充电设备从电网为动力电池充电，被称作插电式混合动力汽车(Plug-in Hybridel Eletric Vehicle，PHEV)。如果电网中的发电厂使用可再生能源、碳排放量低的发电方法或采取电力离峰时间充电，可以做到短距离通勤甚至可以纯电动行驶，那就可以进一步降低车辆的碳排放量。同时，更大容量的电池还能放出储存的电能，提供住家或旅行临时的电力使用。目前，混合动力电动汽车正在逐渐占领汽车市场。图3-1所示为典型混合动力电动汽车丰田普锐斯。

图 3-1 丰田普锐斯

混合动力电动汽车的行驶功率依据实际的行驶状态，由单个驱动系统单独或共同提供。近年来，随着新能源汽车的兴起，越来越多的关注集中在了它的动力系统上。在这个系统中，能量的转化和传输显得尤为重要。一款好的动力系统需要满足以下 4 个要素。

(1)传送到车轮推进车辆运动的能量，至少采自两种不同的能量转换装置(如内燃机、燃气涡轮、斯特林发动机、电动机、液压电动机、燃料电池等)。斯特林发动机如图 3-2 所示，该发动机具有结构简单、可靠性高、低噪声、低振动等优点。由于它可以使用任何热源作为动力源，因此具有灵活性强的特点。它可以通过可再生能源来提供动力，减少对化石能源的依赖，降低环境污染。

(2)能量转换装置至少要从两种不同的能量储存装置(如燃油箱、蓄电池、飞轮、超级电容、高压储氢罐等)吸取能量。高压储氢罐如图 3-3 所示，是一种用于存储氢气的装置，通常用于燃料电池电动汽车和其他氢能应用。该储氢罐通过高压将氢气压缩储存，从而在相对较小的空间内存储大量氢气。高压储氢罐一般采用轻质的复合材料制造，以满足汽车应用的质量要求。

(3)从储能装置流向车轮的这些通道，至少有一条是可逆的(既可放出能量，也可吸收能量)，并至少还有一条是不可逆的。

(4)可逆的储能装置供应的是电能。

图 3-2 斯特林发动机

图 3-3　高压储氢罐

3.1.2　混合动力电动汽车的主要动力总成元件

1. 内燃机

混合动力电动汽车通常采用汽油或柴油内燃机，既可以直接驱动车轮，也可以通过发电机产生电能给蓄电池充电。

2. 电机

混合动力电动汽车内置电机，可以作为内燃机的辅助动力或者直接驱动车轮，通常使用锂电池或镍氢电池供电。图 3-4 所示为丰田 IMA 混动系统动力总成元件。

3. 变速器

混合动力电动汽车使用电机和内燃机组合动力，需要合理调配两者之间的输出功率。因此，混合动力电动汽车一般配备电动变速器或电控变速器。

4. 蓄电池

混合动力电动汽车蓄电池用于储存电能，以便在需要的时候给电机供电。混合动力电动汽车的蓄电池通常是锂离子电池或镍氢电池。图 3-5 所示为奥迪 A6L 的蓄电池，其型号是瓦尔塔 7P0 915 105 D，采用的是 12 V 的电压，105 A·h 的容量。

5. 控制系统

混合动力电动汽车的控制系统用于监测和控制内燃机和电机的运行状态，以及蓄电池的电量和车速等参数。控制系统还可以通过能量回收系统将车辆刹车时产生的动能转换为电能，储存在蓄电池中供电使用。

6. 传动轴

混合动力电动汽车的传动轴将内燃机和电机的动力传递到车轮上，实现汽车的运动。传动轴通常由减速器、离合器、万向节等组成，以适应不同的工况需求。

图 3-4　丰田 IMA 混动系统动力总成元件

图 3-5　奥迪 A6L 的蓄电池

3.1.3　混合动力电动汽车的研发历史

世界上第一辆混合动力电动汽车罗纳-保时捷（Lohner-Porsche）由费迪南德·保时捷在 1899 年展出，如图 3-6 所示。大量生产的混合动力电动汽车则在 20 世纪 90 年代才面世，分别为本田生产的 Insight 和丰田生产的普锐斯，这两款车都可由电机直接推动车轮提供动力。另有一说，世上第一辆混合动力电动汽车在 1899 年由皮帕（Pieper）研发。利用刹车时进行能量再生制动的设计要到 1978 年才被电机工程师 David Arthurs 发明。

图 3-6　世界上第一辆混合动力电动汽车 Lohner-Porsche

1916 年，WOOD 汽车公司设计了一款 Dual Power Model 44 Coupe 双动力汽车，如图 3-7 所示。这款汽车速度在 24 km/h 以下时用电机驱动，超过 24 km/h 时使用内燃机驱动。

图 3-7　Dual Power Model 44 Coupe 双动力汽车

1997 年，奥迪公司设计推出了第一款混合动力电动汽车 Audi A4 Duo Ⅲ，如图 3-8 所示，它的纯电动续驶里程为 50 km，并配备了能量回收系统和外充电功能。

图 3-8　Audi A4 Duo Ⅲ

1999 年，本田汽车设计了混合动力电动汽车 Insight，如图 3-9 所示。Insight 每耗一升油就能行驶近 30 km，大大提高了燃油经济性。

图 3-9　本田 Insight

2005 年，福特设计了推出了混合动力电动汽车 Fusion Hybrid，如图 3-10 所示。

图 3-10　福特 Fusion Hybrid

2007 年，通用设计推出了雪佛兰增程式混合动力电动汽车沃蓝达，如图 3-11 所示。

图 3-11　沃蓝达

2008 年，比亚迪设计了插电式混合动力电动汽车 F3DM，如图 3-12 所示。

图 3-12　比亚迪 F3DM

至此，混合动力电动汽车研究开始走上正轨，作为内燃机汽车和纯电动汽车间的过渡产品，混合动力电动汽车迎来新的蓝海市场。

3.1.4　国内外发展现状

1. 国内发展现状

目前，混合动力电动汽车在中国市场上的销售份额正在逐年增加，尤其是在新能源汽车政策的支持下，各大车企纷纷加大对混合动力电动汽车的研发和推广力度。根据中国汽车工业协会发布的数据，2022 年 1 月份，中国市场上共销售了 4.2 万辆混合动力电动汽车，同比增长了 28.5%。同时，国内的混合动力电动汽车也越来越多地向高端化、智能化方向发展，不断推陈出新，为消费者提供更多选择。

然而，混合动力电动汽车的市场占比仍然较低，其价格相对较高，且维修保养成本也较高，这都是制约其发展的因素。同时，随着纯电动汽车的快速发展，混合动力电动汽车在新能源汽车市场上的地位也受到了冲击。

2. 国外发展现状

在如今的资源与环境问题之下，世界各国在各领域纷纷加快新能源汽车替代的进程。日本是最先踏入汽车节能领域的国家。以丰田为代表的日本车系，以节能等优点为世人所熟知。丰田公司在1997年推出了世界上最早的混合动力电动汽车普锐斯。6年后，丰田公司在上一代的基础上推出THS-Ⅱ系统。丰田作为日本老牌强势车企，在传统汽车领域占据领先地位。面临如今的新能源大势，丰田旗下卡罗拉、雷凌、亚洲龙、凯美瑞、威兰达等车系纷纷推出新能源汽车车型。其中卡罗拉双擎E+动力电池的规格可以实现在纯电模式下60 km的续航，在混动模式下内燃机和电机合理分工，实现4.3 L/100 km的低油耗。

美国对混合动力技术的研发投入很大，2009年启动超过20亿美元的政府扶持计划。在乘用车方面，美国混合动力技术具有深厚的技术积累。美国通用公司旗下凯迪拉克混动版(见图3-13)能够实现多动力模式运行，在智能能量回收领域成果不俗。

图3-13　凯迪拉克混动版

蒙迪欧新能源汽车以其出色的外观和超低的综合油耗，成为销量最高的美系混合动力家庭轿车，但为了追求充电速度，其续驶里程较短。

在豪车领域，混合动力电动汽车销量之最当属宝马53e，如图3-14所示。

图3-14　宝马53e

3.2　混合动力电动汽车的发展潜力

3.2.1　插电式混合动力电动汽车的优势

插电式混合动力电动汽车的优势如下。

(1)与传统内燃机汽车相比，混合动力电动汽车的内燃机始终工作在最佳工况，油耗非常低。

(2)在纯电模式下，混合动力电动汽车不会产生尾气排放，有助于改善空气质量和降低环境污染。

(3)无须外接充电系统，解决了一次充电的续驶里程、基础设施等问题。

(4)电池组的小型化使成本和质量低于纯电动汽车。

(5)内燃机和电机的动力可以互补；低速时，可由电机驱动。

在目前的技术水平和应用条件下，混合动力电动汽车是最具产业化和市场化的电动汽车。混合动力电动汽车采用内燃机和电机作为混合动力源，不仅具有内燃机动力性能好、响应快、工作时间长的优点，还具有电机无污染、噪声低的优点，从而实现内燃机和电动机的最佳匹配。

3.2.2　插电式混合动力电动汽车的劣势

插电式混合动力电动汽车的劣势如下。

(1)电池单位质量储存的能量太少，而且由于电池比较贵，还没有形成经济规模，所以购买价格比较贵。

(2)使用成本不一，有的车型使用成本比内燃机汽车高，有的车型却只有传统内燃机汽车的 1/7~1/3，主要看电池寿命和当地的油电价格。

(3)由于不是纯电动汽车，在行驶过程中无法实现碳的零排放。

3.3　混合动力电动汽车的结构与原理

3.3.1　原理简述

由于混合动力电动汽车使用超过一种动力来源，在推动系统的设计上能够适配不同的输出功率而达到更高的效率。举例来说，内燃机有运转最有效率的输出区间，若搭配电机共同运作，则可以调节内燃机的负载，使内燃机在最有效率的输出区间上运作，进而达成节省燃料的效果。此外，混合动力电动汽车在减速时可回收动能转换成电能，以节省能源。

3.3.2　混合动力电动汽车功能性实现

混合动力电动汽车的动力系统由内燃机和电力驱动系统构成，通常意味着包含两种或者两种以上的能量存储设备或动力源。相比于传统内燃机汽车，混合动力电动汽车有着更好的燃油经济性和排放性。通过合理地匹配混合动力电动汽车的内燃机和电力驱动系统的动力输出,可以最大限度发挥二者的优点。在混合动力电动汽车中,内燃机的作用主要在于稳定车辆的运行,而电力驱动系统主要用来调节车辆在行驶过程中的动态动力性。混合动力电动汽车由于电力驱动系统的加入能够实现最小的燃油消耗和废气排放,而且通过动力匹配控制系统的作用能够保证更好的道路行驶性能。

3.3.3 混合动力电动汽车系统的研究实况

日本作为汽车领域亚洲的代表,其各大汽车生产制造商在混合动力电动汽车研发方面也处于世界领先地位。最具代表性的是本田公司推出的 Insight 和丰田公司推出的普锐斯。这两款混合动力电动汽车的动力系统都是汽油内燃机和由蓄电池供电的电机组合,二者可以单独驱动汽车行驶又可以同时作用驱动汽车行驶。Insight 采用集成式发动机辅助系统(Integrated Motor Assist System,IMAS),其可以更好地利用内燃机与电机之间的组合,并且这种组合能最大限度地提高能源效率和减少燃料的消耗。当内燃机自身产生过剩的能力时,其产生的机械能会利用发电机转化为电能存储在储能系统之中,同样在车辆减速或刹车过程中,Insight 的再生制动能量回收系统会将车轮的动能转化为电能,同样储存在储能系统之中。普锐斯的传动系统利用一种电子控制无级变速器的技术,在传动比范围内能够表现出更好的性能。其机械传动系统所采用的行星齿轮系统使得内燃机、电动机和发电机之间得到更好的功率分配,所以在车辆加速时所需求的能量将由内燃机和电动机同时输入到车轮;稳定行驶过程中,能量会从内燃机输出到车轮,同时也会从内燃机经发电机给储能系统进行充电;当车辆采取减速时,再生制动能量回收系统会将车轮的动能经发电机转化为电能并存储在储能系统中。

德国宝马作为世界著名的汽车生产制造商,在 2014 年 9 月推出了全新概念混合动力运动概念跑车 i8。在动力系统方面,宝马 i8 搭载了高性能的混合动力系统,应用到两台电动机和一台涡轮增压汽油内燃机。宝马 i8 的内燃机采用燃油直喷和可变进气涡轮增压技术、1.5 L 排量。内燃机后置,输出动力可以直接作用于后车轮;两台电动机前置,可以将输出动力作用给前车轮。在驱动系统满负荷的情况下,从静止加速到 100 km/h 仅为 4.8 s;同时在电子装置的限制下,最高车速也会达到 250 km/h。更重要的是 i8 的每百公里油耗仅为 3.76 L,在纯电力驱动下 i8 可以真正实现零排放。

我国各大汽车生产制造企业也有计划地开展了混合动力电动汽车关键技术的研发与整车生产的试制工作。在整车控制系统、电机驱动系统和储能系统等技术方面都有着重大的进展和突破。就目前情况来看,首先,我国的混合动力电动汽车产业已经建立了较为完善的技术开发体系,形成具有完全自主知识产权的研发制造平台;其次,在关键核心零部件的开发与制造上,推出了一系列具有自主知识产权的产品,实现了关键零部件国产化的愿景;最后,掌握了混合动力电动汽车整车开发的关键技术,形成了整车制造的量产化、批量化。随着混合动力电动汽车关键技术的突破,我国各大汽车生产制造商也契合时机的推出了自主品牌的混合动力电动汽车。

3.4 混合动力电动汽车的分类

3.4.1 按连接方式分类

混合动力电动汽车分为并联式、串联式(增程型)和全面混合动力式(混联式)3 种。

1. 并联式混合动力电动汽车

并联式混合动力电动汽车系统结构如图 3-15 所示，它主要由内燃机、电机(电动机/发电机)两大部件总成组成，有多种组合型式，可以根据使用要求选用。并联式混合动力电动汽车动力流程如图 3-16 所示。内燃机和电动机通过某种变速装置同时与驱动桥直接相连接。

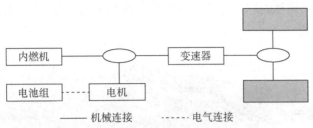

图 3-15　并联式混合动力电动汽车系统结构

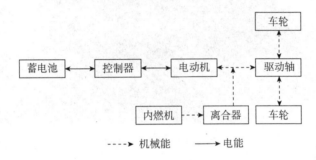

图 3-16　并联式混合动力电动汽车动力流程

在并联式油电混合动力系统中，内燃机及电动机输出的动力各自通过机械传动系统传递而推动车轮，内燃机及电动机的动力在机械传动系统之前各自分开、互不相干，因此称作并联型混合动力。两者同时由计算机控制以达至协调。

常见的一种并联式混合动力设计是以内燃机作为主要动力来源，电动机作为辅助动力系统，两者通过机械传动系统耦合。系统中并无专为电池充电用的发电机，行驶中，电池充电来源只有两项：一是靠再生制动系统在车辆减速、制停时，将动能转为电能；二是当内燃机仍有余力时，通过一定的机械连接方式带动电动机旋转，电动机旋转时则发电，将电能存储到电池中，起到了充电的作用。这个过程也被称为"发电模式"或"电动机发电模式"。再生制动所得的电量相当有限，第二种情况所得的电量也不会太多。由于充电能力有限，此类设计倾向于使用较小的电池容量以及较低功率的电动机，电动机只作为辅助性角色，不能独自推动车辆。此系统的优点在于：内燃机可以怠速熄火、提高内燃机起动时的燃油效率及降低损耗、使用再生制动系统回收电能。电动机能与内燃机一起运作，可以在需要时加大功率。由于主要动力来源依旧是内燃机，此类设计保留了内燃机在高转速时较省燃料的特性，有利于在高速公路行驶。综合而言，相对于同动力的纯内燃机汽车，这种混合动力系统的燃料消耗与碳排量较低。由于此设计所使用的电池及电动机的容量及功率都较小，质量也较轻而减低了额外负载；另外，此设计并不需要大幅更换纯内燃机汽车的动力系统，因此设计成本也较低。

另一种设计是内燃机及电机各自分别推动不同的轮轴，两者通过车轮与地面的接触耦合。充电方式是当内燃机在低负载状况下推动车辆行走时(如巡航),连着电机的轮轴被地面带动而转动,便可为电池充电。除了能够通过再生制动系统回收电能外,此种设计的另一好处是四轮驱动性。由前后轮轴都有动力,在某些情况下拥有四轮驱动的循迹性能,有些类似设计甚至没有电池,如日产 e-4WD(见图 3-17)系统直接以电机推动后轮,内燃机则推动前轮并将多余能量用于发电。然而,此系统最大的问题在于两轮轴的动力往往难以完美协调而造成能量损耗,因此在燃油效率的表现上受到一定程度的限制。

图 3-17　日产 e-4WD

并联式混合动力系统的主要元件为动力合成装置,由于动力合成的实现方法具有多样性,相应的动力传动系统结构也是多种多样,通常可归类为驱动力合成式、转矩合成式和转速合成式。

1)驱动力合成式

驱动力合成式并联混合动力电动汽车采用一个小功率的内燃机,单独驱动汽车的前轮,另外一套电机驱动系统单独驱动汽车的后轮,可以在汽车起动、爬坡或加速时增加驱动力。两套驱动系统可以独立驱动汽车,也可以联合驱动汽车,使汽车变成四轮驱动的电动汽车。此种混合动力电动汽车具有四轮驱动汽车的特性。

2)转矩合成式

转矩合成式并联混合动力电动汽车的内燃机通过传动系统直接驱动汽车,并直接(单轴式)或间接(双轴式)带动电机转动向蓄电池充电。蓄电池也可以向电机提供电能,用来起动内燃机或驱动汽车。

3)转速合成式

转速合成式并联混合动力电动汽车的内燃机和电机通过离合器和一个“动力组合器”来驱动汽车。可以利用普通内燃机汽车的大部分传动系统的总成,电机只需通过“动力组合器”与传动系统连接,结构简单、改制容易、维修方便。为获得最佳传动效果,控制装备往往十分复杂。图 3-18 所示为并联式混合动力系统动力合成的实现方法,其中 E 代表内燃机(Engine),M 代表电动机(Motor),B 代表电池(Battery)。

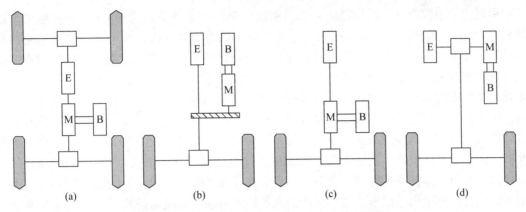

图 3-18　并联式混合动力系统动力合成的实现方法

（a）驱动力合成式；（b）双轴转矩合成式；（c）单轴转矩合成式；（d）转速合成式

2. 串联式混合动力电动汽车

串联式混合动力电动汽车系统结构如图 3-19 所示。串联式结构是由内燃机、发电机和电动机三大主要部件总成组成。在串联式混合动力电动汽车上，由内燃机带动发电机所产生的电能和蓄电池输出的电能，共同输出到电动机来驱动汽车行驶，电力驱动是唯一的驱动模式。其动力流程如图 3-20 所示。

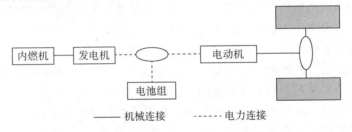

图 3-19　串联式混合动力电动汽车系统结构

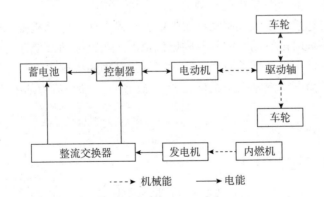

图 3-20　串联式混合动力电动汽车动力流程

串联式混合动力电动汽车的内燃机能够经常保持在稳定、高效、低污染的运转状态，使有害排放气体控制在最低范围。从总体结构比较简单、易于控制，只用电动机驱动系统，其特点更加趋近于纯电动汽车。三大部件总成在汽车上布置起来有较大的自由度，但各自的功率较大、外形较大、质量也较大，在中小型汽车上布置有一定的困难。另外在能量转换过程中，能量损失较大。串联式混合动力系统较适合在大型客车上使用。

串联式油电混合动力系统是由一具功率仅供满足行进时平均功率的内燃机(也可以是外燃机)作为发电机发电,电力用以为电池充电及供电给电动机,车上唯一推动车轮的是电动机。如果从电动汽车的角度来看,这种设计可以增加电池续驶里程,故称为增程型电动系统;而其构造上动力输出的流程完全是一直线,所以又称串联式混合动力系统。由于此种系统所需的电池及电动机的功率较大,所以成本较高。由于引擎仅负责稳定运转发电,因此可以较好地控制排污及提高效率,而引擎配置位置也较弹性,加上电动机的输出有高扭力,省却了机械传动系统及变速箱,能增加车箱容量并使布置合理化,简化了机械维护,简化了驾驶操纵。这些都是以电动机直接推动而得到的跟纯电动汽车一样的好处。在耗油量方面,这种系统特别适合需要不停地起动及经常停车的情况(如公共汽车),因为相对内燃机,电动机的扭力及效率在相当大的转速范围内都能保持相当高,可使车辆起动及慢速时比内燃机有更佳表现。用于发电的内燃机可保持平稳转速从而保持高效率,以英国双层巴士的经验可减少40%的燃油消耗。但在高速公路上,串联式混合动力系统的能量经过多重转换:发电机损耗、电池充电损耗、电池放电损耗、电动机的转换效率等,而传统内燃机汽车只有内燃机的损耗及机械转输的效率(一般为95%)。所以串联式混合动力系统适合在市区使用,而不适合在高速公路上使用。

3. 混联式混合动力电动汽车

混联式混合动力系统,又称为动力整合式混合动力系统或动力分配式混合动力系统,同时拥有功率相当的内燃机与电动机,所以可依路况选择使用纯电动模式、汽油(或柴油)模式或混合模式;设有由内燃机推动的发电机,产生充电或电动机所需电力。兼具并联式及串联式的功能及特性,因而得名混联式混合动力系统。

在起步或低速时,内燃机的效率低,所以会全由低速性能及效率较佳的电动机推动,从而提高效率并节省燃料。视电池状况而定,内燃机会在需要时会推动发电机向电池充电或直接向电动机供电,亦即串联式混合动力。当车速提高至内燃机能工作在有高效率的转速时就转由内燃机推动,减少耗油量。在有需要时,如加速及爬坡,电动机可以同时开动,增加额外功率,亦即并联式混合动力。

电机提供了怠速熄火系统及制动再生功能,在停车或以电动机推动时关闭内燃机,在减速与刹车时、下坡时进行动能回收。内燃机也不必兼顾起动及低速的需要,可以进一步优化高转速时的性能,提高燃油效率,同时降低污染物的排放。

混联式混合动力电动汽车系统结构如图3-21所示,动力流程如图3-22所示。

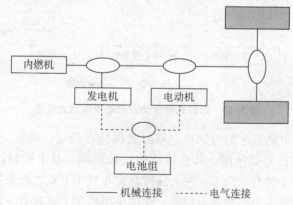

图 3-21 混联式混合动力电动汽车系统结构

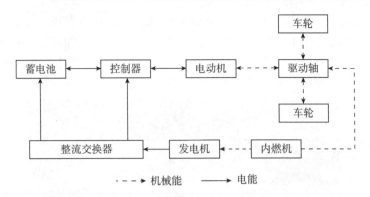

图 3-22　混联式混合动力电动汽车动力流程

3.4.2　按电机输出功率分类

混合动力电动汽车中电机峰值功率与电机和内燃机峰值功率之和的比，称为混合度：

$$R = \frac{P_m}{P_m + P_e}$$

式中：R 为混合度；P_m 为电机的峰值功率；P_e 为内燃机的峰值功率。

按照混合度的不同，混合动力电动汽车可分为微混合动力电动汽车（$R<5\%$），轻混合动力电动汽车（R 为 5%~15%）、中混合动力电动汽车（R 为 15%~40%）以及全混合动力电动汽车（$R>40\%$）。

1）微混合动力电动汽车

微混合动力电动汽车的混合动力系统中，电机的功率很小，储能设备的容量也很小，通常采用 AGM 铅酸电池，主要的动能来源还是内燃机，电机基本只在起动状态下工作，即作为内燃机的起动机，当整车起动时协助内燃机打火，或当车辆遭遇红灯或长时间蠕行时作为内燃机自动启停装置工作。在车辆制动状态下，实现少量的能量回收（因其动力电池容量小），故这类混合动力系统也被称为启停混合动力系统。理论上能使燃油经济性提升 8% 左右。东风日产 2015 款楼兰 2.5S/CHEV 就属于典型的微混合动力电动汽车，如图 3-23 所示。

图 3-23　东风日产 2015 款楼兰 2.5S/CHEV

2）轻混合动力电动汽车

相对于微混合动力系统，轻混合动力系统中的电机功率与储能设备容量都有所增大，通常采用镍氢电池等高效能电池，从而降低了车辆总动力对内燃机独立工作的需要程度。轻混合动力系统不仅工作于整车起动状态，也能在车辆需要再加速时与内燃机协同工作。当然，也能够实现更大程度的制动能量回收。其对整车燃油经济性帮助的理论数值为 14% 左右。本田混动版思域就属于轻混合动力电动汽车，如图 3-24 所示。

图 3-24　本田混动版思域

3）全混合动力电动汽车

相对于微混合动力系统与轻混合动力系统而言，全混合动力系统最显著的特点就是：搭载全混合动力系统的汽车能够实现电机独立驱动的目的。在一些堵车、倒车、怠速、蠕行、低速、车辆起动等低功耗需求情况下整车可采用纯电动模式工作，当然也对全混合动力电动汽车的电机功率与储能设备容量提出了更高的要求，通常采用镍氢电池或锂离子电池。它除了拥有前两种混合动力系统的功能外，对制动能量回收的能力也大大提升。这类混合动力电动汽车基本上能够达到对燃油经济性 30% 以上的提升效果。丰田集团的大多数混合动力电动汽车都属于全混合动力电动汽车，如普锐斯、凯美瑞混动版、卡罗拉雷凌双擎、雷克萨斯 CT200hRX35h（见图 3-25）等。

图 3-25　雷克萨斯 CT200hRX35h

3.4.3　按充电形式分类

按充电形式，混合动力电动汽车可分为普通混合动力电动汽车和插电式混合动力电动汽车。普通混合动力电动汽车一般不需要单独进行充电，依靠传统动力就可以达到混合动力的效果。而插电式混合动力电动汽车通常采用大容量电池（10 kW·h 左右），可以仅用电池进行较长距离的行驶，需要对电池进行单独充电。

1) 普通混合动力电动汽车

普通混合动力电动汽车无须外接电源对整车所搭载的储能设备进行外部充电，而是在车辆行驶过程中通过功率控制单元(Power Control Unit，PCU)调配发动机工作对动力电池进行充电，在不同形式路况与车辆状态下适时地采用内燃机或电机驱动车辆行驶，又或者通过电子控制单元(Electronic Control Unit，ECU)调配发动机与电动机协同工作，达到提高燃油经济性的目的。普通混合动力电动汽车结构组成如图 3-26 所示。

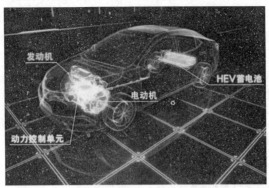

图 3-26　普通混合动力电动汽车结构组成

2) 插电式混合动力电动汽车

插电式混合动力电动汽车的设想源于欧洲科学家的一份报告数据，大多数城市居民每日的生活半径都在 60 km 以内，因此为了满足在这 60 km 内的燃油经济性最佳和城市内尾气排放最低的要求，就需要混合动力电动汽车能够保持 60 km 的纯电动模式，但对于无法外接电源进行充电的传统混合动力电动汽车而言根本是不可能也不经济的，所以科学家就提出了开发插电式混合动力电动汽车的想法，在工作地点、学校以及人流密集处设立充电桩，就可以保证从家中前一晚用 220 V 家庭用电充满的插电式混合动力电动汽车覆盖城市居民生活半径的要求，而在其他没有充电桩覆盖的地点或是长途行驶时，也不会像纯电动汽车那样失去行驶动力，而是可以采用内燃机消耗燃油与电机协同工作。插电式混合动力电动汽车结构组成如图 3-27 所示。

图 3-27　插电式混合动力电动汽车结构组成

3.5 混合动力电动汽车动力匹配控制策略

尽管从混合动力电动汽车的设计角度来看，各种车型的结构各有不同，但是动力管理的目标都是追求最大的燃油经济性、最小的排放和最低的系统成本。在设计混合动力电动汽车的动力匹配控制策略时，常常要考虑到以下几个方面的因素。

(1)内燃机的工作点/工作区间：内燃机的工作点设置在最优的转矩速度特性曲线上，其中最优曲线根据内燃机燃油经济性和排放性的数据绘制，要尽可能实现最优的燃油经济性和最小的尾气排放。

(2)内燃机动力与空转时间的最小化：在避免任何波动的情况下，内燃机的工作速度尽可能实现动力最小化。同时，内燃机的空转时间最小化有利于提升整车系统效率。

(3)最大程度获得再生能量：优化设置电池系统的荷电状态以便最大限度地保证在一个完整的充放电周期内，电力驱动系统能够提供更多的动力。

(4)优化电机的工作点/工作区间：电机的工作点应设置在电机转矩转速的最优工作区间内，以保证电机的最优运行状态。

(5)遵循零排放政策：在满足混合动力电动汽车以纯电动模式工作的工况下，混合动力电动汽车驾驶模式尽可能采取纯电动模式运行。

3.6 混合动力电动汽车制动充分回收能量

在保持车辆原有制动性能的基础上，合理地回收制动能量，称为充分回收能量。影响再生能量回收能力的因素有电机工作特性、电池充电效率、电池电量状态等。在车辆进行再生制动的过程中，所需要的制动功率会保持在一个较大数值上。但以较短持续时间实现制动，会导致电机出现发电功率过高，带来急速充电、过充的问题。所以需要合理的控制策略控制发电过程，保证再生制动系统的工作效率，实现制动能量的充分回收。以基于无极变速器(Continuously Varinble Transmission，CVT)下插电式混合动力电动汽车为例，在利用 CVT 传动机理传递再生制动能量的过程中，变速器毋庸置疑是非常重要的一环。可以通过按照运行机理传输能量，并对再生制动系统的工作点加以调整的方法来实现制动能量产生的最大化。因为能量在制动过程中有不可忽略的损耗，所以为保证能量在系统中得到高效传递，必须减少变速器的扭矩损失以及在系统传递过程中产生的磨损。

以金属钢带式 CVT(见图 3-28)的部件组成为例：金属钢带式 CVT 由主锥轮、从锥轮和金属钢带组成。金属钢带包含了两组钢环、数百个金属片，每组钢环由 9~11 片单个金属环组成。在钢环组中，金属钢带不仅能引导金属片的运动方向，还能承担全部张紧力。金属片承担推力作用，以传递扭矩。系统通过输入轴，将动力传输到主动锥轮上，凭借金属片与主动锥轮产生的摩擦力，金属片得以运动，产生推力，再由钢带将推力传递到从动锥轮上。从动锥轮与金属片产生摩擦力并带动从动锥轮旋转，从而将扭矩传递给动轮。

图 3-28　金属钢带式 CVT

实验通过联立电池-电机-CVT 最优效率模型发现，再生制动系统能量回收与 CVT 传动效率、锂电池组的充电效率、集成发电机的发电效率都有很强的相关性。电机输出功率攀升至较高水平，也需要电池模块的大幅度的电能输出，但此时充电电流的增加并不使电池充电效率提高。所以，当出现电池充电电流较大的情况，就容易降低电池和电机的联合工作效率。而电机工作效率主要受电机工作点影响，调节 CVT 的速比恰好改变了电机工作点。在联立电池-电机-CVT 联合工作效率数学模型的实验中，通过输入不同的转速转矩组合，拟合不同 SOC 值下的联合工作效率特性曲线、电池-电机-CVT 的联合工作效率特性曲线。在处于较低的输入功率下，联合效率较低，这是由于在转速一定的情况下，输入扭矩较低，扭矩降低使电机发电效率下降。当 CVT 速比低于 1 时，联合效率迅速降低。

3.7　混合动力电动汽车的制动平顺性

制动平顺性问题主要有以下两方面。

(1) 在融入电机制动系统后，在执行制动操作时，驾驶人很难有类似于常规制动的感受。因此，为保证驾驶员的体验感、整车运行的平顺性，必须要对原有制动系统进行优化。

(2) 从动态响应特性方面看，液压制动和电机制动的力矩存在差异，在切换制动模式时，为了避免电机制动力(或液压制动力)突变带来的汽车减速突变，需要采取合理的控制方法，提高制动过程中的舒适性。

3.8　混合动力电动汽车应用案例

3.8.1　辅助型混合动力系统

辅助型混合动力系统是依其特性所称的名称，从其构造来看也就是并联式混合动力系统。辅助型混合动力系统目前的主流设计是以一具功率较大引擎(多是内燃机)作为主要动力，再配上一具功率较小的电机(多在 20 kW 以下)做辅助动力，所以才叫作辅助型混合动力系统。电机与引擎直接连接，功能主要是发电、协助提高转速、进行动能回收和强化引擎性能等，而且两者同时驱动还可强化性能。由于这种技术是开发混合动力技术的过程，因此所有有开发过混合动力技术的车厂都具备这样的技术，如奔驰、法拉利、本田、马自达和丰田等。

奔驰开发了一款中混合动力车 S400HybridL，采用的就是典型的辅助型混合动力系统。车上安装有 V6 引擎和锂电池，引擎曲轴箱与变速箱中央安装有碟型电机，单靠引擎可输出 222.99 kW 的功率与 372.4 N·m 的扭力值，碟型电机则可输出 15 kW 的功率，纵向功率达 237.96 kW。百公里平均油耗仅 7.9 L，每行驶 1 km 仅排放 186 g 二氧化碳。

法拉利在 2012 年 4 月正式展示自主开发的辅助型混合动力系统。法拉利的混合动力系统名为 HY-KERS，该系统由一个 V12 引擎和一个配备电机的双离合器变速箱构成，而安装在 V12 引擎前方的第二台电机则专门用于辅助系统。这两组电机也与电池组相连，使得电池组可根据空间大小和最终配置情况，放置于车体结构内。这套系统并非以环保节能为主要目标，而是以提升引擎动力为优先，而且不得过度增加车重，希望能在增加动力之余还能降低碳排放与油耗。该系统曾试验性地以前中置引擎后轮驱动安装在 599 Hybrid Concept 上，但目前展示的系统已改为后中置引擎后轮驱动，计划优先搭载于限量跑车 Enzo 的后继车款 F150 La Ferrari 上。本田在 2000 年投产的 Insight 也采用了辅助型混合动力系统。本田开发的辅助型混合动力系统名为 IMA(Integrated Motor Assist)。IMA 使用自家的 i-VTEC 引擎配上电机，可达到有效的节能与性能表现，不过因为仍属中混合动力系统，效果有限。Insight 当前采用的是输出动力 70.9 kW 的 1.3 L 四缸汽油引擎搭配可输出 10.4 kW 的电机，总合动力输出有 76.04 kW，大约相当于 1.5 L 的引擎。除了 Insight 之外，本田现在还有 FitHybrid、FitShuttle、Freed、FreedSpike 和 CR-Z 等车款使用 IMA。马自达发展的 e-4WD 亦是类似的系统。e-4WD 是在后轮装上电动机，在需要的时候加推进力。丰田第一代的普锐斯因为技术尚未成熟，所以也采用了辅助型混合动力系统，但从第二代起技术已开发完备，故改用更进步的全混合动力系统。

由于各推动单元都能各自独立推动整部车，因此混联式混合动力也必然能达至全混合动力的程度。不过，混联式混合动力系统并不是唯一可达至全混合动力的技术。

3.8.2 增程型电动系统

增程型电动系统目前多用于大型车辆，如 Wrightbus 的双层巴士 Wright Gemini2(见图 3-29)及运载量达 13 t 的军用运输车 HEMTT A3 Hybrid Truck。

图 3-29　双层巴士 Wright Gemini2

雪佛兰 Volt 和欧宝 Ampera 挂载由通用汽车公司研发的 1.4 L 增程型电动系统，拥有 Electric 纯电动以及 Extended-Range 增程模式。在纯电动模式下有约 56 km 最大续驶里程，而在电池电量耗尽后，内燃机供电的增程模式能够提供约 554 km 的最大续驶里程，总续驶里程约 610 km，能满足日常生活使用。2010 年正式推出量产车型，中文名为沃蓝达。为延长电池寿命，SOC 被控制在 30%~85% 之间，低于 30% 时发电机会起动，为电池充电及供电给电动机以推动车辆行驶。不过在部分行驶模式中会更早地起动内燃机。奥迪的 A1 e-tron 概念车也是这种设计，车上配备的小排气量转子引擎只作发电用，专为电池组充电，车辆完全由电机驱动。

3.8.3　全面型混合动力系统

全面型混合动力系统可以让内燃机与电机都驱动前轮或后轮，也可以设计成分开驱动前后轮从而变成四轮驱动。目前拥有全面型混合动力技术的厂商有丰田和福特，其中福特的混合动力系统来自丰田的授权和专利交换。

从 2013 年开始，本田推出了名为 I-MMD 的混合动力系统。该系统具体工作原理与丰田的行星齿轮组有较大不同，但是经过一系列媒体测试表明，该系统燃油效率非常高(5.0 L/100 km)，实际测试效果也基本达到预期。目前 I-MMD 也被认为属于全面型混合动力系统。

雷克萨斯和丰田使用的是丰田集团开发的 HSD 全面型混合动力系统(雷克萨斯和丰田同为丰田集团旗下品牌，BMW 也以技术交换合法共享部分该技术)。HSD 用一个 Atkinson 循环汽油内燃机配上两个电机，其中一个电机与内燃机整合，主要功能是当发电机用内燃机余力发电，同时也是在怠速熄火系统起动后帮内燃机提升转速；另一个电机则与驱动轴连接，主要功能是在电动和混合模式时提供车轮动力，并在减速与刹车时进行动力回收。Atkinson 循环汽油内燃机在低转速下扭矩不足的缺点，可有效地为电机所弥补，使得丰田混合动力电动汽车同时拥有极低的油耗和优异的动力表现。雷克萨斯和丰田已有数十款车型采用了 HSD，当前在省油效果方面最佳的是第四代。

实践练习题 ▶▶　▶

1. 设计混合动力电动汽车控制策略时的主要目标是什么？主要应考虑哪几个方面？

2. 分析 HEV 与 PHEV 两种汽车运行方式，说明哪种方式在动力性和经济性上更有优势。

3. 简述混合动力电动汽车 3 种连接方式的特点。

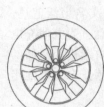

第4章
电机与电机控制系统

本章简要介绍各种电机的组成结构和工作原理，以及电机控制系统的组成及功能。

学习目标

(1) 了解直流电机的结构。

(2) 理解电机的工作原理。

(3) 掌握选择电机的原则。

4.1 电机构造分解

4.1.1 直流电机的结构

直流电机由定子和转子两大部分组成。运行时静止不动的部分称为定子，它的主要作用是产生磁场。运行时转动的部分称为转子，它的主要作用是产生电磁转矩和感应电动势，是直流电机进行能量转换的枢纽。无刷直流电机主要由用永磁材料制造的转子、带有线圈绕组的定子和位置传感器组成，其基本结构如图4-1所示。

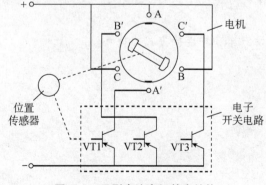

图4-1 无刷直流电机基本结构

转子是电机本体的转动部分，是产生励磁磁场的部件，它由 3 部分组成：永磁体、导磁体和支撑零部件。

永磁体和导磁体是产生磁场的核心，由永磁材料和导磁材料组成。无刷直流电机常采用的永磁材料有下列几种：铝镍钴、铁氧体、钕铁硼及稀土钴永磁材料等。

导磁材料一般用硅钢、电工纯铁或 1J50 坡莫合金等。磁钢插入转子铁芯的沟槽中的，称为内嵌式或隐极式；转子铁芯外表面粘贴瓦片形磁钢的，称为凸极式，如图 4-2 所示。

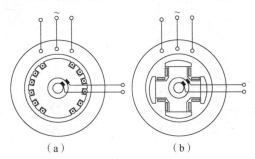

图 4-2 导磁材料结构

(a)隐极式；(b)凸极式

定子是电机本体的静止部分，由导磁的定子铁芯(见图 4-3)、导电的电枢绕组及固定铁芯和绕组用的一些零部件、绝缘材料、引出部分等组成，如机壳、绝缘片、槽楔、引出线及环氧树脂等。定子是无刷直流电机的电枢。

图 4-3 定子铁芯

定子铁芯一般由硅钢片叠成，选用硅钢片的目的是减少主定子的铁耗。硅钢片带有齿槽的环形冲片，在槽内嵌放电枢绕组，槽数视绕组的相数和极对数而定。为减少铁芯的涡流损耗，冲片表面涂绝缘漆或磷化处理。为了减少噪声和寄生转矩，定子铁芯采用斜槽。在叠装后的铁芯槽内放置槽绝缘和电枢线圈，然后整形、浸漆，最后把主定子铁芯压入机壳内。有时为了增加绝缘和机械强度，还需要采用环氧树脂进行灌封。定子铁芯中放置对称的多相绕组，可接成星形或封闭形(三角形)，各相绕组分别与电子开关电路中的相应晶体管相连接。电子开关电路有桥式和非桥式两种。常用的电枢绕组连接方式如图 4-4 所示，其中图(a)、(b)是非桥式开关电路，其他是桥式开关电路。

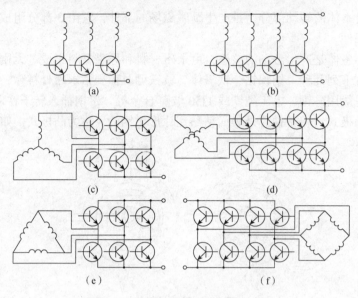

图 4-4　常用的电枢绕组连接方式

　　无刷直流电机一般采用霍尔元件作为位置传感器，由于无刷直流电机的转子是永磁体，可以很方便地利用霍尔元件的"霍尔效应"检测转子的位置。

4.1.2　交流感应电机的结构

　　交流感应电机主要有由定子、转子、轴承组成，其外形如图 4-5 所示，内部结构如图 4-6 所示。

图 4-5　交流感应电机外形

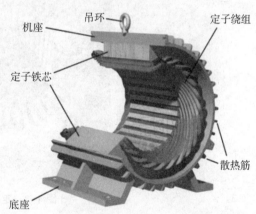

图 4-6　交流感应电机内部结构

　　定子主要由铁芯、三相绕组、机座、端盖组成。定子铁芯一般由 0.3~0.5 mm 厚、表面具有绝缘层的硅钢片冲制、叠压而成，在铁芯的内圆冲有均匀分布的槽，用以嵌放定子绕组。三相绕组由 3 个在空间互隔 120°电角度、对称排列的结构完全相同的绕组连接而成，这些绕组的各个线圈按一定规律分别嵌放在定子各槽内，其作用是通入三相交流电，产生旋转磁场。机座作用是固定定子铁芯与前后端盖以支撑转子，并起防护、散热等作用。端盖主要起固定转子、支撑和防护作用。转子主要由铁芯和绕组组成。转子铁芯所用材料与定子一样，由 0.3~0.5 mm 厚的硅钢片冲制、叠压而成，硅钢片外圆冲有均匀分布的孔，用来安置转子绕组。定子铁芯的槽内嵌放着定子绕组，即三相交流绕组，接入三相交流电源就可产生旋转磁场。图 4-7 所示为定子结构，图 4-8 所示为转子结构，图 4-9 显示了转子铁芯和定子铁芯由硅钢片叠成。

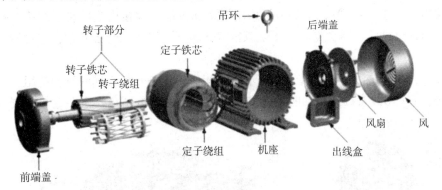

图 4-7　定子结构

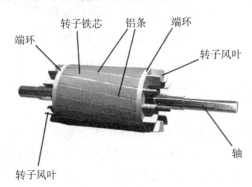

图 4-8　转子结构

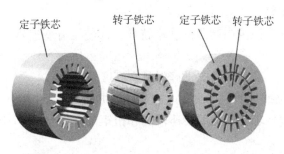

图 4-9　转子铁芯和定子铁芯由硅钢片叠成

转子绕组分为鼠笼式转子和绕线式转子。图 4-10 所示为鼠笼式异步电机转子。

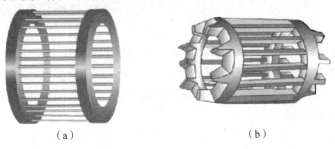

（a）　　　　　　　　　　　　　　（b）

图 4-10　鼠笼式异步电机转子

（a）铜条；（b）铸铝

鼠笼式转子：鼠笼式转子绕组由插入转子槽中的多根导条和两个环行的端环组成。若去掉转子铁芯，整个绕组的外形像一个鼠笼，故称鼠笼式转子绕组。小型笼型电机采用铸铝转子绕组，对于 100 kW 以上的电机采用铜条和铜端环焊接而成的转子绕组。鼠笼式转子分为：阻抗型转子、单鼠笼式转子、双鼠笼式转子、深槽式转子几种，起动转矩等特性各有不同。

绕线式转子：绕线式转子绕组与定子绕组相似，也是一个对称的三相绕组，一般采用星形连接，3 个出线头接到转轴的 3 个集流环上，再通过电刷与外电路连接。绕线式转子外形如图 4-11 所示。

图 4-11　绕线式转子外形

4.2　电机的选择

在新能源汽车中，特别是混合动力电动汽车里，电机往往被安装在有限的狭小空间内。和传统的工业电机相比，其工作环境不仅复杂多变，而且相当恶劣，具体有振动大、冲击大、灰尘多、腐蚀严重、高温、高湿的特点。因此，选用新能源汽车驱动电机应符合下列要求：

(1)体积小、质量轻；

(2)低速大扭矩和宽范围内高速恒功率特性，即使没有变速器，电机也应满足所需的扭矩要求；

(3)高可靠性要求，在任何情况下确保具有高度安全性；

(4)需要有 4~5 倍的过载以满足短时加速或爬坡的要求；

(5)需要宽调速，要求在较宽的转速范围和扭矩范围内(在整个运行范围内)都有较高的效率；

(6)要求有高功率密度和体积密度，从而能够降低车重，延长续驶里程；

(7)要求工作可控性高、稳态精度高、动态性能好；

(8)由于安装空间小，且工作在高温、恶劣天气及频繁振动等恶劣环境下，可靠性要求高；

(9)价格要合适，从而提高新能源汽车的市场接受程度。

另外，电机的选用还要综合考虑其控制系统的特点。在新能源汽车上可以采用的驱动电机主要有直流电机、交流异步电机、永磁同步电机和开关磁阻电机等。这些驱动电机的特性比较如表 4-1 所示。

表 4-1　新能源汽车驱动电机的特性比较

指标	直流电机	交流异步电机	永磁同步电机	开关磁阻电机
功率密度	差	一般	好	一般
转矩转速特性	一般	好	好	好
转速范围/$(r \cdot min^{-1})$	4 000~6 000	9 000~15 000	4 000~15 000	>15 000
易操作性	最好	好	好	好
可靠性	差	好	一般	好
结构的坚固性	差	好	一般	好
尺寸及质量	大，重	一般，一般	小，轻	小，轻
成本	高	低	高	低于感应电机
控制器成本	低	高	高	一般

4.3　电机控制系统

4.3.1　控制系统概述

混合动力电动汽车的电机控制系统贯彻保证车辆安全、节能、环保、舒适和通信等原则，车身、底盘及电子、电气设备绝大部分可以与传统内燃机汽车通用，但混合动力电动汽车的特点在于动力系统与内燃机汽车动力系统有本质的区别：混合动力电动汽车是采用内燃机和电动机两个动力系统的混合，属于电力驱动技术范畴，因此对混合动力电动汽车驱动电机的控制和智能控制的研究，是混合动力电动汽车的关键技术。混合动力电动汽车的电机有多种控制模式，如变压变频(Variable Voltage Variable Frequency，VVVF)、磁场定向控制(Field-Oriented Control，FOC)、多元件天线控制器(Multi-Element Antenna Controller，MEAC)、变结构控制(Variable Structure Control，VSC)等。混合动力电动汽车的驱动电机应能够在恒转矩和恒功率的宽大区域内运转，如在 0~1 200 r/min 的高转速范围内运转，要求保持高效率并实现四象限运转。感应电机多采用 FOC，这是一种比较好的控制方法。近年来发展起来的 VSC、模糊控制、神经元网络控制(Neural Networks Control，NNC)和专家系统控制(Expert System Control，ESC)等控制理论和控制方法，使各种电机的驱动和控制技术发展到更高的阶段。各种大功率电子器件，如 MOSFET、IGBT、COMFET、MCT 和 STT 等的使用，还有微处理器、DSP 等硬件的应用，为混合动力电动汽车电机的控制方法和智能控制提供了重要保证。

4.3.2　电机驱动控制系统

电机驱动控制系统是新能源汽车行驶中的主要执行机构，驱动电机及其控制系统是新能源汽车的核心部件(电池、电机、电控)之一，其驱动特性决定了汽车行驶的主要性能指标，它是新能源汽车的重要部件。

按照驱动控制系统的功能来分：混合动力电动汽车电机驱动控制系统基本由信号输

入、信号处理和输出、执行元件和信息反馈四大部分组成。

在混合动力电动汽车中，除了所需的储能系统外，电机驱动控制系统是最重要的系统。在纯电动汽车中，动力来源于电机，电机驱动控制系统是整车的心脏。电机驱动控制系统的组成如图4-12所示。

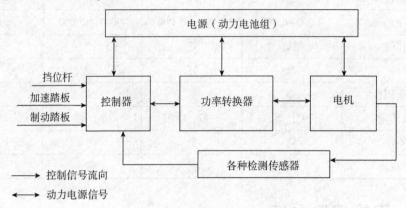

图4-12　电机驱动控制系统的组成

4.3.3　控制系统组成及功能

混合动力电动汽车动力系统和驱动控制系统由动力电池组、电流转换器(逆变器)、内燃机-电机组、驱动电机以及一些电子器件和电路共同组成。混合动力电动汽车的关键是对动力电池组、内燃机、电机组、驱动电机的智能控制。

混合动力电动汽车电机的控制系统基本由以下四大部分组成。

(1)信号输入。混合动力电动汽车主要输入信号源来自加速踏板的位移量以及由电机反馈的信号和监测装置反馈的信号，该信号一般转换为电信号，经过接口输入计算机中。

(2)信号处理和输出。以车载计算机为核心的中央控制器作为信号处理和指令输出的核心，在中央控制器中装有测量元件、乘法器、比较元件、逻辑控制单元、数据库和各种传感器等电子器件，对输入控制信号的输入量进行快速、精确的运算，并产生相应的偏差信号。将运算得出的微弱偏差信号，经过放大元件进行放大或变换，使输出指令的偏差信号足够大，然后通过接口输送到各个控制模块中去。

(3)信息运行。执行元件控制模块和各种执行机构是控制系统的执行元件。根据放大元件所放大或变换的偏差信号，控制模块和各种执行机构对被控制对象发出控制指令，使被控对象按照规定的指令(参数)运行。

(4)信息反馈。电机运转监测装置上的传感器，对电机的运转进行监测，并将电机运转中的机械量和电量的变化及时反馈到中央控制器，中央控制器将反馈信息进行对比、运算后，对输出的指令进行调整和修改，使被控对象的运行参数与输入信号的给定值趋于一致，并使被控对象按照新的指令(参数)运行。

4.3.4　控制器

控制器是电机驱动控制系统核心部分，如图4-13所示，它由电力电子器件(如IGBT

功率模块)构成的逆变器、逆变驱动器、变频器、电源模块、中央控制模块、信号检测模块、软起动模块、保护模块、机械结构等组成。混合动力电动汽车、纯电动汽车和燃料电池电动汽车都要采用电机驱动控制系统。

图 4-13　控制器

1. 逆变器

逆变器总成主要由增压转换器、变频器、DC/DC 转换器和 MG ECU(电机控制单元)组成。MG ECU 根据 HV ECU(高压电池控制单元)发生的指令信号来控制发电机 MG1 和电动机 MG2 的动作，内燃机 ECU 根据 HV ECU 的信号对内燃机的转速和动力进行控制，达到最佳的状态。增压转换器是把动力电池的 244.8 V 直流电压增压到最大值 650 V 的交流电压。增压转换器由增压 IPM 集成控制功率模块组成，使用 IGBT 通过施加正、反向的门极电压的方法来控制电压转化的完成。ECU 通过使用内置的电压传感器 VL 来检测增压前的电压，使用电压传感器 VH 来检测增压后的高压，根据这两个电压的比较，ECU 控制增压转换器的工作，将电压调整到合适值。

DC/DC 转换器能将固定的直流电压转化成可变的直流电压，可以把 DC 244.8 V 转化成 DC 14 V 用于给蓄电池充电和给车身电器设备用电。244.8 V 是动力电池的电压，不同的车型动力电压不一样，比如丰田卡罗拉双擎是 201.6 V，凯美瑞双擎的动力电池是 244.8 V。DC/DC 转换器能将辅助蓄电池的充电电压控制为恒压电源，并通过辅助蓄电池传感器上反馈的信号，在电路发生故障时保护 DC/DC 转换器。

DC/AC 逆变器(变频器)是一种把直流电转换为交流电的电子器件，如图 4-14 所示。该逆变器根据 IGBT 控制信号，把 DC 650 V 转换为 AC 650 V，在适当的工况控制 MG1 和 MG2 的运转，简单来说就是把增压器转变为的高压直流电转化为交流电。比如在汽车起步时，高压电池 HV 给 MG2 供电运转(所以 MG2 称为电动机、起动机)，由 MG2 通过驱动桥驱动车轮运转，这个时候内燃机是不工作的，可以降低能量的消耗。在减速的过程中，内燃机通过驱动发电机 MG1 进行发电，通过逆变器的电压转化给高压电池 HV 充电。在 MG1 和 MG2 停止运转后，混合动力系统控制 ECU 发出信号给逆变器，将这两个电机产生的交流电转化为直流电，为高压电池充电。

图 4-14　纯电动汽车上的 DC/AC 逆变器

　　混合动力电动汽车和纯电动汽车使用的电机型号和规格不一样，混合动力电动汽车的电机安装在变速器内部，由内燃机和驱动电机交替改变动力输出行驶，而纯电动汽车一直都是使用电机驱动行驶。纯电动汽车的逆变器经过 CAN 的转矩指令值，通过电流反馈值来控制电机运转。纯电动汽车上的逆变器位于电机控制器（Motor Control Unit，MCU）内，除了逆变器外，还有控制器一起组合在 MCU 内，MCU 是整个动力系统的控制中心。控制器接受驱动电机的需求信号，当车辆制动或者加速时，控制变频器的频率升降使汽车行驶。逆变器接受动力电池输出的直流电能，逆变成三相交流电提供给电机运转，在电动汽车制动过程中又起到制动回收电能的作用。逆变器结构如图 4-15 所示，其内部由 6 个 IGBT 组成，型号排列是 Sa~Sc。电动机的每一相输出线（Ia、Ib 和 Ic）和正负直流线都连接着一个 IGBT。逆变器中的开关元件 IGBT，当其温度超过 150° 时，无法发挥作用，所以要使用风冷或者水冷的散热措施。

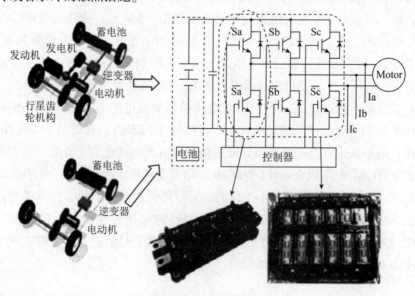

图 4-15　逆变器结构

2. 逆变驱动器

IGBT 在逆变器中的基本作用是作为高速无触点电子开关，IGBT 利用控制电路给予适当的开通、关断信号，就能将直流电转换成交流电。直流电转换成交流电之后电压会降低，如火车供电系统 DC 600 V 就是将 AC 380 V 整流而成的，IGBT 逆变驱动器则是将这个过程还原。同时，可以通过控制信号电脉宽调节来控制电流大小，也可以控制交流频率，从而控制电机转速。

3. 变频器

在各种电动汽车上，采用动力电池组的直流电作为电源和采用三相交流电机作为驱动电机时，三相交流电机不能直接使用直流电源。三相交流电机具有非线性输出特性，需要应用变频器中的功率半导体变换器件来实现直流电源与三相交流电机之间电流的传输和变换，并要求能够实现频率调节，在所调节的频率范围内保持功率的连续输出，同时实现电压的调节。变频器能够在恒定转矩范围内维持气隙磁通恒定，将直流电变换为频率和幅值可调且电压可调的交流电来驱动三相交流电机。

用变频器对三相交流电机进行调速控制的控制系统的特点如下。

（1）实现了对三相交流电机的调速控制，扩大了其转速范围，实现恒功率范围内的运转，可以对其进行高速驱动。

（2）可以实现大范围内的高效率连续调速控制。进行高频率起动和停止运转，并进行电气制动，快速控制正、反转的切换。

（3）所需要的电源容量较小，电源功率因数较大，可以用一台变频器对多台电机进行控制，组成高性能的控制系统等。

变频器基本结构模型变频器在电动汽车上应用十分普遍，变频器的基本功率电路有以下几种。在有 220/380 V 交流电源处，一般采用交-直-交逆变器系统，其基本功率电路如图 4-16 所示。直-交逆变器系统基本功率电路如图 4-17 所示。

图 4-16　交-直-交逆变器系统基本功率电路

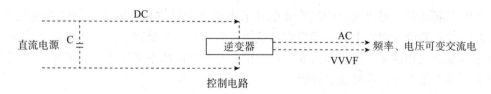

图 4-17　直-交逆变器系统基本功率电路

随着电气技术的发展，变频器和逆变器都采用现代控制技术或智能控制技术，使它们在多种电机的控制上得到广泛应用。变频器有多种结构模型和多种应用场合。

1）按主要功率电路分类

（1）电压型变频器，又称电压源逆变器，其基本电路如图 4-18 所示。电压型变频器的三相逆变电路由 6 个具有单向导电性的功率半导体开关组成，每个功率开关上反并联 1 个续流二极管，6 个功率开关每隔 60°电角度触发导通一次。

最简单的电压型变频器由晶闸管整流器和电压型逆变器组成，用晶闸管整流器调压，用电压型逆变器调频。电源电流经过整流器整流为直流电，在中间直流电环节并联大电容滤波，使中间直流电源近似恒压源且低阻抗。经过逆变器输出的交流电压，具有电压源性质，不受负载性质的影响，但调速动态响应较慢。反馈能量传送到中间直流电环节并联的电容中，使直流电压上升。为防止换流器件被损坏，需要在功率电路配置专门的放电电路。

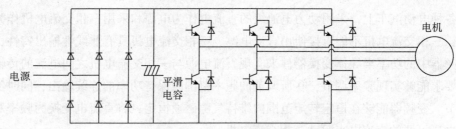

图 4-18　电压型变频器基本电路

（2）电流型变频器，又称电流源逆变器，其基本电路如图 4-19 所示。最简单的电流型变频器由晶闸管整流器和电流型逆变器组成，用晶闸管整流器调压，用电流型逆变器调频。电源电流经过整流器整流为直流电，在中间直流电环节串联的大容量电感起限流作用，使中间直流电以平滑波形输出，逆变器向负载输出的交流电流为不受负载影响的矩形波，具有电流源性质。电流型变频器调速动态响应快，可以实现正、反转并便于反馈制动。

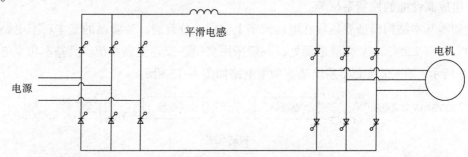

图 4-19　电流型变频器基本电路

在电机制动时，可以通过中间直流电环节电压反向的方式使整流电路变为逆变电路，将负载反馈的能量回馈给电源，而且在负载短路时比较容易处理，更适用于电动汽车。电流型变频器的三相逆变电路仍然由 6 个具有单向导电性的功率半导体开关所组成，但在每个功率开关上没有反并联续流二极管。

2）按开关方式分类

（1）脉冲振幅调制（Pulse Amplitude Modulation，PAM）：在变频器整流电路中对输出电压（电流）的幅值进行控制，以及在变频器逆变电路中对输出的频率进行控制的控制方式。PAM 控制时逆变器换流器件的开关频率（载波频率）即是变频器的输出频率，是一种同步调速方式。PAM 控制载波频率比较低，在用 PAM 控制进行调速驱动时，电机的运转效率高，噪声较低，但 PAM 控制必须对整流电路和逆变器电路同时进行控制，控制电路比较复杂，另外在电机低速运转时波动较大。电压型 PAM 控制基本电路如图 4-20 所示。

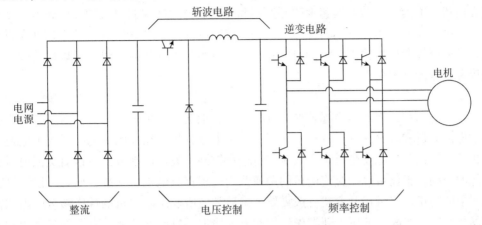

图 4-20 电压型 PAM 控制基本电路

（2）脉冲宽度调制（Pulse Width Modulation，PWM）：在变频器的逆变电路中，对输出电压（电流）的幅值和频率进行控制的控制方式。在 PWM 控制时，以较高的频率对逆变电路的半导体开关元器件进行开闭，并通过改变输出脉冲的宽度来实现控制电压和电流的目的。PWM 控制时变频器输出的频率不等于逆变电路换流器件的开关频率，属于异步调速方式。PWM 控制方式可以减少高次谐波带来的各种不良影响，转矩波动小，控制电路简单，成本也较低。但当载波频率不合适时，电机在运转时会产生较大的噪声。在系统中增加一个可以改变变频器载波频率的系统，即可降低电机在运转时的噪声。通常采用正弦波 PWM 的控制，通过改变 PWM 输出的脉冲宽度，使电压的平均值接近于正弦波，可以使异步电动机在进行调速运转时能够更加平稳。电压型 PWM 控制基本电路如图 4-21 所示。

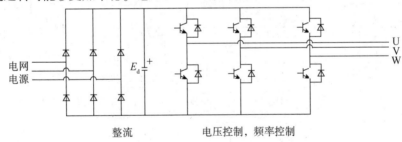

图 4-21 电压型 PWM 控制基本电路

（3）高载频 PWM：PWM 控制方式的改进。在高载频 PWM 控制方式中，将载频的频率提高到超过人耳可以听到的频率（20~20 000 kHz）以上，从而降低电机运转噪声。由于高载频 PWM 要求逆变器的换流器件有高的开关速度，因此只能采用 IGBT 和 MOSFET 等有较大容量的半导体元器件，但变频器的容量还是受到限制。高载频 PWM 控制时变频器输出的频率不等于逆变电路换流器件的开关频率，属于异步调速方式。高载频 PWM 控制方式主要用于低噪声型变频器。

3）按工作原理分类

（1）V/f（电压/频率比）变频器：对变频器的电压和频率同时进行控制，使 V/f 保持一定来获得电机所需要的转矩。V/f 控制方式是一种比较简单的控制方式，多用于对精度要求不太高的通用变频器中，控制电路的成本也比较低。

（2）转差频率控制变频器：V/f变频器的改进。转差频率控制变频器控制系统中，利用装在电机上的速度传感器的速度闭环控制和变频器电脉冲控制电机的实际转速。变频器的输出频率则是由电机的实际转速与所需的转差频率而被自动设定的，从而达到在进行速度调控的同时控制电机输出转矩的目的。在负载发生较大变化时，仍然可以保持较高的速度精度和较好的转矩特性。

（3）矢量控制变频器：工作原理是将交流电机定子电流进行矢量变换，按矢量变换规律由三相变为两相，将静止坐标转换为旋转坐标，把交流电机定子电流矢量分为产生磁场的励磁电流分量和与其相垂直的产生转矩的转矩电流分量。在控制中同时对定子电流的幅值和相位进行控制，也就是对定子电流矢量进行控制。矢量控制方式可以对交流电机进行高性能的控制，不仅可以使交流电机的调速范围达到直流电机的水平，而且可以控制交流电机产生的转矩。矢量控制方式一般需要准确地掌握所控制的电机的性能参数，因此需要变频器与专用电机配套使用。新型矢量控制方式增加了自调整功能，自调整矢量控制方式在电机正常运转之前，自动对电机的运转参数进行辨识，并根据辨识情况调整和控制有关参数。

4）按用途分类

（1）通用变频器：主要用于对普通交流电机进行控制。简易型通用变频器主要用于对调速性能要求不高的场合。高性能通用变频器在控制系统硬件和软件方面增加了相应的功能，用户可以根据电机负载的特性选择算法和对变频器的参数进行设定。图4-22所示为通用变频器的内部结构，此类通用变频器对电动机具有全区域自动转矩补偿功能、防止失速功能和过转矩限定运行等功能。

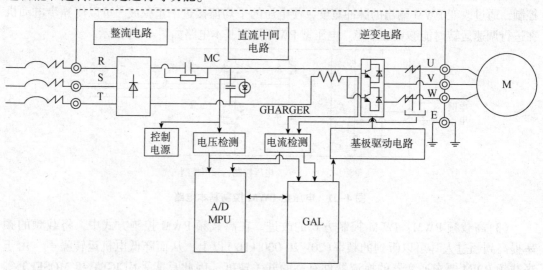

图4-22　通用变频器的内部结构

通用变频器作用：对带励磁释放型制动器电机进行可靠的驱动和调速控制，并保证带励磁释放型制动器电机的制动器能够可靠释放；减少机械振动和降低冲击作用；运转状态检测显示功能，根据设定机械运行的互锁，使操作人员及时了解和控制变频器的运行状态，对机械进行保护等。

（2）高频变频器：电动汽车上常采用高速电机，用PAM控制方式控制的高速电机用变频器，输出的频率可达到3 kHz；在驱动交流电机时，最高转速可达到18 000 r/min。

（3）高性能专用变频器：基本采用矢量控制方式，并与专用电机配套使用，在调速性能和对转矩的控制方面都超过了直流伺服系统，而且能够满足特定的电机的需要。一般在混合动力电动汽车上都采用高性能专用变频器进行控制。

高性能专用变频器的主要功能如下：根据操纵装置输入的信号和各部分传感器反馈的信号自动调节与控制电机的转速和转矩。在恒转矩范围和恒功率范围内对电机的转速和转矩进行调节与控制；蓄电池受过电压或电压不足的限制；制动能量的反馈回收；自动热控制、保护系统和安全系统；在显示屏上显示蓄电池、动力系统和车辆的动态信号等。

不同控制方式变频器的应用范围及基本特性如表 4-2 所示。

表 4-2　不同控制方式变频器的应用范围及基本特性

比较项目		控制方式			
		V/f 控制	转差频率控制	矢量控制（无速度传感器）	矢量控制（有速度传感器）
变频器形式	电压型变频器	适合	适合	不适合	不适合
	电流型变频器	适合	适合	适合	适合
	电压型 PWM 变频器	适合	适合	适合	适合
速度传感器		不要	要	不要	要
速度控制	零速运行	不可	不可	不可	可
	极低速运行	不可	可	不可	可
	速度控制范围	$(1:10)\sim(1:40)$	$(1:20)\sim(1:50)$	$(1:20)\sim(1:50)$	$(1:30)\sim(1:60)$
	响应速度	慢	快于 V/f 控制	快	快（30~1 000 rad/s）
	定常精度	转速随负载转矩	模拟控制 0.1%数字模拟 0.1%	0.50%	模拟控制 0.1%数字模拟 0.01%
转矩控制	是否合适	不可	通常不用	合适	合适
	响应速度	慢	慢	快	快
电路结构		最简单	简单	最复杂	复杂
特征	优点	①结构简单；②容易调整；③可用于普通电机	加减速和定常特性优于 V/f 控制	①可以进行转矩控制；②不需要位置传感器；③转矩响应速度快	①转矩性能控制好；②转矩响应速度快；③速度控制范围宽
	缺点	①低速时难以保持转矩；②不能进行转矩控制；③急加速和负载突增时将发生失速	①需要设定转差频率；②需要高精度位置传感器	需要正确设定电机参数	①需要正确设定电机参数；②需要高精度位置传感器

4. 电源模块

电源模块是电压转换设备之一, 如图 4-23 所示。它的主要功能是将交流电和直流电相互转换, 具有维护方便、设计灵活、节省成本和时间、高功率、高效率和高可靠性的优点。

优质内容　　高效变压器　专用电源管理芯片　采用TL431内部基准

图 4-23　电源模块

在某种程度上, 也可以说电源模块是一个带负反馈的稳压系统, 它的性能指标大致可以分为静态指标和动态指标。

1) 静态指标

输出电压精度: 测量模块的实际输出电压与标称输出电压之间的差。

效率: 在实现电源模块的电压转换和功率传输的同时, 它还测量其自身的损耗。

电压调整率(源效应): 测量模块在不同输入电压下的输出电压变化。

温度漂移: 当模块的环境温度不同时, 测量输出电压的变化。

电流调整率(负载效应): 输出电流不同时测量模块的输出电压变化状态。

交叉调节率: 仅针对两个电路或多个模块, 测量模块某个电路的输出功率变化对其他电路的输出电压的影响。

输出电压波动: 测量模块输出 DC 电压上 AC 电压分量的大小。

动态指示器起动超调和起动时间: 测量电源模块打开时输出电压的建立过程或稳定过程的状态。

负载阶跃响应: 负载阶跃变化时, 模块测量输出电压的变化。测量的主要指标是超调或下降的幅度以及恢复时间的长度。

中央控制模块: 中央控制模块主要作用是通过协议来控制周边设备, 如常见的门锁控制、电机控制、整车控制都离不开中央控制模块。

信号检测模块: 主要有故障检测和保护功能, 可以监测电源的故障情况, 如短路、过流、过压等, 并触发保护措施, 如自动关闭电源或降低输出电压。

软起动模块: 集中了电机软起动、软停车、轻载节能和多保护功能为一体的新颖电机控制装置, 采用三相反并联晶闸管作为调压器, 将其介入电源和电机转子之间的电路, 如三相全控桥式整流电路。在起动模块起动电机时, 晶闸管的输出电压全导通, 电动机工作在额定电压的机械特性上, 实现平滑起动、降低电流、避免起动过流。

2）动态指标

动态指标包括瞬态响应、稳态响应、调节时间、纹波等指标，这些指标反映了电源模块在动态工作状态下的性能特点，如对负载变化的响应能力、输出电压/电流的波动情况等。

实践练习题 ▶▶ ▶

1. 简述主流混合动力电动汽车的电机类型。

2. 简述电机关键技术。

3. 简述电机选择的原则。

4. 什么是直流电机？

第5章
燃料电池电动汽车

本章对燃料电池电动汽车的发展历程进行阐述，简要介绍燃料电池电动汽车在国内外的发展状况，以及燃料电池的相关问题；针对燃料电池的发展情况对燃料电池电动汽车的基本结构与工作原理进行介绍，对氢燃料电池的工作原理进行阐述。

学习目标

(1) 了解燃料电池电动汽车的发展历程和相关参数。

(2) 了解燃料电池电动汽车的国内外现状与发展意义。

(3) 掌握燃料电池电动汽车的基本结构，与传统内燃机汽车结构的区别。

(4) 掌握燃料电池的工作原理，理解燃料电池的化学反应。

(5) 掌握燃料电池的优缺点及关键技术。

5.1 燃料电池电动汽车简介

燃料电池电动汽车是纯电动汽车的一种，相比于传统的动力电池，燃料电池具有充电快的优点。与普通化学电池相比，燃料电池可以补充氢气、甲烷、天然气等燃料，可达到零排放或近似零排放。燃料电池是消耗氢气和氧气，将化学能转化为电能的发电装置，能量转化理论效率高达 80%~90%，实际可达 60%~80%。

随着环境问题与能源问题的日益突出，世界各国及各大汽车厂商都开始进行燃料电池电动汽车的研究与开发。国际上燃料电池电动汽车已经开始从技术研究阶段进入到市场导入阶段。燃料电池的性能在功率密度、使用寿命和低温起动等方面已经达到汽车级的要求。但是，制约燃料电池电动汽车发展的主要因素就是成本，但是随着燃料电池电动汽车的产业化和加氢站的数量增大，燃料电池电动汽车将逐渐进入市场。

燃料电池电动汽车的政策利好优势也不断凸显，《节能与新能源汽车技术路线图》和《"十三五"国家战略性新兴产业发展规划》均提出将燃料电池电动汽车作为重点发展任务。

长期以来，世界各国政府都高度重视燃料电池电动汽车研发，投入大量资金用于燃料电池电动汽车及氢能研发、试验考核和市场培育。2009 年，欧盟批准燃料电池和氢能技术项目行动计划，计划从欧盟第七框架计划中拿出 4.7 亿欧元，持续资助燃料电池电动汽车及基础设施技术研发。德国政府高度重视燃料电池电动汽车及氢能研发，交通部、环境署、经济部等部门联合启动燃料电池及氢能国家创新计划，拟与企业联合资助 14 亿欧元，用于燃料电池电动汽车、氢能等关键技术研发，以确定德国在燃料电池电动汽车领域的国际领先地位和竞争力。日本政府高度重视并持续开展燃料电池电动汽车和氢能开发，在过去 30 年时间内先后投入上千亿日元用于燃料电池电动汽车和氢能的基础科学研究、技术攻关和示范推广。

经过长时间、持续稳步的支持，国外燃料电池电动汽车产品的可靠性、环境适应性（如低温起动性能）取得了重大突破，示范运行不断深入，并陆续推出用于租赁商业化示范的先进燃料电池电动汽车，燃料电池电动汽车进入技术与市场示范阶段。产品成本控制与配套基础设施建设成为制约燃料电池电动汽车商业化推广的主要因素。

燃料电池是一种不燃烧燃料而直接以电化学反应方式将燃料的化学能转变为电能的高效发电装置。发电的基本原理：电池的阳极（燃料极）输入氢气（燃料），氢分子（H_2）在阳极催化剂作用下被离解成为氢离子（H^+）和电子（e^-），H^+ 穿过燃料电池的电解质层向阴极（氧化极）方向运动，e^- 因通不过电解质层而由一个外部电路流向阴极；在电池阴极输入氧气（O_2），氧气在阴极催化剂作用下离解成为氧原子（O），与通过外部电路流向阴极的 e^- 和燃料穿过电解质的 H^+ 结合生成稳定结构的水（H_2O），完成电化学反应放出热量。这种电化学反应与氢气在氧气中发生的剧烈燃烧反应是完全不同的，只要阳极不断输入氢气，阴极不断输入氧气，电化学反应就会连续不断地进行下去，e^- 就会不断通过外部电路流动形成电流，从而连续不断地向汽车提供电力。与传统的导电体切割磁力线的回转机械发电原理也完全不同，这种电化学反应属于一种没有物体运动就获得电力的静态发电方式。因而，燃料电池具有效率高、噪声低、无污染物排出等优点，这确保了燃料电池电动汽车成为真正意义上的高效、清洁汽车。

燃料电池因负载响应慢和峰值功率小的缺点，需要配合辅助能量源使用，常用的辅助能量源有动力电池和超级电容。燃料电池混合动力系统设计直接影响燃料电池电动汽车的性能，这包括整个混合动力系统的配置参数匹配和优化、能量管理策略和控制器的研发等设计研发工作。

燃料电池电动汽车目前的技术攻关焦点主要集中在提升可靠性、耐久性等方面，为进一步实现实用化，有以下几个挑战。

1）燃料电池的寿命需要进一步提高

目前燃料电池的使用寿命只有 2 000～3 000 h，而实用化的目标寿命应大于 5 000 h。因此，减缓和消除工况循环下材料与性能的衰减、增加燃料对空气中杂质的耐受力、提高 0 ℃以下储存和起动能力等成为研究热点。

2）燃料电池的成本要大幅度降低

2013 年，日本京都大学研发出了新型纳米镍粒子，它可以在低压状态下吸附储存氢气。研究人员使用有机溶剂将镍的化合物溶解，然后重新还原成特殊结构的镍粒子。新的镍粒子比普通镍的原子结构更加紧密，在常压状态下，吸存氢气的能力与钯持平。以前则需要在 600 MPa 高压的条件下，镍才可以作为储存氢气的材料。此项技术可大幅减轻电池质量，降低成本，增加容量，提高电池的安全性，为推动燃料电池实用化迈出重要的一步。

科学家大多尝试将钛、铌等的合金或者钯、钒作为燃料电池的储氢材料，但面临的难题是钯等材料的质量重、价格昂贵。镍的质量相当于钯的一半，价格也只是其千分之一。标准的燃料电池电动汽车行驶 500 km 一般需要 5 kg 的液氢，所需氢气罐的目标质量是 100 kg，京都大学的此项技术可以将氢气罐质量控制在 120 kg 左右。同时，该技术也避免了使用高压储氢带来的巨大安全问题。为此，如果此项技术能够得以应用，将对燃料电池电动汽车实用化有重要意义。

3) 解决氢源和基础设施问题

不同地区必须结合当地的资源情况，选择合适的制氢途径，加强加氢站的建设和示范。另外，还要加强车载储氢材料和储氢方法的研究，提高整车续驶里程。

2014 年，丰田第一代氢燃料电池电动汽车 Mirai 上市，具有 650 km 的续驶里程，充满储氢罐仅需要 3~5 min。2020 年丰田第二代氢燃料电池电动汽车 Mirai(见图 5-1)发布，续驶里程提升到 850 km，与第一代相比，燃料电池电堆的输出功率密度从 3.5 kW/L 提升到 5.4 kW/L，并且最高输出功率也从 114 kW 提升至 128 kW。丰田第二代 Mirai 与第一代 Mirai 相比的参数变化如表 5-1 所示。

图 5-1　丰田第二代氢燃料电池电动汽车 Mirai

表 5-1　丰田第二代 Mirai 与第一代 Mirai 相比的参数变化

	比较项目	第二代 Mirai	第一代 Mirai
车辆	续驶里程/km	最高约 850(WTLC 工况)	最高约 650(JC08 工况)
	最高车速/(km·h⁻¹)	175	175
燃料电池电堆	输出功率密度/(kW·L⁻¹)	5.4(4.4：含链接部件)	3.5(3.1：含链接部件)
	最高输出功率/kW	128	114
储氢罐	储氢方式	高压气罐 3 个	高压气罐 2 个
	充填压力/MPa	70	70
电机	最高输出功率/kW	134	134

早在 2013 年 2 月 26 日，世界上第一辆量产版燃料电池电动汽车 ix35FCV 在现代汽车韩国蔚山工厂正式下线。该车最高功率 73 kW，最高车速 151 km/h，百公里加速 12.5 s，采用 24 kW·h 的锂电池作为辅助能源，总续驶里程达到 594 km。NEXO（见图 5-2）为现代的第二代商用燃料电池电动汽车，它通过对电机、驱动单元和燃料电池电堆进行优化和高度集成，不但让系统体积和整车质量都有所下降，还把系统效率大幅度提高到 60%。

图 5-2　现代第二代商用燃料电池电动汽车 NEXO

在氢燃料电池电动汽车方面，国内核心技术整体不断进步，但与国际领先水平差距依然存在一定的差距，尚未形成系统的研发体系和工业体系。在燃料电池电堆开发方面，已形成包括明天氢能、武汉理工新能源、弗尔赛等在内的具有自主知识产权的燃料电池电堆生产厂家，在电堆上游配套方面，膜电极组件、碳纸、质子膜、石墨双极板和金属双极板等均已实现国产化。

在整车开发方面，我国已经初步掌握整车、动力系统与核心部件的核心技术并具备整车生产能力。在燃料电池电动汽车车型平台开发方面，以上汽股份、上海大众、一汽、长安、奇瑞等公司为代表开发的燃料电池电动汽车是基于传统内燃机汽车或纯电动汽车的改制。2014 年，荣威 950 燃料电池电动轿车成为国内首款实现公告、销售和上牌的燃料电池电动轿车。2017 年，大通 FCV80 燃料电池电动轻客车成为国内最早实现商业化运营的燃料电池电动轻客车。2018 年，申沃燃料电池电动大客车在上海嘉定 114 路公交电路上开展商业化运营。2020 年，广汽首款氢燃料电池电动汽车 Aion LX Fuel Cell 亮相，该车通过燃料电池系统和动力电池系统的组合，可输出超过 150 kW 功率，燃料电池系统额定功率超过 68 kW，续驶里程可达到 650 km，加满一次氢气只需 3~5 min。

5.2　燃料电池电动汽车结构与工作原理

燃料电池电动汽车的动力系统主要由燃料电池电机、燃料存储装置（主要用于存储氢）、驱动电机、动力电池组等组成。采用燃料电池电机发电作为主要能量源，通过带传动驱动车辆前进。如图 5-3 所示，燃料电池是利用氢气和氧气（或空气）在催化剂的作用下直接经电化学反应产生电能的装置，具有零排放或近似零排放、减少机油泄漏带来的水污染、降低温室气体的排放、提高燃油经济性、提高发动机燃烧效率、运行平稳无噪声等优点。

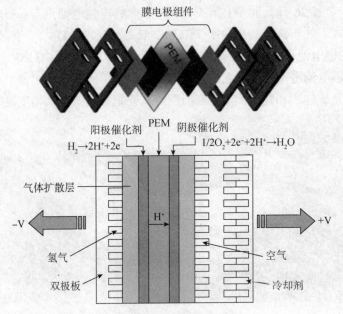

膜电极组件

阳极催化剂　PEM　阴极催化剂

$H_2 \rightarrow 2H^+ + 2e$　　　$1/2O_2 + 2e^- + 2H^+ \rightarrow H_2O$

气体扩散层

H^+

-V　　　+V

氢气　　　　空气

双极板　　　冷却剂

图 5-3　燃料电池

　　燃料电池在工作的过程中，阳极的氢气在催化剂的作用下分解出氢离子和电子，氢离子通过质子交换膜到达阴极，电子则沿着外部电路到达阴极（正极）产生电流。而在阴极，空气中的氧气与氢离子、电子反应生成水。由于燃料电池的反应物是氢气与氧气，并且它们的生成物只有水，因此可以有效地减少环境污染问题。

　　如图 5-4 所示，氢氧燃料电池是以氧气作为氧化剂，以氢气作为燃料，通过燃料的各种化学反应，将产生的化学能转化为电能有一种电池。氢氧燃料电池具有容量大、比能量高、转化效率高和功率范围广等优点。氢氧燃料电池和一般电池有着很大区别，一般电池的活性物质是被存放在电池的内部的，所以储存的活性物质的量的多少决定电池的容量。而氢氧燃料电池的活性物质是可以被源源不断地输入的。针对氢氧燃料电池的电池结构与工作方式，可以将氢氧燃料电池分为离子膜氢气燃料电池、培根型氢气燃料电池和石棉膜氢气燃料电池 3 类。

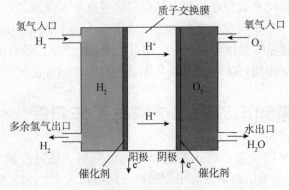

质子交换膜

氢气入口　　　　　　　　　　　　　　　氧气入口

H_2　　　　　　　H^+　　　　　　　O_2

H_2　　　　　　　　　　　　　　　O_2

H^+

多余氢气出口　　　　　　　　　　　　　水出口

H_2　　　　　　　　　　　　　　　H_2O

阳极　阴极

催化剂　e^-　　e^-　催化剂

图 5-4　氢氧燃料电池

1）离子膜氢氧燃料电池

　　离子膜氢氧燃料电池主要是通过阳离子交换膜作电解质的酸性燃料电池，韩国现代采用全氟磺酸膜。在电池放电过程中，在氧电极处生成水，之后进一步通过灯芯将水吸出。

这种电池在常温下工作、结构紧凑、质量轻，但离子交换膜内阻较大，放电电流密度小。

2）培根型氢氧燃料电池

培根型氢氧燃料电池属于碱性电池。氢、氧电极都是双层多孔镍电极（内外层孔径不同），中间加入铂作催化剂。电解质为 80%～85% 的苛性钾溶液，在室温条件下为固体状态，在电池工作温度（204～260 ℃）下为液体状态。这种电池能量利用率较高，但自耗电大，起动和停机需较长的时间（起动需 24 h，停机需 17 h）。

3）石棉膜氢氧燃料电池

石棉膜氢氧燃料电池属于碱性电池。氢电极主要由多孔镍片加入铂、钯催化剂制成，氧电极为多孔银极片，两电极夹有含 35% 苛性钾溶液的石棉膜，再以有槽镍片紧压在两极板上作为集流器，构成气室，封装成单体电池。放电时在氢电极一边生成水，可以用循环氢的办法排出，亦可用静态排水法。这种电池的起动时间仅 15 min，并可瞬时停机，比磷酸铁锂电池要更环保。

目前，燃料电池的许多关键性技术还处于研发试验阶段。此外，氢气作为燃料电池的理想燃料，在制备、供应、储运等方面距离产业化生产还有大量的技术于经济问题有待解决，如何更加快速、安全、产量化地储运氢气还需要进一步研究。作为燃料电池中必不可少的反应催化剂——稀有金属铂（Pt）被大量应用。但是，地球上存储的铂有限，按照现有燃料电池对铂的消耗量，仅能满足几百万辆燃料电池电动汽车的需求。因此，如何降低稀有金属用量也是燃料电池电动汽车发展需要解决的问题。

5.3 燃料电池电动汽车的特点

5.3.1 底盘布置

燃料电池动力总成包括：氢气罐总成、蓄电池总成、燃料电池电堆总成、动力输出系统总成等。其中，储氢罐一般放置在底盘的中部，或后排座椅的下方空间（传统内燃机轿车的油箱位置），将氢气罐分散存储。除了燃料电池动力总成，对汽车制动总成、前后悬架总成及轮胎等方面也应作相应的调整和测试。特别是随着轮毂电机技术的发展，燃料电池电动汽车在电机的放置方面有了新的选择，增大了汽车内部空间。而各电动轮的驱动力也可直接控制，提高了恶劣路面条件下汽车的行驶性能。底盘布置应把绝大多数的负载均匀分配在底盘的前后端，降低车辆的总体重心，使轿车具有良好的操控性能，并改善车辆的整体安全性。

5.3.2 动力系统

燃料电池电动汽车的动力系统一般由质子交换膜燃料电池、蓄电池、电机和系统控制设备组成。燃料电池所生成的电能经过 DC/DC 转换器、DC/AC 逆变器等的变换，带动电机的运转，将电能转变为机械能，为汽车提供动力。在一些关键部件，如质子交换膜燃料电池和蓄电池等，其热特性及传热性质与传统汽车有着很大的不同，为燃料电池电动汽车的水、热管理提出了新的目标和要求。

5.3.3 电子控制

与传统汽车相同，电子控制在燃料电池电动汽车的发展中也将起着越来越重要的作用。汽车的各种操纵系统都会向着电子化和电动化的方向发展,实现"线操控",即用导线代替机械传动机构,如导线制动、导线转向等;现有的 12 V 动力电源已满足不了汽车上所有电气系统的需要,42 V 汽车电气系统新标准的实施,将会使汽车电气零部件的设计和结构发生重大的变革,机械式继电器、熔丝式保护电路也将随之淘汰。同时,燃料电池的特性有其自身的特点:

(1)电压低,电流大;

(2)输出电流会随温度的升高而升高,输出电压会随输出电流的增大而下降;

(3)从开始输出电压、电流到逐渐进入稳定状态,停留在过渡带范围内的动态反应时间较长。

正是由于以上特点,大多数车载电器和电机难以适应其电压特性,所以必须和 DC/DC 转换器和 DC/AC 逆变器配合使用,需要对燃料电池系统进行大量的功率调节以保证电压的稳定,并满足以下要求:

(1)当燃料电池的输出功率大于汽车的需要时,多余的功率可对蓄电池进行充电,在动力系统起动时蓄电池可以给辅助系统提供电源;

(2)当燃料电池的功率不能满足汽车加速、爬坡时,蓄电池可提供附加功率,配合燃料电池共同使用。

所以,车辆可采用 42 V 的辅助电源独立地为各种电子、电气设备提供电能。由于燃料电池电动汽车较之传统内燃机汽车在驱动方式上有着本质的区别,所以在底盘布置、水热管理、电子控制等诸多方面的设计也有着很大的不同。

燃料电池电动汽车的关键能源动力技术包括电池技术、电机技术、控制器技术。电池技术、电机技术和控制器技术是电动汽车所特有的技术,这 3 项技术也是一直制约燃料电池电动汽车大规模进入市场的关键因素。

5.3.4　控制器技术

控制器技术的变速和方向变换是靠电机调速控制装置来完成的,其原理是通过控制电机的电压和电流来实现电机的驱动转矩和旋转方向的控制。目前电动汽车上应用较广泛的是晶闸管斩波调速,通过均匀改变电机的端电压,控制电机的电流,来实现电机的无级调速。在电子电力技术的不断发展中,它也逐渐被其他电力晶体管(如 GTO、MOSFET、BTR及 IGBT 等)斩波调速装置所取代。从技术的发展来看,伴随着新型驱动电机的应用,电动汽车的调速控制转变为直流逆变技术的应用将成为必然的趋势。

在驱动电机的旋向变换控制中,直流电机依靠接触器改变电枢或磁场的电流方向,实现电机的旋向变换,这使得控制电路复杂、可靠性降低。当采用交流异步电机驱动时,电机转向的改变只需变换磁场三相电流的相序即可,可使控制电路简化。此外,采用交流电机及其变频调速控制技术,使电动汽车的制动能量回收控制更加方便,控制电路更加简单。

21 世纪以来,由感应电机驱动的电动汽车几乎都采用矢量控制和直接转矩控制。矢量控制又有最大效率控制和无速度传感器矢量控制,前者是使励磁电流随着电机参数和负载条件的变化,从而使电机的损耗最小、效率最大;后者是利用电机电压、电流和电机参数来估算出速度,不用速度传感器,从而达到简化系统、降低成本、提高可靠性的目的。直接转矩控制克服了矢量控制中解耦的问题,把转子磁通定向变换为定子磁通定向,通过控制定子磁链的幅值以及该矢量相对于转子磁链的夹角,从而达到控制转矩的目的。由于直接转矩的控制手段直接、结构简单、控制性能优良和动态响应迅速,因此非常适合电动汽车的控制。

随着电机及驱动系统的发展，控制系统趋于智能化和数字化。变结构控制、模糊控制、神经网络、自适应控制、专家系统、遗传算法等非线性智能控制技术，都将各自或结合应用于电动汽车的电机控制系统。它们的应用将使系统结构简单，响应迅速，抗干扰能力强，参数变化具有鲁棒性，可大大提高整个系统的综合性能。

5.4　燃料电池电动汽车的关键技术

燃料电池电动汽车是一个机-电-液-氢相互耦合作用的复杂系统，是一个依赖机械、化工、电力电子、材料等工业基础的复杂系统，是一个涉及车辆工程、机械工程、材料工程、管理工程、信息工程、交通工程等多学科交叉融合的系统，是一个涉及基础科学研究、前沿技术开发和新技术应用的科学技术问题综合体。鉴于我国的机械、化工、电力电子和材料工业基础相对薄弱，应发挥集中力量办大事的社会主义制度优势，从国家层面整合资源，聚焦重大，重点突破燃料电池电动汽车关键技术。

1)开发燃料电池电动汽车动力系统的全新结构整车平台

燃料电池电动汽车动力系统技术平台由于结构复杂、分布式智能控制、系统电压高、氢气存储压力高、碰撞性能要求高等特点，对整车碰撞安全性、空气动力学、整车热管理、底盘主动控制、舒适性、驱动系统拓扑结构提出了新要求，采用传统车辆改制燃料电池电动汽车已经无法满足燃料电池电动汽车整车发展趋势，因此，未来国家科技计划中应进一步聚焦，开展全新结构燃料电池电动汽车尤其是中高级燃料电池电动汽车全新结构整车平台开发。

2)燃料电池电动汽车动力系统平台柔性模块化技术

借鉴国外同类型燃料电池电动汽车 E-FLEX 和"十一五"柔性适配技术等，开展全新结构整车下的动力系统平台模块化、一体化、智能化集成设计技术。

3)燃料电池电机寿命、可靠性和环境适应性研究

在燃料电池电机寿命、可靠性和环境适应性性能方面，我国已经落后于国外主流燃料电池电堆开发商和系统集成制造商。我国燃料电池电机处在研发关键时期，应集中国内优势资源，强强联合，开展燃料电池电机寿命、可靠性、环境适应性专项攻关，并同步开展电机系统成本控制方法研究。

4)低铂、非铂燃料电池电堆研发

低铂、非铂燃料电池技术是降低燃料电池电动汽车整车成本的重要措施。因此，应重点研究高稳定性、抗毒、低铂催化剂与抗氧化、长寿命的催化剂载体；高耐久性、低成本、高质子传导性的复合膜和烃类高温质子交换膜；高性能、高导电性炭纸；解决模压金属双极板应力释放问题，提高双极板的平整度和耐温性能；完善表面耐腐蚀导电涂层技术，提高耐久性与稳定性；构建质子、水、电与气体的有效传递通道，研究有序结构的薄层膜电极组件。

研发能满足低湿条件运行非铂/低铂、低成本的 PEMFC 电堆，提高电堆环境适应性(如抗 CO 中毒、抗醇性能)，开发以质子交换膜为电解质、中温、中压为特征的车用燃料电池系统及关键零部件技术。

5)氢能基础设施关键技术及安全风险评估

研究固体聚合物电解槽电解制氢技术，包括电解槽关键材料、电堆结构优化、电解系统集成等技术；系统评价35 MPa加氢站(移动/固定)模式、经济性、可靠性及安全性，全面优化氢气加注解决方案，开发车载70 MPa高压储氢和快速加注系统关键技术及关键部件。探索适合车用的基于储氢材料的复合储氢原理和技术。

6)燃料电池电动汽车商业化推广模式与市场培育

研究多元互动政策体系、长期激励机制对燃料电池电动汽车产业化进程作用模式和效果；探索适合燃料电池电动汽车的商业推广模式的和市场培育方法；研究燃料电池电动汽车市场导入评价标准体系；创建基于"技术链"的燃料电池电动汽车研发和示范推广产业技术创新联盟。

我国自主开发的燃料电池电动汽车在车型开发、整车动力性、续驶里程、燃料电池电机功率等方面与国外存在一定的差距，在等效燃料经济性水平和车辆噪声水平与国外基本处于同一水平。

在燃料电池电动汽车车型开发方面，国外已经由基于传统车辆改造形成燃料电池电动汽车模式走向为燃料电池电动汽车打造全新整车阶段，如本田汽车公司Clarity，丰田汽车公司FCHV，戴姆勒-奔驰公司F-Cell和通用公司Chevrolet Equinox等均是为燃料电池电动汽车动力系统技术平台而全新打造的专用化整车平台。基于这些整车平台，国外汽车公司开展了如空气动力学性能、轻量化、车身碰撞安全性、底盘系统主动控制以及面向舒适性的人机界面与人机工程等研究。在国内，以上汽股份、上海大众、一汽、长安、奇瑞等公司为代表开发的燃料电池电动轿车均基于传统内燃机汽车进行改制，尚未掌握燃料电池电动汽车专用车身开发、底盘开发、底盘动力学主动控制等关键技术，与国外存在较大差距。在车辆动力性能方面，主要受限于燃料电池功率输出水平和整车集成及轻量化技术水平，我国燃料电池电动汽车整车加速性能明显低于世界主流燃料电池电动汽车加速性能。在车辆续驶里程方面，到目前为止，我国基本掌握了35 MPa高压储氢和加注系统关键技术，实现高压氢气瓶等部件国产化开发，但某些关键阀门、传感器还依赖进口，70 MPa氢气存储关键技术和关键部件仍然处在研发阶段，这直接制约了我国燃料电池电动汽车续驶里程的提高。

5.5 燃料电池电动汽车氢气净化技术

能源枯竭和全球变暖是人类面临的严峻挑战。交通运输业在能源消耗和温室气体排放方面起着至关重要的作用。根据国际能源机构(International Energy Agency，IEA)的数据，交通运输业占2017年全球能源消费的29%和2016年全球二氧化碳排放的25%。由于氢燃料电池提供零污染物排放，因此许多国家的当局都大力支持燃料电池电动汽车的生产，这一举措将不可避免地成为未来汽车工业的发展方向。美国是第一个将氢能源和燃料电池作为长期能源战略的国家。

截至2018年底，美国共有5 899辆燃料电池电动汽车。在燃料电池电动汽车的推广方面，日本和韩国企业率先大规模量产，成功推出了丰田Mirai、本田Clarity等多款量产车型。此后，各汽车集团相互联盟，包括戴姆勒集团和福特集团，雷诺集团和日产集团，通用集团、本田集团和宝马集团，丰田集团、奥迪集团和现代集团。这些联盟共同致力于开发燃料电池电动汽车技术，并加速其商业化。中国上海汽车工业总公司推出了第四款燃料电池电动汽车 Roewe 950，续驶里程 400 km，无须加油，展示了其小规模生产的能力。

氢燃料电池主要包括磷酸燃料电池（Phosphoric Acid Fuel Cell，PAFC）、熔融碳酸盐燃料电池（Molten Carbonate Fuel Cell，MCFC）、固体氧化物燃料电池 SOFC、碱性燃料电池（Alkaline Fuel Cell，AFC）和质子交换膜燃料电池 PEMFC。PEMFC 具有功率密度高、起动温度低、结构紧凑等优点，是燃料电池电动汽车理想的动力源。不过，PEMFC 需要高纯度的氢气，否则燃料电池的性能和运行寿命可能会受到严重影响

目前，氢气生产技术，如煤气化、天然气蒸气重整、甲醇重整和电解水等，在我国已经非常成熟。根据中国氢能联盟和中国石油化工集团公司的统计数据，目前我国氢气产能约为 4 100 万 t/年，产量为 3 342 万 t。具体而言，氢气作为独立组分（不含氢气的合成气），其产量约为 1 270 万 t/年，符合工业用氢气的质量标准，可直接作为工业气体销售。其中，煤制氢产率最高（2 124 万 t），占 63.54 %，其次是工业副产氢（708 万 t）、天然气制氢（460 万 t）和电解水制氢（50 万 t）。不同的原料在使用各种技术生产的氢气的组成和杂质含量方面存在很大差异。因此，开发高效的氢气净化技术，去除氢气中的杂质，为燃料电池电动汽车提供高品质的氢气，对发展燃料电池电动汽车产业至关重要。

下面介绍新兴的氢气生产方法。超临界水煤气制氢技术以超临界水［即温度和压力处于或高于临界值（374.3 ℃和 2.1 MPa）的水］为介质，因其特殊的物理化学性质，提供了均相、高速的反应，使煤的化学能直接、高效地转化为氢能。太阳能光催化分解水制氢采用的光催化剂粉末或电极，可通过吸收太阳能产生光生载流子，从而将水分解为 H_2 和 O_2。光催化产氢主要分为非均相光催化产氢和光电化学产氢。生物制氢是以生物质和有机废水为原料，经微生物代谢后产生氢气。根据微生物的种类及其代谢机制，生物制氢技术包括光解水制氢、光发酵制氢、暗发酵制氢以及光发酵与暗发酵相结合制氢等。

为了支持氢气能源在交通领域的大规模应用，迫切需要开发新型高效的提纯技术，以生产低成本、高质量的氢气。为了进一步提高分离效率，有必要继续开展新型高选择性吸附材料、长效低成本膜材料、低再生能耗抗中毒金属氢化物材料以及基于上述材料的新型分离耦合工艺的研究。

实践练习题

1. 简述燃料电池电动汽车的基本结构。
2. 简述燃料电池电动汽车的工作原理。
3. 简述燃料电池电动汽车的氢燃料获得的途径。
4. 简述氢氧燃料电池的类型及其优缺点。

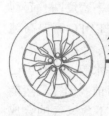

第 6 章
电池与电池管理系统

电池管理系统与电动汽车的动力电池紧密结合在一起，通过传感器对电池的电压、电流、温度进行实时检测；同时进行漏电检测、热管理、电池均衡管理、报警提醒，计算SOC、放电功率，报告电池劣化程度和SOC状态；还根据电池的电压、电流及温度，用算法控制最大输出功率以获得最大行驶里程；用算法控制充电机进行最佳电流的充电，通过CAN总线接口与车载总控制器、电机控制器、能量控制系统、车载显示系统等进行实时通信。

学习目标

(1)了解各类动力电池的分类和工作原理。

(2)理解电池管理系统的工作原理。

(3)掌握各种电池管理系统的工作原理。

6.1 电池构造与原理

6.1.1 电池的特性与分类

电池从广义上讲主要可分为化学电池、物理电池和生物电池三大类，在电动汽车上应用最广泛的是化学电池。化学电池是指能将化学能转变为电能的装置，主要部分包括电解质溶液以及浸入溶液的正负两个电极。使用时，用导线连接两个电极，即有电流通过(放电)，因而获得电能。

化学电池是目前电动汽车领域中应用最广泛的电池，如果从结构上来看，可分成蓄电池及燃料电池两大类别。目前市面上的车型大都采用蓄电池对车辆进行驱动，如蔚来ES8、特斯拉Model 3等。

蓄电池如图6-1所示，在技术发展的过程中，各车企曾经采用了不同种类的蓄电池，但出于对成本、技术的考虑。目前绝大多数蓄电池已经被市场所淘汰，如铅酸蓄电池、锰酸锂电池等。现在市场上主流的蓄电池主要以锂离子电池为主，少数车企用的是镍氢电池，如丰田。锂离子电池的种类如表6-1所示。

图 6-1 蓄电池

表 6-1 锂离子电池的种类

锂离子电池的种类	电压/V	可放电次数	特点
钴系锂离子电池	3.7	500~1 000 次	广泛普及，成为锂离子的标准电池；昂贵，未被用于车载用途
锰系锂离子电池	3.7	300~700 次	安全性高，能快速充电、快速放电
磷酸铁系锂离子电池	3.2	1 000~2 000 次	廉价且循环寿命(因充放电而老化)、日历寿命(搁置而老化)长；电压比其他锂离子电池低
三元系锂离子电池	3.5	1 000~2 000 次	电压较高，循环寿命也长

1)锂离子电池的种类和特点

(1)钴系锂离子电池。正极使用钴酸锂。钴酸锂比较容易合成，便于使用，因而锂离子电池最早量产的是钴酸锂离子电池。但由于钴是稀有金属，价格昂贵，几乎没有被用于汽车零件。

(2)锰系锂离子电池。正极使用锰酸锂。优点是电压能与钴系锂离子电池差不多，而且制造成本廉价。缺点是充放电中锰可能会溶化于电解质，缩短电池的寿命。

(3)磷酸铁系锂离子电池如图 6-2 所示，其热稳定性是目前车用锂电池中最好的，只有处于 500~600 ℃ 高温时，其内部化学成分才开始分解；而且磷酸铁系锂离子电池的数量相对较少，如腾势采用了仅 144 节磷酸铁系锂离子电池，比起锂电池来说，电池的数量上少了很多，对它的电池管理系统(Battery Management System，BMS)负担要小一些。但由于磷酸铁系锂离子电池的电池能量密度为 100~110 W·h/kg，相比于三元系锂离子电池相差较大，所以市面上的大多数车企并都没有采用。

(4)三元系锂离子电池如图 6-3 所示。目前大多数车企都使用了三元系锂离子电池，主要是因为三元系锂离子电池的能量密度较高，为 200 W·h/kg，也就是说在同样质量的情况下，三元系锂离子电池的续驶里程要比采用磷酸铁系锂离子电池的车型更长。三元系锂离子电池的缺点是稳定性较差，当自身温度为 250~350 ℃ 时，内部成分就开始分解，而且同样电池能量的条件下，三元系锂离子电池的单体数量要远大于磷酸铁锂电池，这也对它的 BMS 提出了更高的要求。

图6-2 磷酸铁系锂离子电池

图6-3 三元系锂离子电池

2)镍氢电池的特点

采用镍氢电池的车型往往为混合动力电动汽车,典型代表是丰田凯美瑞。镍氢电池(见图6-4)的一大优势就是稳定性比三元系锂离子电池更高,但其能量密度为70~100 W·h/kg,电池单体电压通常为1.2 V,仅约为锂离子电池的1/3。因此,在需求电压一定的情况下,其电池组的体积要比锂离子电池组大上很多。

图6-4 镍氢电池

另外,镍氢电池在循环充放电过程中容量会出现衰减,过度的充电或者放电,都可能加剧电池的容量损耗。因此对于厂商来说,镍氢电池控制系统在设定上都会主动避免过度充放电。

3)燃料电池的特点

燃料电池被认为是未来理想的清洁动力源之一,是一种把燃料所具有的化学能直接转换成电能的化学装置。将燃料和空气分别送进燃料电池,通过一系化学反应,产生出电能,从而驱动车辆。因为燃料电池用燃料和氧气作为原料,同时没有机械传动部件,故没有噪声污染,排放出的有害气体极少。由此可见,从节约能源和保护生态环境的角度来看,燃料电池具有较大的发展前景。不过就当今市场而言,燃料电池电动汽车很多技术还亟待解决。目前,燃料电池电动汽车主要集中在商用车领域,主要是因为它的燃料电池在和化学电池同样能量下,体积要大出几倍,即使像丰田这样燃料电池技术走在行业尖端的车企,量产出的乘用车 Mirai 的功率也仅为115 kW。国内的燃料电池堆如果做到115 kW,

体积将会非常大，乘用车的空间容纳不下，所以我国目前的燃料电池技术还是主要应用于商用车。

6.1.2　锂离子电池

1. 概述

锂离子电池是指 Li^+ 嵌入化合物为正、负极的二次电池。正极采用锂化合物：$LiFePO_4$、$LiMn_2O_4$ 和 $LiCoO_2$。负极采用锂–碳层间化合物 Li_xC_6。电解质为溶解有锂盐 $LiPF_6$、$LiAsF_6$ 等有机溶液。

锂离子电池就是内部依靠锂离子，外部依靠电子在正负极之间移动来发挥作用的一种电池。锂离子电池的正极通常是由含锂的化合物（如锂过渡金属氧化物）涂在金属铝箔上制作而成，而负极通常由石墨涂在金属铜箔上制成。锂离子电池的能量密度比较高，可循环使用。

1）组成部分

（1）正极：活性物质一般为锰酸锂或者钴酸锂、镍钴锰酸锂材料。电动自行车则普遍用镍钴锰酸锂（俗称三元）或者三元+少量锰酸锂，纯的锰酸锂和磷酸铁锂则由于体积大、性能不好或成本高而逐渐淡出。导电集流体使用厚度 $10\sim20~\mu m$ 的电解铝箔。

（2）隔膜：一种经特殊成型的高分子薄膜。薄膜有微孔结构，可以让锂离子自由通过，而电子不能通过。

（3）负极：活性物质为石墨，或近似石墨结构的碳，导电集流体使用厚度 $7\sim15~\mu m$ 的电解铜箔。

（4）有机电解液：溶解有六氟磷酸锂的碳酸酯类溶剂，聚合物的则使用凝胶状电解液。

（5）电池外壳：分为钢壳（方型，很少使用）、铝壳、镀镍铁壳（圆柱电池使用）、铝塑膜（软包封装）等，还有电池的盖帽，也是电池的正负极引出端。

2）作用机制

锂离子电池的充放电过程，就是锂离子的嵌入和脱嵌过程。在锂离子的嵌入和脱嵌过程中，同时伴随着与锂离子等当量电子的嵌入和脱嵌（习惯上正极用嵌入或脱嵌表示，而负极用插入或脱插表示）。在充放电过程中，锂离子在正、负极之间往返嵌入/脱嵌和插入/脱插，被形象地称为"摇椅电池"。锂离子电池工作原理如图 6-5 所示。

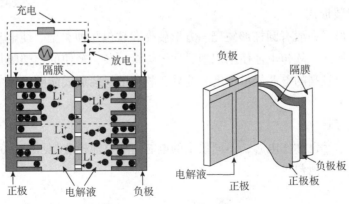

图 6-5　锂离子电池工作原理

当对电池进行充电时，电池的正极上有锂离子生成，生成的锂离子经过电解液运动到负极。而作为负极的碳呈层状结构，它有很多微孔，达到负极的锂离子就嵌入到碳层的微孔中，嵌入的锂离子越多，充电容量越高。同样，当对电池进行放电时(即使用电池的过程)，嵌在负极碳层中的锂离子脱出，又运动回正极。回正极的锂离子越多，放电容量越高。

锂离子二次电池充、放电时的反应式为：$LiCoO_2+C \rightleftharpoons Li_{1-x}CoO_2+Li_xC$

充电时的反应：

正极：$LiCoO_2 \Longrightarrow Li_{1-x}CoO_2+xLi^++xe^-$，负极：$6C+xLi^++xe^- \Longrightarrow Li_xC_6$

放电时的反应：

正极：$Li_{1-x}CoO_2+xLi^++xe^- \Longrightarrow LiCoO_2$，负极：$Li_xC_6 \Longrightarrow 6C+xLi^++xe^-$

3) 关键参数

对于锂离子电池来说，以下几个参数至关重要：电压、容量、能量、能量密度、功率、寿命、安全、成本。

2. 应用场景和设计理念

通用汽车的电动汽车普遍采用锂离子电池，所以在这里以电动汽车为例，讨论锂离子电池的应用场景和相关的设计理念。

1) 材料的选择

目前主要选用三元材料的锂离子电池。三元材料的类型多样，如111、532、622、811等，可以根据不同车型的需求选用对应的三元材料。比如，纯电动汽车的电池通常选用高能量密度的三元材料，也就是说在同等质量和体积下，可以储存更多的电量，对于减少整车质量和提高续驶里程有着重要意义。三元材料的锂离子电池匹配高效的温度管理系统可以实现非常好的低温性能，需要接受零下65 ℃，湿度0~100%的严格考核。安全、稳定、可靠的性能对于帮助消费者建立对电动汽车的信心和信赖非常重要。

2) 正负极极片的设计

正负极极片的设计也需要根据不同车型来调整。包括电极的组成比例(如导电碳的种类、黏结剂的种类和含量，以及金属铝箔的种类和厚度)、极片厚度、压实密度、孔隙率以及正负极容量比例等都需要为不同车型的需求度身定制。

3) 电芯的封装形式

电芯的封装形式一般有圆柱形硬壳、方形硬壳和软包几种类型。纯电动汽车的电池通常采用软包封装形式。软包电池使用铝塑膜通过焊接封装，轻便的铝塑膜加上叠片工艺制作的电芯可以获得较高的电芯能量密度。此外，软包的封装形式能够确保电芯和散热片完美贴合。

4) 电池模块设计

个体的电池单元也称作电芯，不同数量的电芯组成电池模块(见图6-6)，若干个电池模块拼在一起就是电池包。

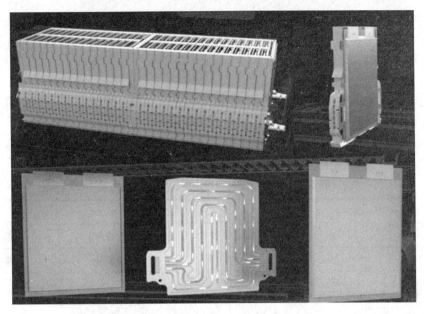

图 6-6 电池模块

3. 叠片式锂离子电池模块设计

叠片式锂离子电池模块由电芯、换热片、隔热片等组成。这样的设计能够大大提高电池模块的热管理效率。

嵌入式换热片设计相当于在电池系统内构建了一套可以与每个电池充分接触的"毛细血管"。冷却液在遍布系统全身的"毛细血管"中流淌，让热量均匀地在电池系统中置换，防止出现部分区域过热或过冷的情况。同时，电池单元之间不会直接接触，这样即便某些电池单元间歇性地出现过冷或者过热的情况，也不会影响到其他的电池单元。

对于车用锂离子电池来说，一致性至关重要，除了设计和研发，电池的测试和生产工艺也是确保锂离子电池先天一致性的重要环节。除此之外，先进的 BMS 是维持锂离子电池在使用过程中后天一致性的关键因素。

1) 优点

(1) 电压高。单体锂离子电池的工作电压高达 3.7~3.8 V(磷酸铁锂电池的是 3.2V)，是 Ni-Cd、Ni-MH 电池的 3 倍。

(2) 比能量大。能达到的实际比能量为 555 W·h/kg 左右，即材料能达到 150 mA·h/g 以上的比容量(3~4 倍于 Ni-Cd，2~3 倍于 Ni-MH)，已接近于其理论值的 88%。

(3) 循环寿命长。一般可达到 500 次以上，甚至 1 000 次以上，磷酸铁锂电池可以达到 2 000 次以上。对于小电流放电的电器，电池的使用期限长，将显著提升电器的竞争力。

(4) 安全性能好。无公害，无记忆效应。作为 Li-ion 前身的锂电池，因金属锂易形成枝晶发生短路，缩减了其应用领域；Li-ion 中不含镉、铅、汞等对环境有污染的元素；部分工艺(如烧结式)的 Ni-Cd 电池存在的一大弊病为"记忆效应"，严重束缚电池的使用，但 Li-ion 不存在这方面的问题。

(5) 自放电小。室温下充满电的 Li-ion 储存 1 个月后的自放电率为 2% 左右，大大低于 Ni-Cd 的 25%~30%，Ni-MH 的 30%~35%。

(6) 可以快速充电。1C 充电 30 min 容量可以达到标称容量的 80% 以上，磷铁电池可以在 10 min 内充电到标称容量的 90%。

(7)工作温度范围广。工作温度为-25~45 ℃，随着电解液和正极的改进，期望能扩宽到-40~70 ℃。

2)缺点

(1)易衰老。与其他充电电池不同，锂离子电池的容量会缓慢衰退，与使用次数有关，也与温度有关。这种衰退的现象可以用容量减小表示，也可以用内阻升高表示。

因为与温度有关，所以在工作电流高的电子产品中更容易体现。用钛酸锂取代石墨似乎可以延长寿命。储存温度与容量永久损失速度的关系如表 6-2 所示。

表 6-2　储存温度与容量永久损失速度的关系

充电电量	永久损失速度			
	储存温度 0 ℃	储存温度 25 ℃	储存温度 40 ℃	储存温度 60 ℃
40%~60%	2%/年	4%/年	15%/年	25%/年
100%	6%/年	20%/年	35%/年	80%/6 月

(2)存在一定回收率。大约有 1% 的出厂新品因种种原因需要回收。

(3)不耐受过充。过充电时，过量嵌入的锂离子会永久固定于晶格中，无法再释放，可导致电池寿命短。

(4)不耐受过放。过放电时，电极脱嵌过多锂离子，可导致晶格坍塌，从而缩短寿命。

(5)需要设置多重保护机制。由于错误使用会减少寿命，甚至可能导致爆炸，所以，锂离子电池设计时增加了多种保护机制。

(6)需要设置保护电路。保护电路可防止过充、过放、过载、过热。

(7)需要设置排气孔。排气孔具有防爆炸功能，电池界业内人士也称之为防爆孔或防爆线。原理十分简单，在壳体表面划出一条比壳体表面厚度稍微薄一点的线或孔，当电芯短路时，电池内部短时间内将产生大量气体并迅速增大压强，当压力过载时，因防爆孔薄于壳体其余地方，气体便从防爆孔处泄气，从而达到避免电芯整体爆炸的危险。

(8)需要设置隔膜。隔膜可以隔离电芯正、负极片，以防止卷芯内部正、负极片直接接触造成短路；从微观角度看，隔膜表面为网状结构，通常有 PP、PE 之分，也有 PP、PE 复合在一起的。

隔膜通常按厚度、宽度进行划分，铝壳锂离子电池使用的隔膜厚度通常为 16 μm、18 μm、20 μm 等，动力电池使用的隔膜厚度以 30 μm 以上为主流。

隔膜按形状不同则有卷状、条状之分。卷状隔膜就是将裁剪好宽度的隔膜卷在一个纸筒上，供客户自行裁剪隔膜单条长度(形状与透明胶相似)。条状隔膜则由供应商按客户提供的长、宽、厚等参数，直接裁剪成条状的隔膜。卷状隔膜的优点在于通用性强，但需增加人力进行裁剪；条状隔膜优点在于无须人力裁剪即可使用，但是通用性不强。

隔膜在电池内部温度过高时还能融化，以防止电池爆炸。当电池内部温度达到 130 ℃±2 ℃(锂离子电池国家标准 GB/T 18287—2013)以上时，隔膜的网状孔将闭合，阻止锂离子通过升高内阻(至 2 kΩ)，以达到阻止电芯内部温度继续升高的作用，从而保护电芯产生爆炸的危险。

排气孔、隔膜一旦激活，电池将永久失效。

(9)存在一定危险性。锂是化学周期表上直径最小也最活泼的金属。体积小所以容量密度高，广受消费者与工程师欢迎。但是，化学特性太活泼，就带来了极高的危险性。锂金属暴露在空气中时，会与氧气产生激烈的氧化反应而爆炸。为了提升安全性及电压，科学家们发明了用石墨及钴酸锂等材料来储存锂原子的方法。这些材料的分子结构形成了纳米等级的细小储存格子，可用来储存锂原子。即使电池外壳破裂，氧气进入，而因氧分子太大，进不了这些细小的储存格，使得锂原子不会与氧气接触而避免爆炸。

锂离子电池的这种原理，在获得它高容量密度的同时，也达到安全的目的。锂离子电池充电时，正极的锂原子会丧失电子，氧化为锂离子。锂离子经由电解液游到负极去，进入负极的储存格，并获得一个电子，还原为锂原子。放电时，整个程序倒过来。

4. 其他锂离子电池

1）聚合物锂离子电池

聚合物锂离子电池是在液态锂离子电池基础上发展起来的，是以导电材料为正极，碳材料为负极，电解质由固态或凝胶态有机导电膜组成，并采用铝塑膜作外包装的最新一代可充电锂离子电池。由于性能更加稳定，因此它也被视为液态锂离子电池的更新换代产品。很多企业都在开发这种新型电池。

2）动力锂离子电池

严格来说，动力锂离子电池是指容量在 3 A·h 以上的锂离子电池，泛指能够通过放电给设备、器械、模型、车辆等提供动力的锂离子电池，由于使用对象的不同，电池的容量可能达不到单位 A·h 的级别。动力锂离子电池分高容量和高功率两种类型。高容量电池可用于电动工具、自行车、滑板车、矿灯、医疗器械等；高功率电池主要用于混合动力电动汽车及其他需要大电流充放电的场合。根据内部材料的不同，动力锂离子电池相应地分为液态动力锂离子电池和聚合物锂离子动力电池两种。

5）高性能锂离子电池

为了突破传统锂电池的储电瓶颈，人们研制出了一种能在很小的储电单元内储存更多电力的全新铁碳储电材料。但是，此前这种材料的明显缺点是充电周期不稳定，在电池多次充放电后储电能力明显下降。为此，改用一种新的合成方法：用几种原始材料与一种锂盐混合并加热，由此生成一种带有含碳纳米管的全新纳米结构材料，并制成高性能锂离子电池。这种方法在纳米尺度材料上一举创建了储电单元和导电电路。这种稳定的铁碳材料的储电能力已达到现有储电材料的两倍，而且生产工艺简单，成本较低，高性能可以保持很长时间。

6.1.3　镍氢电池

镍氢电池由氢离子和金属镍合成，电量储藏比镍镉电池多 30%，比镍镉电池更轻，使用寿命也更长，而且对环境无污染。镍氢电池的缺点是价格比镍镉电池要贵许多，功能比锂电池要差。镍氢电池中的"金属"部分实际上是金属氢化物，它们主要分为两大类。最常见的是 AB5 一类，A 是稀土元素的混合物（或许）再加上钛（Ti）；B 则是镍（Ni）、钴（Co）、锰（Mn），还有铝（Al）。而一些高容量电池的电极则主要由 AB2 构成，这里的 A 则是钛（Ti）或钒（V），B 则是锆（Zr）或镍（Ni），再加上一些铬（Cr）、钴（Co）、铁（Fe）和（或）锰（Mn）。所有这些化合物扮演的都是相同的角色，可逆地构成金属氢化物。电池充电时，氢氧化钾电解液中的氢离子会被释放出来，由这些化合物吸收，防止生成氢气，以维持电池内部的压力和体积。当电池放电时，这些氢离子便会经由相反的进程回到原来的地方。

1)结构与原理

镍氢电池正极活性物质为 $Ni(OH)_2$(称 NiO 电极),负极活性物质为金属氢化物,也称储氢合金(电极称储氢电极),电解液为 6 mol/L 的氢氧化钾溶液。活性物质构成电极极片的工艺方式主要有烧结式、拉浆式、泡沫镍式、纤维镍式及嵌渗式等,不同工艺制备的电极在容量、大电流放电性能上存在较大差异,一般根据使用条件选择不同的工艺生产电池。通信等民用电池大多采用拉浆式负极、泡沫镍式正极构成电池。充放电化学反应如下:

正极:$Ni(OH)_2 + OH^- \rightleftharpoons NiOOH + H_2O + e^-$

负极:$M + H_2O + e^- \rightleftharpoons MHab + OH^-$

总反应:$Ni(OH)_2 + M \rightleftharpoons NiOOH + MH$

注:M 为氢合金;Hab 为吸附氢;反应式从左到右的过程为充电过程;反应式从右到左的过程为放电过程。

充电时正极的 $Ni(OH)_2$ 和 OH^- 反应生成 NiOOH 和 H_2O,同时释放出 e^- 一起生成 MH 和 OH^-,总反应是 $Ni(OH)_2$ 和 M 生成 NiOOH,储氢合金储氢;放电时与此相反,MHab 释放 H^+,H^+ 和 OH^- 生成 H_2O 和 e^-,NiOOH、H_2O 和 e^- 重新生成 $Ni(OH)_2$ 和 OH^-。电池的标准电动势为 1.319 V。

根据目前 MH-Ni 电池的实际性能,EV 用镍氢电池的性能要求有以下几点。

(1)高比能量。要求达到 70 W·h/kg,商品电动汽车续驶里程达到 320 km,样车续驶里程达到 560 km。

(2)高比功率。采用比功率为 220 W/kg 的 MH-Ni 电池时,商品电动汽车的加速性能可与传统内燃机汽车相当。

(3)组合灵活。EV 用在 AC 320 V 或 DC 180 V 驱动系统下均能正常工作,并且电池有多种容量规格。

(4)长寿命。80%放电深度下循环寿命达到 600~1 200 次。

(5)工作温度:−30~65 ℃。

(6)可快速充电,常规拆卸简单。

(7)免维护。

(8)低成本。

2)充电

当快速充电时,能够通过充电器内的微型计算机去防止电池过充的状况产生。如今的镍氢电池含有一种催化剂,能够及时地解除因为过充所形成的风险,可是这个反响只有从过充开始的时刻算起的 $C/10$ h 内有效(C=电池标示的容量)。当充电程序开始后,电池的温度会明显上升,有些极速充电器(低于 1 h)内含风扇来防止电池过热。有的厂商以为:运用一些简单的恒流(且电流要小)充电器,不论有没有计时器,都能够安全地为镍氢电池充电,允许的长时刻充电电流为 $C/10$ h。实际上,一些造价低的无线电话基地台和最便宜的电池充电器正是这样作业的。虽然这或许是安全的,但对电池的寿命会有不良影响。根据松下公司的《镍氢电池充电攻略》:长时间运用涓流办法(以很小的电流长时刻充电)充电或许会导致电池损坏;为了防止损伤电池,涓流充电的电流应限制在 $0.033C/h$ 到 $0.05C/h$ 之间,最长充电时间为 20 h。对于镍氢电池的长时间保养来说,运用低频脉冲−

大电流的充电办法要比运用涓流充电办法更能坚持好电池状态。新买回来的，或者是长时刻未运用的镍氢电池，需要一段"激活"时间来回复电池电量。因而，一些新的镍氢电池需要通过几回充电–放电循环才能到达它们的标称电量。电池充电时，要留意充电器周围的散热。一般用户在运用电池的进程中，电池往往没有专用的寄存包；用户在替换电池后，会习惯性地把电池随手放好，而不论所放的地方是否洁净、湿润。这样的结果便是电池被弄脏、触点易与金属物如钥匙等接触和受潮，而这些都会影响电池的寿命。用户应该设置一个电池专用放置点，并坚持电池的清洁。

3）放电

在电池的运用进程中，必须要小心。对于串联在一起的几颗电池，要防止电池彻底耗尽电能，进而发生"反向充电"，这会对电池产生不行挽回的危害。不过，一般这些设备能够检测串联电池的放电电压，当它下降到一定程度时，便自动关闭，以保护电池。单颗电池并不会有以上的风险，只会单向放电，直到电压为 0。这不会对电池形成危害，实际上，周期性地将电放完然后再充溢有利于保持电池的容量与质量。镍氢电池具有较高的自放电效应，约为每个月 30% 或更多，这要比镍镉电池每月 20% 的自放电速率高。电池充得越满，自放电速率就越高；当电量下降到一定程度时，自放电速率又会稍微下降。电池寄存处的温度对自放电速率有较大的影响。正因如此，长时间不用的镍氢电池最好是充到 40% 的"半满"状态。低自放电效应的镍氢电池在 2005 年推出市面，出产商声称在 20 ℃室温寄存一年后仍可保存 70%~85% 电量，而且能够以一般的镍氢电池充电机进行充电。某些低自放电效应的镍氢电池在低温下有比碱性电池及锂离子电池更佳的放电特性。

4）分类

镍氢电池分为高压镍氢电池和低压镍氢电池。低压镍氢电池具有以下特点：①电池电压为 1.2~1.3 V，与镉镍电池相当；②能量密度高，是镉镍电池的 1.5 倍以上；③可快速充放电，低温性能良好；④可密封，耐过充放电能力强；⑤无树枝状晶体生成，可防止电池内短路；⑥安全可靠，对环境无污染，无记忆效应等。

高压镍氢电池具有以下特点：①可靠性强，具有较好的过放电、过充电保护，可耐较高的充放电率并且无枝晶形成；②具有良好的比特性，其质量比容量为 60 A·h/kg，是镉镍电池的 5 倍；③循环寿命长，可达数千次之多；④与镍镉电池相比，全密封，维护少；⑤低温性能优良，在 –10 ℃时，容量没有明显改变。

5）使用与维护

（1）使用过程忌过充电。在循环寿命之内，使用过程切忌过充电，这是因为过充电容易使正、负极发生膨胀，造成活性物脱落和隔膜损坏，导电网络破坏和电池欧姆极化变大等问题。

（2）防止电解液变质。在镍氢电池循环寿命期，应抑制电池析氢。

（3）镍氢电池的存放。保存镍氢电池应在充足电后，如果在电池中没有储存电能的情况下长期保存电池，将使电池负极储氢合金的功能减弱，并导致电池寿命减短。

（4）镍氢电池有必要在刚刚买回来的时候把电池里的电量放净（空腹充电），衡量镍氢电池的容量是否正常，一般需要充放电 3~5 次，电池里的带粒子才会被彻底激活。

（5）严格按照说明书上的时间操控镍氢电池的充电时间，超出这个范围（电池过度放电）会使电池的带电粒子功能严重下降。

（6）镍氢电池具有记忆效应，要彻底放电后再充电。

（7）运用原装或相同品牌的充电器，不同品牌的电池和充电器尽量不要一同运用。

（8）不同电量和不同容量的镍氢电池不能放在一起充电。

（9）分组运用电池，防止不同容量的电池在一起充电。

（10）长时间不用的镍氢电池，最好充满电放置。

（11）冬季运用的时候，应多备几块镍氢电池，以防气候的原因使电池电量缺乏。

（12）镍氢电池不能磕碰或掉在地上，这样会使电池的效能下降。

（13）不要把镍氢电池和金属物体放在一起，以防止短路。

6）故障排除

在正极方面，可能会出现正极残余孔率太少、电极膨胀率过大等问题，导致电极变脆，制成电池后隔膜中电液过少或正极掉渣，从而有硬的金属颗粒穿透隔膜，使电池内部短路，电压为0。这种情况可能是由于采用了烧结式电极的设计，而采用的电极增重过高，导致电极结构不稳定，容易发生损坏。

在负极方面，可能会出现MH合金材料不稳定，导致晶体结构变化，形成新的材料或枝晶，或者在碱性电池中偏析出结晶体，穿透隔膜，引起短路，电压为0。这种情况可能是由于制造过程中只寻求初容量高而忽视了其他参数，导致晶胞大而储氢量大，但对晶格脆性考虑较少，特别是储氢合金在强碱溶液中的稳定性及偏析问题考虑较少，从而造成储氢合金材料不稳定。此外，由于制作工艺的不合理，储氢合金可能会发生脱氢，脱氢的材料就无法激活，从而导致电池电压为0。

针对这些故障和问题，可以通过以下方式来解决：对于正极方面的问题，可以考虑采用其他类型的电极，避免采用烧结式电极或者降低电极增重；在电极设计和制造的过程中，要严格控制电极膨胀率和孔率等参数，以提高电极的结构稳定性和耐久性；对于负极方面的问题，需要在储氢合金的制备过程中，不仅要考虑初容量高，还要注重晶格的稳定性和耐久性，特别是在强碱溶液中的稳定性和偏析问题；此外，在制作工艺上也需要进行改进，避免储氢合金发生脱氢，提高其活性，从而改善电池的性能。

6.1.4 燃料电池

燃料电池具有燃料能量转化率高、噪声低以及零排放等优点，可广泛应用于汽车、飞机、列车等交通工具以及固定电站等方面。从燃料电池在载人航天、水下潜艇、分布式电站获得应用以来，一直受到各国政府和企业的关注，在未来煤电占比相对较低的情况下，由于风能、太阳能等可再生能源技术规模的增大，整个上游的电源结构会越来越清洁。与目前许多发电厂和乘用车使用的传统燃烧技术相比，燃料电池有以下几个优点。

（1）发电效率高达50%~60%，假如能够结合形成循环发电系统，其发电效率可以高达70%以上。

（2）相比于传统的火力发电，燃料电池对环境的污染程度更低。

（3）燃料电池因为内部构件少，在运行过程中不会产生较大的噪声，一般噪声为50~70 dB。

1. 燃料电池的分类

燃料电池可根据其工作温度、所用燃料的种类和电解质类型进行分类。按照工作温度，燃料电池可分为高、中、低温型 3 类。按所用燃料的种类，燃料电池可分为直接式燃料电池，如直接甲醇燃料电池；间接式燃料电池，如甲醇通过重整器产生氢气，然后以氢气为燃料电池的燃料。按照电解质的类型，可将燃料电池分为 AFC、PAFC、MCFC、SOFC 及 PEMFC 等。

在这几种燃料电池中 SOFC 是大功率、民用型燃料电池的第三代。它是一种燃料和氧化剂通过离子导电的氧化物发生电化学结合而产生电能的全固态能量转化装置。与其他类型的燃料电池相比具有很多优越性：

(1) 由于 SOFC 是全固体的电池结构，无使用液态电介质所带来的腐蚀和电解液流失等问题；

(2) 高温工作时电池排出的高质量的余热可充分利用，既可用于取暖也可与蒸汽轮机联用进行循环发电，能量综合利用效率可提高到 80% 以上；

(3) 燃料适用范围广，不仅可以用 H_2、CO 等燃料，而且可直接用天然气（甲烷）、煤气化气和其他碳氢化合物作为燃料来发电。

一般的 SOFC 采用氧离子导体或质子导体作电介质并且在高温下工作。目前 SOFC 正在向各种发电应用上发展。SOFC 一般是以 8 mol% 氧化钇稳定的氧化锆（8YSZ）作为电介质，Ni/YSZ 金属陶瓷作阳极，掺锶的锰酸镧（LSM）作阴极，理论上任何能产生电化学氧化和还原反应的气体都可以作燃料电池的燃料和氧化剂。然而氢是目前用于 SOFC 的最普遍的燃料，氢具有很高的电化学反应，活性能从普通的燃料（如碳氢化合物、酒精或煤）中得到。氧为燃料电池中最普遍的氧化剂，因为氧可以很容易、很经济地从空气中得到。基于氢的电化学燃烧的燃料电池采用的电介质是氧离子导体或氢离子（质子）导体。因此，现代固体氧化物燃料电池可以分为两类：基于氧离子导体的和基于质子导体的两种形式。主要不同在于燃料电池生成的水在哪一面，质子导体燃料电池中水在氧化剂电极形成，而在氧离子导体燃料电池中水在燃料电极形成。某些气体（如一氧化碳）也能用作燃料电池的燃料，但不能用于质子导体的燃料电池中。

SOFC 的基本元件是电介质、阳极、阴极和连接材料，每一种元件都必须在氧化和还原环境下有适当的稳定性（化学、相、界面及尺寸）。另外，热膨胀系数的匹配也是非常重要的，否则在制作过程中就会产生分离或开裂。电介质和连接材料必须致密，以防气体的混合，同时阳极和阴极必须是多孔的，以使气体及时到达反应区。除了上述的要求，从使用的角度看还要求元件具有高强度和韧性、可制作性和低的成本。另外，对某些电池设计元件必须经得起限定条件的考验，因为工艺条件对每个元件不能是独立选择的。

2. 工作原理

燃料电池是一种电化学装置，其组成与一般电池相同，工作原理如图 6-7 所示。其单体电池是由正负两个电极（负极即燃料电极，正极即氧化剂电极）以及电解质组成。不同的是一般电池的活性物质储存在电池内部，因此，限制了电池容量。而燃料电池的正、负极本身不包含活性物质，只是个催化转换元件。因此，燃料电池是名副其实地把化学能转化为电能的能量转换机器。电池工作时，燃料和氧化剂由外部供给，进行反应。原则上只要反应物不断输入，反应产物不断排除，燃料电池就能连续地发电。

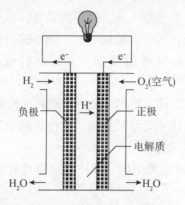

图 6-7　燃料电池工作原理

氢-氧燃料电池反应是电解水的逆过程:

负极: $H_2+2OH^-=\!=\!=2H_2O+2e^-$

正极: $1/2O_2+H_2O+2e^-=\!=\!=2OH^-$

电池反应: $H_2+1/2O_2=\!=\!=H_2O$

另外, 只有燃料电池本体还不能工作, 必须有一套相应的辅助系统, 包括反应剂供给系统、排热系统、排水系统、电性能控制系统及安全装置等。燃料电池通常由形成离子导电体的电解质板和其两侧配置的燃料极(阳极)和空气极(阴极), 以及两侧气体流路构成, 气体流路的作用是使燃料气体和空气(氧化剂气体)能在流路中通过。在实用的燃料电池中因工作的电解质不同, 经过电解质与反应相关的离子种类也不同。PAFC 和 PEMFC 中的反应与氢离子相关, 发生的反应为:

燃料极: $H_2=\!=\!=2H^++2e^-$

空气极: $2H^++1/2O_2+2e^-=\!=\!=H_2O$

全体: $H_2+1/2O_2=\!=\!=H_2O$

在燃料极中, 供给的燃料气体中的 H_2 分解成 H^+ 和 e^-, H^+ 移动到电解质中与空气极侧供给的 O_2 发生反应。e^- 经由外部的负荷回路, 再返回到空气极侧, 参与空气极侧的反应。一系列的反应促成了 e^- 不间断地经由外部回路, 因而就构成了发电。并且从全体反应式可以看出, 除由 H_2 和 O_2 生成 H_2O 外没有其他的反应, H_2 所具有的化学能转变成了电能。但实际上, 伴随着电极的反应存在一定的电阻, 会引起了部分热能产生, 由此减少了转换成电能的比例。引起这些反应的一组电池称为组件, 产生的电压通常低于 1 V。因此, 需采用组件多层叠加的办法获得高电压堆。组件间的电气连接以及燃料气体和空气之间的分离, 采用了称之为隔板的、上下两面中备有气体流路的部件, PAFC 和 PEMFC 的隔板均由碳材料组成。堆的输出功率由总的电压和电流的乘积决定, 电流与电池中的反应面积成正比。

PAFC 的电解质为浓磷酸水溶液, 而 PEMFC 电解质为质子导电性聚合物系的膜。电极均采用碳的多孔体, 为了促进反应, 以 Pt 作为触媒, 燃料气体中的 CO 将降低电极性能。为此, 在 PAFC 和 PEMFC 应用中必须限制燃料气体中含有的 CO 量, 特别是对于低温工作的 PEMFC 更应严格地加以限制。

磷酸燃料电池的反应原理是: 燃料气体或城市煤气添加水蒸气后送到改质器, 把燃料

转化成 H_2、CO 和水蒸气的混合物，CO 和水蒸气进一步在移位反应器中经触媒剂转化成 H_2 和 CO_2。经过如此处理后的燃料气体进入燃料堆的负极(燃料极)，同时将氧输送到燃料堆的正极(空气极)进行化学反应，借助触媒剂的作用迅速产生电能和热能。

相对 PAFC 和 PEMFC，高温型燃料电池 MCFC 和 SOFC 则不要触媒，以 CO 为主要成分的煤气化气体可以直接作为燃料应用，而且具有易于利用其高质量排气构成联合循环发电等特点。

MCFC 主构成部件：含有电极反应相关的电解质(通常是为 Li 与 K 混合的碳酸盐)和上下与其相接的两块电极板(燃料极与空气极)，以及两电极各自外侧流通燃料气体和氧化剂气体的气室、电极夹等。电解质在 MCFC 600～700 ℃ 的工作温度下呈现熔融状态的液体，形成了离子导电体。电极为镍系的多孔质体，气室的形成采用抗蚀金属。

MCFC 工作原理：空气极的 O_2(空气) 和 CO_2 与电相结合，生成 CO_3^{2-}(碳酸离子)，电解质将 CO_3^{2-} 移到燃料极侧，与作为燃料供给的 H^+ 相结合，放出 e^-，同时生成 H_2O 和 CO_2。化学反应式如下：

燃料极：$H_2+CO_3^{2-} = H_2O+CO_2+2e^-$

空气极：$CO_2+1/2O_2+2e^- = CO_3^{2-}$

全体：$H_2+1/2O_2 = H_2O$

在这一反应中，e^- 同在 PAFC 中的情况一样，它从燃料极被放出，通过外部的回路返回到空气极，由 e^- 在外部回路中不间断的流动实现了燃料电池发电。另外，MCFC 的最大特点是，必须要有有助于反应的 CO_3^{2-} 离子，因此，供给的氧化剂气体中必须含有 CO_2。并且，在电池内部充填触媒，从而将作为天然气主成分的 CH_4 在电池内部改质，在电池内部直接生成 H_2 的方法也已开发出来了。而在燃料是煤气的情况下，其主成分 CO 和 H_2O 反应生成 H_2，因此，可以等价地将 CO 作为燃料来利用。为了获得更大的出力，隔板通常采用 Ni 和不锈钢来制作。

SOFC 是以陶瓷材料为主构成的，电解质通常采用 ZrO_2(氧化锆)，它构成了 O^{2-} 的导电体 Y_2O_3(氧化钇)作为稳定化的 YSZ(稳定化氧化锆)而采用。电极中燃料极采用 Ni 与 YSZ 复合多孔体构成金属陶瓷，空气极采用 $LaMnO_3$(氧化镧锰)。隔板采用 $LaCrO_3$(氧化镧铬)。为了避免因电池的形状不同，电解质之间热膨胀差造成裂纹等，开发了在较低温度下工作的 SOFC。电池形状除了有同其他燃料电池一样的平板型，还开发出了为避免应力集中的圆筒型。SOFC 的反应式如下：

燃料极：$H_2+O^{2-} = H_2O+2e^-$

空气极：$1/2O_2+2e^- = O^{2-}$

全体：$H_2+1/2O_2 = H_2O$

燃料极，H_2 经电解质而移动，与 O^{2-} 反应生成 H_2O 和 e^-。空气极由 O_2 和 e^- 生成 O^{2-}。全体同其他燃料电池一样由 H_2 和 O_2 生成 H_2O。在 SOFC 中，因其属于高温工作型，因此，在无其他触媒作用的情况下即可直接在内部将天然气主成分 CH_4 改质成 H_2 加以利用，并且煤气的主要成分 CO 可以直接作为燃料利用。

3. 系统组成

燃料电池发电需要有一相对复杂的系统(见图 6-8)，除了燃料电池电堆，还包括燃料供应子系统、氧化剂供应子系统、水热管理子系统及电管理与控制子系统等，其主要系统部件包括空压机、增湿器、氢气循环泵、高压氢瓶等，这些子系统与燃料电池电堆(或模块)组成了燃料电池发电系统。燃料电池系统的复杂性给运行的可靠性带来了挑战。

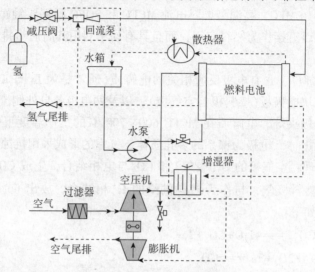

图 6-8　燃料电池系统组成

燃料电池电堆是燃料电池系统的核心。它通过燃料电池中的电化学反应产生直流电。单个燃料电池产生的电流小于 1 V，因此，单个的燃料电池通常被串联成一个燃料电池电堆，一个典型的燃料电池电堆可能由数百个燃料电池组成。燃料电池产生的能量取决于几个因素，如燃料电池类型、电池尺寸、工作温度和供应给电池的气体压力。

燃料处理器：燃料处理器将燃料转换成燃料电池可用的形式。根据燃料和燃料电池类型的不同，燃料处理器可以是一个简单的去除杂质的吸附剂床，或多个反应堆和吸附剂的组合。

功率调节器：功率调节器控制电流(安培数)、电压、频率等电流特性，以满足应用的需要。燃料电池以直流电的形式发电。在直流电路上，电子只向一个方向流动。如果燃料电池被用来为使用交流电的设备供电，则必须将直流电转换为交流电。

空气压缩机：燃料电池性能随着反应物气体压力的增加而提高；因此，许多燃料电池系统都包括一个空气压缩机，它可以将进口空气压力提高到环境大气压力的 2~4 倍。对于运输应用，空压机的效率应至少达到 75%。在某些情况下，还包括一个膨胀机，以从高压废气中恢复电力。扩展机效率应至少达到 80%。

增湿器：PEMFC 的核心聚合物电解质膜在干燥时不能很好地工作，因此许多燃料电池系统都为进气口安装了加湿器。加湿器通常由一层薄膜组成，该薄膜可以由与 PEM 相同的材料制成。通过在加湿器的一侧流动干燥的进口空气和在另一侧流动潮湿的排气空气，燃料电池产生的水可以被循环利用，以保持 PEM 良好的水化。

4. 关键材料与部件

PEMFC 是当前燃料电池电动汽车应用研究的热点。PEMFC 由几层不同的材料制成。PEMFC 的主要部件如图 6-9 所示。PEMFC 的核心是膜电极组件(Membrane Electrode Assembly，MEA)，包括膜材料、催化剂和扩散层。

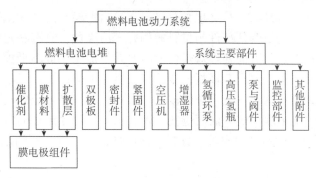

图 6-9 PEMFC 的主要部件

关键材料与部件：催化剂是燃料电池的关键材料之一，其作用是降低反应的活化能，促进氢、氧在电极上的氧化还原过程、提高反应速率。由于氧化还原反应交换电流密度低，是燃料电池总反应的控制步骤。目前，燃料电池中常用的商用催化剂是 Pt/C，由 Pt 的纳米颗粒分散到碳粉（如 XC-72）载体上的担载型催化剂。质子交换膜是一种聚合物电解质膜，在燃料电池中起着传导质子、隔离阴极和阳极反应物的重要作用，在制备催化剂涂覆膜（Catalyst-Coated Membrane，CCM）型膜电极时也被作为催化剂支撑体，是燃料电池的核心器件，也是决定燃料电池性能、寿命及成本的关键部件。在实际应用中，要求质子交换膜具有高的质子传导率和良好的化学与机械稳定性。

目前，国际上已经发展了三代 MEA，技术路线如图 6-10 所示。其中第一代、第二代技术已基本成熟，国内新源动力、武汉新能源等公司均可以提供膜电极产品。第三代有序化膜电极组件技术国内外还处于研究阶段。

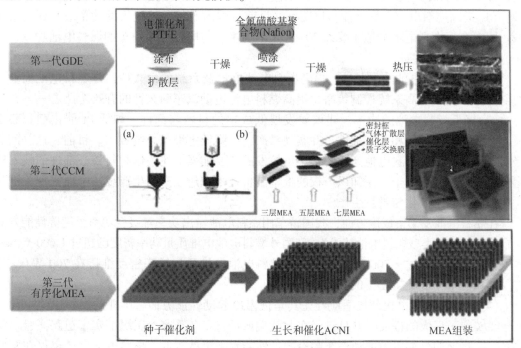

图 6-10 MEA 技术路线

燃料电池双极板的作用是传导电子、分配反应气并协助排出生成水，从功能上要求双极板材料是电与热的良导体、具有一定的强度及气体致密性等；从性能的稳定性方面要求双极板在燃料电池酸性($pH=2~3$)、电位($~1.1$ V)、湿热(气水两相流, $~80$ ℃)环境下具有耐腐蚀性且对燃料电池其他部件与材料的相容无污染性,具有一定的憎水性以协助电池生成水的排出;从产品化方面要求双极板材料要易于加工、成本低廉。燃料电池常采用的双极板材料包括硬碳板、复合双极板、金属双极板3大类。

燃料电池电堆是燃料电池发电系统的核心。通常为了满足一定的功率及电压要求,电堆通常由数百节单电池串联而成,而反应气、生成水、冷剂等流体通常是并联或按特殊设计的方式(如串并联)流过每节单电池。燃料电池电堆的均一性是制约燃料电池电堆性能的重要因素。

5. 燃料电池的优点

燃料电池的优点如下。

(1)不受卡诺循环限制,能量转换效率高。

(2)洁净,无污染,噪声低。

(3)模块结构、积木性强,比功率高;既可以集中供电,也适合分散供电。

(4)高温型燃料电池可实现热电连供。

6. 燃料电池的现状及未来研发方向

我国在整车、系统和电堆方面均已有所布局,但零部件方面的相关企业仍较少,特别是最基本的关键材料和部件,如质子交换膜、碳纸、催化剂、空压机、氢气循环泵等;国内虽有相关企业开始介入,但与国际先进产品相比,可靠性和耐久性仍存在较大差距,大部分关键零部件及关键材料仍依赖进口。燃料电池电动汽车虽然发展迅速,但从商业化要求角度,中国车用燃料电池技术上仍然存在一定差距,未来需加强对以下几个方面的布局。

(1)提高燃料电池电堆性能与比功率。目前,国内燃料电池电堆的功率级别还普遍偏低。国内车用燃料电池电堆主要以 $30~50$ kW 为主,与国际上乘用车的燃料电池功率级别 100 kW 左右相差甚远。

(2)提高燃料电池的耐久性。提高燃料电池电堆及系统的耐久性,是燃料电池商业化的前提。目前,提高系统控制策略是提高燃料电池电动汽车耐久性的有效途径之一。

(3)降低燃料电池的成本。建议要发展低成本的材料与部件,如低 Pt 催化剂与膜电极、低成本的双极板和系统部件,并实现量产,以降低电堆与系统成本。目前,这些问题严重制约我国氢燃料电池产业的自主可控发展,要加强上述关键材料核心部件的技术转化,加快形成具有完全自主知识产权的批量制备技术和建立产品生产线,全面实现关键材料核心部件的国产化与批量生产。

在燃料电池发动集成度方面,我国轿车用燃料电池输出功率等级、功率密度等性能参数明显低于国外同类型燃料电池技术性能(国外燃料电池电堆质量功率密度已超过 $1\ 600$ W/kg,体积功率密度已超过 $2\ 700$ W/L;而国内燃料电池电堆质量功率密度维持在 700 W/kg 左右,体积功率密度维持在 $1\ 000$ W/L 左右)。

(4)在燃料电池电机环境适应性尤其是低温冷起动性能方面,国外的燃料电池电动汽车已经实现了很大的进展,并且已经在北欧瑞典进行了冬季寒冷工况下实车道路实验。相比之下,我国的燃料电池电动汽车的冷起动性能水平仍然较低,燃料电池电堆也仅在实验室中实现了低温环境中的起动。

(5)近年来,随着燃料电池技术的不断发展,燃料电池电机的可靠性和寿命方面也得到了显著提高。丰田公司于 2021 年推出的燃料电池电动汽车 Mirai 使用了经过优化的燃料电池系统，使电机可靠性和寿命得到了显著提升。据丰田官方介绍，该车的燃料电池系统在严苛的测试中已经达到了 20 000 h 以上的耐久性要求，而且在不断的使用中，该系统的性能仍然保持不变，具有很高的可靠性。日产公司于 2019 年推出的燃料电池电动汽车 Ariya 采用了先进的燃料电池技术和高效的系统控制策略，使电机的寿命和可靠性都有了较大提升。据日产公司官方介绍，该车的燃料电池系统在实验室中经过多次测试，其使用寿命已经超过了 50 000 km，而且在测试过程中表现出极高的可靠性。

（6）在燃料电池电机成本控制关键技术研究方面，越来越多的科研团队投入到开发中。改进燃料电池电解质膜是降低燃料电池成本的关键技术之一。例如，2019 年，韩国科学技术院的研究团队开发出了一种具有优异性能的新型聚合物电解质膜，该膜的生产成本较低，同时具有更好的热稳定性和机械强度。采用低成本、高效率的催化剂也是燃料电池成本控制的关键技术之一。2019 年，美国劳伦斯伯克利国家实验室的研究人员通过合成一种低成本的铂合金催化剂，成功地将燃料电池的成本降低了约 80%。提高燃料电池的使用寿命也是降低成本的重要手段。2019 年，德国汉堡大学的研究人员开发出了一种新型的 MEA，可以有效地减少燃料电池的电解质膜降解，提高燃料电池的使用寿命。燃料电池的氢气制备和储存也是影响成本的重要因素。2019 年，加拿大不列颠哥伦比亚大学的研究人员开发出了一种基于液态有机氢储存材料的储氢系统，这种系统具有更高的储氢密度和更低的氢气泄漏率，能够有效地降低燃料电池的制氢和储氢成本。智能化技术也有望降低燃料电池成本。例如，远程监控系统和诊断系统可以帮助车主更好地管理和维护燃料电池电动汽车，从而延长燃料电池的使用寿命和减少维修成本。

燃料电池技术的发展趋势是不断提高效率、降低成本、增强可靠性、延长使用寿命、拓展适用范围等方面的改进。为了实现这些目标，燃料电池研究正朝着多方面发展，包括改进材料、优化设计、提高制造工艺、加强系统集成、优化控制等方面的探索和创新。此外，燃料电池与其他能源技术相结合，如太阳能、风能等，也将成为未来发展的趋势。总的来说，燃料电池的发展将在未来继续向前推进，并在实际应用中得到更加广泛的推广和应用。

6.2 电池冷却系统

目前动力电池系统的热管理主要可分为 4 类，自然冷却、风冷、液冷、直冷。其中，自然冷却是被动式的热管理方式，而强迫风冷、液冷、直流是主动式的，这三者的主要区别在于换热介质的不同。

温度因素对动力电池性能、寿命、安全性有着至关重要的影响。一般来说期望电池系统能在 15~35 ℃ 的区间内运行，从而实现最佳的功率输出和输入、最大的可用能量，以及最长的循环寿命（虽然低温存储更能延长电池的日历寿命，但在应用上实践低温存储的意义并不大）。

1. 自然冷却

自然冷却没有额外的装置进行换热。例如，比亚迪在秦、唐、宋、E6、腾势等采用 LFP 电芯的车型上都采用了自然冷却。

2. 风冷

风冷采用空气作为换热介质。常见的风冷回路有两种（见图 6-11），第一种为被动风冷，直接采用外部空气换热；第二种为主动风冷，可预先对外部空气进行加热或冷却后再进入电池系统。早期许多日韩系的电动汽车车型采用风冷方案。

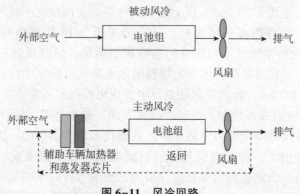

图 6-11　风冷回路

3. 液冷

液冷采用防冻液(如乙二醇)作为换热介质。液冷回路中一般会有多路不同的换热回路(见图 6-12),雪佛兰如 VOLT 具有散热器回路、空调回路、正温度系数(Positive Temperature Coefficient,PTC)效应回路,电池管理系统根据热管理策略进行响应调节和切换。特斯拉 Model S 有一个与电机冷却串联的回路,当电池在低温状态下需要加热时,电机冷却回路与电池冷却回路串联,电机可为电池加热。当动力电池处于高温时,电机冷却回路与电池冷却回路将被调节为并联,两套冷却系统独立散热。

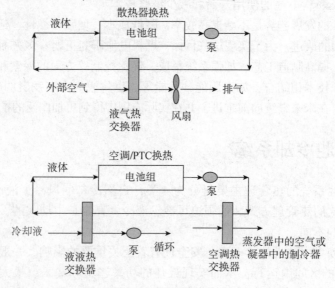

图 6-12　液冷回路

4. 直冷

直冷采用制冷剂(变相材料)作为换热介质,制冷剂能在气液相变过程中吸收大量的热,相比冷冻液而言换热效率可提升 3 倍以上,更快速地将电池系统内部的热量带走。宝马 i3 中曾采用过直冷方案。

电池系统热管理方案除了需要考虑冷却效率以外,还需要考虑所有电池温度的一致性。电池包有着成百上千个电芯,而温度传感器必然无法检测到每一个电芯。例如,特斯拉 Model S 的一个模块中共有 444 个电芯,而布置的温度检测点仅有 2 个。因此,需要通过热管理设计使得电池温度尽可能保持一致。较好的温度一致性是电池功率、寿命、SOC 等性能参数一致的前提。

VOLT 电池包中每两片电芯共用一个散热片，以增大冷却装置和电池的接触面积；而在电芯另一侧采用防火隔热片与相邻电芯隔离，一方面确保热量传导的一致性，另一方面将单一电芯热失控后对周边电芯的影响降至最低。

总的来看，液冷技术还是目前最为主流的方式。因为电池发展的趋势始终朝着能量密度更高的方向迈进，而高能量密度的电池在安全性上的问题就尤为重要，热失控后产生的负面影响会越来越大，液冷方案在换热能力、换热一致性、电池包密封性等方面都有着不错的表现。此外，液冷在传统车上早已成熟应用，有着完善的供应链，当电池系统的设计方案和工艺稳定后成本也可得到有效控制。

6.3　电池充电系统

6.3.1　充电部件

新能源汽车的充电部件是新能源汽车中至关重要的组成部分。充电部件的主要作用是将外部电源中的电能转换为电池中的化学能，以满足电动汽车的驱动需求。充电部件根据其部件是否安装在汽车上可以分为非车载充电部件和车载充电部件两大类，如图 6-13 所示。

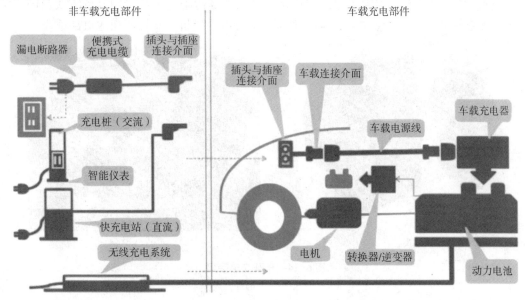

图 6-13　新能源汽车的充电部件

非车载充电部件是指充电桩、充电站等，它们通常不随车携带。这类充电部件一般由能源公司、政府或商业机构在停车场、公共场所等地点提供。非车载充电部件可以提供较大功率的充电能力，一次充电可以满足电动汽车长时间驾驶的需求。

便携式充电电缆及其充电头是一种方便携带的非车载充电部件，通常适用于家庭充电或旅途中的临时充电需求。这种充电方式称为一级交流充电，一般使用普通家庭电源进行充电，充电功率较低。配有充电电缆的充电桩是一种固定安装在公共场所的充电部件，通常适用于长时间停留的车辆充电需求。这种充电方式称为二级交流充电，使用专门的充电部件和电源进行充电，充电功率较高。可插入车载充电接口的充电插头是一种便捷的充电部件，通常适用于停车场或充电站等公共场所。这种充电方式称为直流快充，使用专门的充电部件进行充电，充电功率最高，充电速度最快。

车载充电部件则是指安装在汽车上的充电部件，一般包括电池管理系统、DC/DC 转换器、车载充电器等。这些部件可以将来自非车载充电设备或家庭电源的交流电转换为电池所需的直流电。车载充电部件通常功率较小，适用于日常驾驶中的补充充电，如在商场、超市等场所充电。车载充电器是电池充电系统的关键部件之一，其作用是将交流电源转换成直流电并充入车辆电池。一般来说，车载充电器通常是在车辆电子系统中的电控单元中集成的，以保证充电的安全性和稳定性。

6.3.2　车载充电接口

车载充电接口是连接车辆充电系统和充电设备的接口，如图 6-14 所示。它通常由多个接触器组成，用于传输电能和通信信号。车载充电接口一般分为国标和欧标两种，其标准接口可兼容不同类型的充电桩和电源，并支持多种充电模式和充电速率。对于车载充电器来说，其充电速率是一个非常重要的指标。高功率的车载充电器可以大幅缩短充电时间，提高电动汽车的使用便捷性。此外，车载充电器的充电效率也是一个重要的考虑因素，可以影响充电成本和充电时间。其充电速度可以分为快充（直流充电）和慢充（交流充电）两种，其接口处有保护锁止盖，防止接口受水尘等污染。该接口的设置方式也因厂家的不同而存在差异，一般设置在车辆的侧部，如传统内燃机汽车燃油加注口部位。

（a）　　　　　　　　　　　　　　　（b）

图 6-14　车载充电接口
（a）快充接口；（b）慢充接口

6.3.3　充电指示灯

随着新能源汽车的普及，充电状态信息的显示也变得越来越重要。在新能源汽车的电池充电系统中，充电指示灯是一种用来显示充电状态信息的装置，其位置通常在充电接口附近，以方便车主查看充电状态。

常见的充电指示灯有单 LED 指示灯和 C 形光导纤维 LED 指示灯，如图 6-15 所示。单 LED 指示灯使用一个 LED 灯珠，灯光较为明亮，通常分为红色、绿色、黄色等颜色，其灯光状态可以根据充电状态进行变化。而 C 形光导纤维 LED 指示灯采用光导纤维传导灯光，将一个 LED 灯珠的光线通过光导纤维传输到 C 形的透镜上，形成 C 形的指示灯。

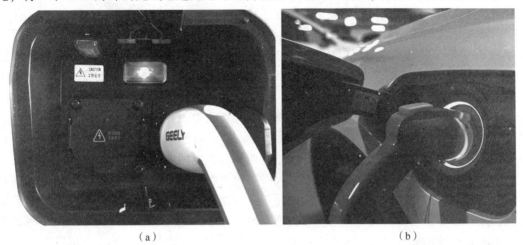

（a）　　　　　　　　　　　　　　　　　　　（b）

图 6-15　充电指示灯

（a）单 LED 式；（b）C 形光导纤维 LED 式

无论采用哪种充电指示灯，其状态一般有 4 种：正在充电、充电完成、充电中断和充电故障。当电动汽车正在充电时，充电指示灯通常为红灯常亮。这意味着充电正在进行中，而且车辆的电池正在接收充电。当电池充电完成时，充电指示灯会变为绿灯常亮。这表示充电已经完成，电池已充满电。如果充电过程中出现了问题，充电指示灯可能会变为黄灯常亮。这意味着充电已经中断，可能是由于充电过程中出现了电压或电流问题，或者是因为充电电缆出现了故障。在这种情况下，车主需要检查充电设备并解决问题，然后重新开始充电。最后，如果充电指示灯不亮，则说明充电故障。这可能是由于充电设备的故障或车辆电池的故障。在这种情况下，车主需要联系相关维修人员进行维修和排除故障。

随着新能源汽车的不断普及，充电系统的发展也在不断壮大。目前，充电设施已经建设完善，充电效率和速度也得到了大幅提升。未来，随着新能源汽车的需求不断增长，充电技术和设备将会更加先进和智能化，充电时间将会大大缩短，续驶里程也会更加稳定和可靠。

6.3.4　充电类型

新能源汽车的电池充电系统，根据充电电流的大小及充电方式的不同，可以分为直流充电和交流充电两种类型，如表 6-3 所示。其中，交流充电又可以分为一级交流充电、二级交流充电和三级交流充电。

表 6-3　新能源汽车充电类型

充电类型		额定电压电流	与车辆通信	充电插头连接位置
交流充电	一级交流充电	220 V AC/16 A	无	插座
	二级交流充电	220 V AC/8~16 A	通过充电电缆内的模块	插座
	三级交流充电	220 V AC/16~63 A	通过充电站/桩内的模块	交流充电桩
直流充电	直流快速充电	380 V AC/30~300 A	通过充电站/桩内的模块	非车载充电器（柜）

一级交流充电指的是家用充电插座内不带控制导线和接近导线，无法与车辆建立通信，因此在充电时无法限制和确认最大电流强度，也无法对充电过程进行监控和管理。由于存在潜在的安全风险，目前不被多数厂家采用。

二级交流充电则是新能源汽车的标配，其充电电缆通常放置在车辆行李箱内，可以通过家庭插座进行充电。在此充电方式下，电流的大小一般在 $10 \sim 16$ A 之间，充电时间较长，为 $6 \sim 8$ h。因此，二级交流充电适用于车主在家或办公场所充电的场景，对充电速度和效率的要求不高。

三级交流充电通常通过充电站或充电桩进行交流充电，充电功率高达 43 kW，充电速度快，一般只需要 0.5 h 即可充满电。但由于充电桩价格昂贵，需在专门的充电站进行充电，因此使用较为有限，通常适用于长途旅行或急需充电的情况。

直流充电是一种快速充电方式，可以大大缩短充电时间。与交流充电不同的是，直流充电需要在车辆和充电桩之间进行额外的通信，以便控制充电电流和充电电压，使之适配车辆的充电需求和电池的充电状态。在直流充电过程中，充电电压和电流与车载充电器无关，是由充电桩直接控制的。因此，直流充电需要专用的充电桩和车载充电接口，而交流充电则可以使用普通的家用电源或公共充电桩进行充电。在实际应用中，直流快速充电主要应用于长途旅行或急需快速充电的情况下，如在高速公路沿线的充电站。由于直流充电可以在短时间内快速充满电池，因此能够满足用户在路上的急需。但是，直流充电过程中的高电流和高压可能会对电池产生一定的损伤，因此不适合频繁使用。此外，由于直流充电设备成本高，投资和建设充电站的成本也很高，因此在推广和普及方面还面临一定的挑战。随着新能源汽车的快速发展和技术的进步，相信直流充电的应用会越来越广泛，为用户提供更加便捷和高效的充电体验。

在日常使用中，快速充电对新能源汽车的发展和推广起到了重要作用。然而，快速充电给动力电池带来的伤害是不可避免的。因此，现阶段大多数快速充电都采用脉冲式充电。脉冲式充电是一种在充电过程中通过反复放电和充电的形式减少大电流对动力电池的负面影响的技术。这种充电方式相较于传统的恒流充电方式，能够更好地保护电池的使用寿命和安全性。在脉冲式充电中，充电器会在短时间内将大电流输出到电池中，然后迅速断电，等待一段时间后再次输出大电流。这种方式能够减少电池内部的热量产生，降低温升，减少电池的老化速度，从而延长电池寿命。此外，脉冲式充电技术还能在短时间内完成大电流充电，缩短充电时间，提高充电效率。但是，脉冲式充电技术也存在一定的缺陷，如可能会影响电池的能量密度和充电效率。

6.4 电池管理系统

电池管理系统（BMS）是连接车载动力电池和电动汽车的重要纽带，就是一套管理、控制、使用电池组的系统，如图 6-16 所示。BMS 实时采集、处理、存储电池组运行过程中的重要信息，与外部设备如整车控制器整车控制器（Vehicle Control Unit，VCU）交换信息，解决锂电池系统中安全性、可用性、易用性、使用寿命等关键问题。其主要作用是提高电池的利用率，防止电池出现过度充电和过度放电，延长电池的使用寿命，监控电池的状态。

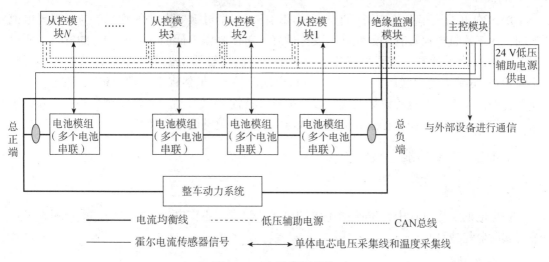

图 6-16　电池管理系统

6.4.1　电气架构

BMS 与电动汽车的动力电池紧密结合在一起，通过传感器对电池的电压、电流、温度进行实时检测，同时还进行漏电检测、热管理、电池均衡管理、报警提醒，计算电池电量状态(SOC)、放电功率，报告电池劣化程度(SOH)，还根据电池的电压、电流及温度，用算法控制最大输出功率以获得最大行驶里程，以及用算法控制充电机进行最佳电流的充电，通过 CAN 总线接口与车载总控制器、电机控制器、能量控制系统、车载显示系统等进行实时通信。

BMS 主要由 BMU 主控器、CSC 从控制器、CSU 均衡模块、HVU 高压控制器、BTU 电池状态指示单元及 GPS 通信模块等组成。BMS 电气架构如图 6-17 所示。

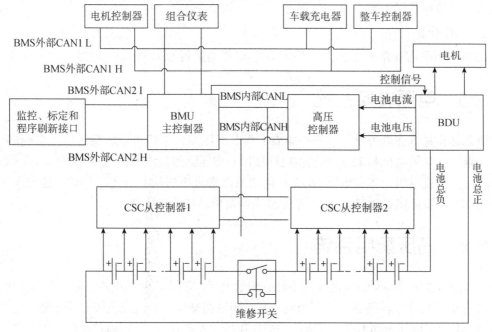

图 6-17　BMS 电气架构

BMS 在电动汽车上的应用可追溯到丰田 HEV 车型对镍氢电池的管理。与管理锂电池不同，由于镍氢电池具有一致性高、安全性好、单体电压偏低(1.0~1.7 V)的特点，所以镍氢电池的 BMS 通常不需要均衡功能，不需要控制接触器，也不需要对每节电池进行电压采集(可 6 节电池串联作为一个整体进行电压监控)。虽然镍氢电池 BMS 硬件功能相对简单，但由于镍氢电池的记忆效应，以及电压外特性与 SOC 对应关系复杂，所以难点在于如何估算 SOC，以及如何控制和调整充放电区间，避免电池迅速衰减。

6.4.2　主要功能

1. 实时通信

在电池的工作过程中，BMS 对电池的电压、温度、工作电流、电量等一系列相关参数进行实时监控或计算。

2. 保护功能

BMS 通过读取电池工作状态、参数判断目前电池的状态，以进行相应的保护操作，防止电池过充或过放。

3. 电压、温度检测

通过 BMS 内部的测量传感器采集单个电芯的电压值、温度值。

4. 充放电管理

根据充放电策略，BMS 通过采集到的电压和温度采用不同的工作状态设置电池的最佳充电或放电曲线。

5. 均衡管理

根据均衡策略，BMS 将一致性较差的电池电量通过电量转移或直接通过电阻释放电能的方式将电池拉到同一水平线。

6. SOC 计算

BMS 一般采用开路电压法，根据电压-容量模型进行 SOC 计算。

6.5　电源转换系统

电源转换系统在电力电子装置中集成了两个变压器，它们可以转换高压蓄电池的 288 V 直流电压，以供电机和 12 V 车载供电网使用。变压器连接车载高电压设备和 12 V 设备。因为没有交流发电机，车载电网的 12 V 电池只能通过电机进行充电。为此，来自高电压设备的 288 V 直流电必须转换为 12 V 车载电网蓄电池的充电电压。

6.6　高压配电系统

高压配电系统是将动力电池的高压电分配给电机控制器、驱动电机、电动空调压缩机、PTC 加热器、DC/DC 转换器等高压用电设备。同时将交流、直流充电接口高压充电电流分配给动力电池，以便为动力电池充电。一般高压配电系统由分线盒(有些车型也称之为高压配电单元、高压电器盒等)、直流充电接口及交流充电接口等组成，如图 6-18 所示。

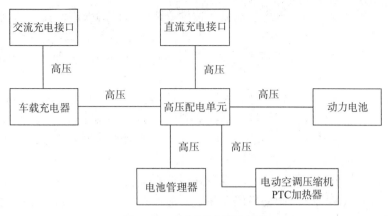

图 6-18　高压配电系统组成

（1）分线盒（高压配电单元、高压电器盒）。分线盒的作用类似于低压供电系统中的熔丝盒，其功能包括高压电能的分配和高压回路的过载及短路保护。分线盒将动力电池总成输送的电能分配给电机控制器、空调压缩机和 PTC 加热器。此外，交流慢充时，充电电流也会经过分线盒流入动力电池为其充电。

（2）直流、交流充电接口。直流充电接口能接收直流充电桩的电能，并通过高压线束将电能输送给动力电池总成，为其充电。交流充电接口能接收交流充电桩的电能，并通过高压线束将电能输送给车载充电器，车载充电器将交流电转化成直流电再传递给分线盒，分线盒经过直流母线将直流电传递到动力电池，为其充电。

（3）驱动电机三相线。车辆行驶时，电流从动力电池依次经过直流母线、分线盒、电机控制器高压线、电机控制器、电机三相线到达驱动电机，产生驱动力。车辆正常行驶时驱动电机的能量传递路线和车辆减速行驶时能量回收的传递路线相反。

6.7　能量回收系统

制动能量回收是把汽车制动时的一部分动能转化为其他形式的能量储存起来，然后在汽车起步或加速时又释放储存的能量。制动能量回收对于提高电动汽车的能量利用率具有重要意义。研究表明，在存在较频繁的制动与起动的城市工况运行条件下，有效地回收制动能量，电动汽车大约可降低 15% 的能量消耗，续驶里程可延长 10%~30%。

6.7.1　制动能量回收系统组成与原理

电动汽车制动系统主要由两部分组成，即电机再生制动部分和传统液压摩擦制动部分。所以，该制动系统可以视为机电复合制动系统。

电动汽车再生制动是利用电机的电动机/发电机可逆性原理来实现的。在电动汽车需要减速或者滑行时，可以利用驱动电机的控制电路实现电机的发电运行，使减速制动时的能量转换成对蓄电池充电的电能，从而得到再生利用。由于摩擦制动一般采用液压形式，所以所提到的机电复合制动系统也可以称为再生-液压混合制动系统。从保证制动安全和提高能量利用率的角度来考虑，再生-液压混合制动系统是最适合电动汽车的综合制动系统。

电机再生制动虽然可以回收制动能量并向车轮提供部分制动力，但是其无法使得车轮完全停止转动，制动效果受到电机、电池和速度等诸多条件的限制，在紧急制动和高强度制动条件下不能独立完成制动。因此，为了保证汽车的制动安全性能，在采用电机再生制动的同时，必须使用传统的液压摩擦制动作为辅助，从而达到既保证汽车的制动安全性，又回收可观的能量的目的。

电动汽车的制动系统为双回路液压制动系统+电动真空助力+电机再生制动。

制动过程中，制动控制器根据制动踏板的开度（实际为主缸压力），判断整车的制动强度，确定相应的摩擦制动和再生制动的分配关系。前后轴的摩擦制动分配关系由液压系统对前后轮的分配关系实现；制动控制器根据制动强度和电池的 SOC 值确定可以输出的制动转矩并对前后轴进行分配，然后通过电机控制器控制驱动电机进行再生制动。在整个制动的过程中，要保证电动汽车的制动稳定性和平稳性，并尽可能多地回收制动能量，延长电动汽车续驶里程。

四轮轮毂电机驱动的纯电动汽车制动能量回收系统的结构原理如图 6-19 所示。四轮轮毂电机驱动的纯电动汽车的制动是液压摩擦制动与电机再生制动协调作用完成的。再生制动系统主要由轮毂电机、电机控制器、逆变器、整车控制器和动力电池及能量管理系统等主要部件组成。制动时，制动控制器根据不同的制动工况发出不同的指令，通过电机控制器控制轮毂电机，进行再生制动。

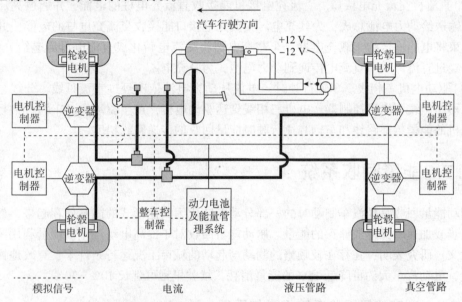

图 6-19　四轮轮毂电机驱动的纯电动汽车制动能量回收系统的结构原理

四轮轮毂电机驱动的制动能量回收通过以下过程来实现。

（1）在制动开始时，能量管理系统将动力电池 SOC 值发送给制动控制器，当 SOC>0.8 时，取消能量回收；当 $0.7 \leqslant SOC \leqslant 0.8$ 时，制动能量回收受动力电池允许的最大充电电流制约；当 SOC<0.7 时，制动能量回收不受动力电池允许的最大充电电流制约。

（2）制动控制器接收由压力变送器传送的主缸压力信号，并计算出需求的电机再生制动强度上限。

（3）制动控制器根据轮毂电机转速，计算轮毂电机实际能够提供的制动强度。

（4）比较需求的电机再生制动强度上限和轮毂电机实际能够提供的制动强度，并将结果作为电信号发送给电机控制器。

（5）此时的轮毂电机工作在发电机状态下，可以提供电压恒定流向的电流，再通过逆变器限制电机产生的最高电压和对电压进行升压，以便满足电流输出要求，充到动力电池组中。

（6）为了对动力电池进行保护，电池管理系统需要时刻检测电池温度，当温度过高则停止制动能量回收。

6.7.2　制动能量回收控制策略

1. 影响制动能量回收的因素

制动能量回收的过程是把驱动轮的部分动能通过电机回馈到动力电池组中，因此整车控制系统的各个模块和各模块的使用环境对制动能量回收有较大的影响。影响电动汽车能量回收的因素主要有以下 4 个方面。

（1）电机特性：当进行制动能量回收时，电机工作在再生制动模式，电机的最大制动转矩影响着能够提供的电制动力大小。向动力电池组充电功率的大小由电机的发电功率决定，同时在制定能量回收策略时也要考虑电机的工作温度等因素。

（2）蓄电池特性：当蓄电池剩余电量较高时，只能进行小电流充电或者不回收制动能量；当蓄电池剩余电量较低时，在不影响安全的前提下可以适当提高制动能量所占比例。同时，充电时间过长或充电电流过大会影响蓄电池的性能，蓄电池应该具有高的充放电循环次数和快速充放电能力。此外，蓄电池的充电内阻影响蓄电池的充电功率，因此要选用内阻小的电池。

（3）车辆行驶工况：车辆在不同工况行驶时，纯电动汽车的制动频率和制动强度不同，当制动越频繁或制动强度越低时，电动汽车可以回收的制动能量就越多，如在车辆频繁起步与停车的城市工况下。在高速公路行驶工况下制动频率较低，所以回收的制动能量也相对较少。

（4）制动的安全性：当车辆进行制动时，首先需要考虑的是制动系统要满足驾驶员的制动需求和制动时车辆的稳定性，只有在满足这些要求的前提下才能够考虑回收制动能量的多少。在有些情况下虽然电机能够提供足够大的制动力，但是为了防止车轮抱死也必须减少电制动力的大小来保证行车安全。

2. 常见的制动能量回收控制策略

常见的电动汽车主要采取前轮驱动的形式，因此相应的制动能量回收的控制策略主要关注前、后轮制动器提供的制动力和前轮电机提供的再生制动力 3 部分之间的关系。由此得到的基于电机再生制动的能量回收控制策略主要有前后轴制动力理想分配时的控制策略、前后轴制动力比例分配时的控制策略和最优能量回收控制策略。电机在制动时能够提供的最大制动力称为最大再生制动力，即电机的最大制动转矩。

（1）前后轴制动力理想分配时的控制策略：当减速度要求较小时，仅电机再生制动系统工作。随着制动减速度逐渐增大，前后轴制动力将被控制在理想制动力分配曲线上。其中前轴制动力等于再生制动力和机械制动力总和。当控制系统得到驾驶员的减速度要求时，将根据制动电机的特性和车载蓄电池 SOC 值来决定驱动轴制动力由再生制动系统单独提供，还是由机械制动系统和再生制动系统共同提供。

（2）前后轴制动力比例分配时的控制策略：需要的总制动力较小时，全部由再生制动力提供；当需要的减速度增大时，电机再生制动力所占的比例逐渐减小，机械制动力开始起作用；当总制动力大于一定值时意味着这是一个紧急制动，再生制动力减小到零，机械制动提供所有的制动力；当所需的制动减速度在两者之间时，再生制动与机械制动共同作用。

（3）最优能量回收控制策略：当总制动力需求小于此时能提供的最大再生制动力时，仅由再生制动力起作用；当总制动力大于此时能提供的最大再生制动力时，总制动力减去最大再生制动力是应该提供的机械制动力，剩余的需提供的机械制动力将分配为前轮机械制动力和后轮机械制动力。前、后轮机械制动力的分配按照尽量使总的前、后轮制动力分配接近理想制动力分配曲线。

3 种常见制动能量回收控制策略的比较如表 6-4 所示。

表 6-4　3 种常见制动能量回收控制策略的比较

项目	硬件组成的复杂程度	制动稳定性	制动能量回收效率
前后轴制动力理想分配时的控制策略	较复杂，需专门的制动力控制系统	较高	较高
前后轴制动力比例分配时的控制策略	一般，改动较小	中等	中等
最优能量回收控制策略	较复杂，需专门的制动力控制系统	较低	最高

可以看出，3 种制动能量回收控制策略各有优缺点，其中，前后轴制动力比例分配时的控制策略能保证一定的能量回收效率，制动稳定性较理想，结构较简单，是目前技术条件下的一种比较好的选择。

 实践练习题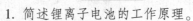

1. 简述锂离子电池的工作原理。
2. 简要介绍电池冷却系统。

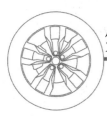

第 7 章
整车控制系统与混合动力系统

本章以整车控制系统为主，简要介绍其基本构成、各个组件的主要功能，以及主流的混合动力系统的构成与工作原理。

7.1　整车控制系统

整车控制系统(Vehicle Management System，VMS)是电动汽车的神经中枢，承担了各系统的数据交换、信息传递、动力电池能量管理、驾驶员意图解析、安全监控、故障诊断等作用，对电动汽车动力性、经济性、安全性和舒适性等有很大的影响。整车控制系统分成三大子系统，包括低压电气系统、高压电气系统、网络控制系统。

纯电动汽车控制系统由整车控制系统、电池管理系统及电机驱动系统等控制系统组成。其中，整车控制系统相当于纯电动汽车的大脑，它协调控制各个系统之间的平稳运行，通过接收其他控制单元的有效信息，然后经过特定的算法告诉下层控制器执行相应的命令。因此在整车控制器内运用测量与标定的工具，能够实时地观测到各个 ECU 的内部运行参数，综合这些 ECU 的各个参数信息来优化各个控制单元的功能，进而使纯电动汽车的整体性能最优。综述以上信息，纯电动汽车整车控制系统在新能源汽车开发进程中具有很大的用处和影响。纯电动汽车的整车控制系统结构如图 7-1 所示。整车控制系统各模块在汽车上的位置如图 7-2 所示。

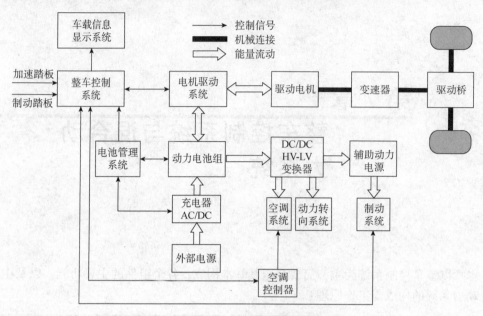

图 7-1　纯电动汽车的整车控制系统结构

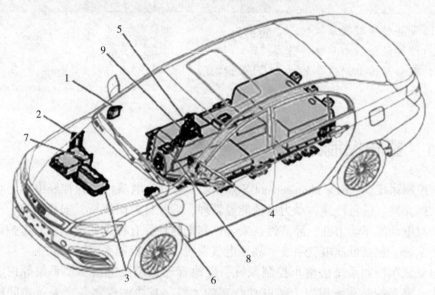

1—热管理控制模块；2—整车控制器；3—电机控制器；4—车身控制器；5—电子换挡器；
6—车身稳定控制器；7—车载充电器；8—安全气囊控制模块；9—电子驻车制动系统。

图 7-2　整车控制系统各模块在汽车上的位置

　　如果电动汽车采用 CAN 总线控制技术，则可以将各个分系统（模块）通过通信方式连接，从而实现整车控制。采用 CAN 总线的电气系统更加简洁，布置更加简单。一般电动汽车的电气系统结构原理如图 7-3 所示。

　　整车控制系统的三大子系统具体介绍如下。

　　1）低压配电系统

　　低压配电系统主要由 12 V 电池、低压电路、点火开关、继电器、电动水泵、电动制动真空泵、电动助力转向器、组合仪表等组成，作用是为各 ECU、各高压部件控制器、各 12 V 电气设备供电。

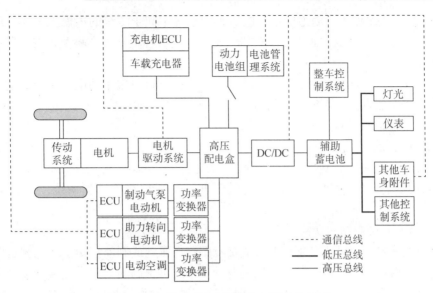

图 7-3　一般电动汽车的电气系统结构原理

2)高压配电系统

(1)组成。高压配电系统主要由动力电池、驱动电机、电机控制器、高压配电箱、车载充电器(On-Board Charger, OBC)、维护开关、DC/DC 转换器、空调压缩机、压缩机控制器、PTC、PTC 控制器等组成,作用是将电能转换成机械能,或者整流、逆变、直流电压的变换。

动力电池是电动汽车的"心脏",为车辆所有系统提供能量。用电的时候,它也需要充电。动力电池为高压 DC,工作电压一般为 100~400 V,输出电流可达 300 A,三元锂电池是目前主流动力电池。一般来说,电动汽车动力电池组由以下几个部分组成:动力电池模块、结构系统、电气系统、热管理系统和电池管理系统。

电机控制器将高压直流电转换为交流电,并与整车上的其他模块进行信号交互,实现对驱动电机的有效控制。驱动电机将电能转换成机械能来驱动汽车。不同于传统内燃机汽车将燃油的化学能转化为机械能,其工作效率更高,可达85%以上。因此,与传统内燃机汽车相比,其能源利用率更高。

高压配电箱是整车高压电源的配电装置,类似于低压电路系统中的电气保险丝盒。配电单元 (Power Distribution Unit, PDU) 由多个高压继电器和高压熔断器组成,内部有相关芯片,实现与相关模块的信号通信,保证整车高压用电安全。

车载充电器是一种将 AC 转换成 DC 的装置。因为电池组是高压 DC 电源,用 AC 充电时,电能不能被电池组直接储存,所以需要 OBC 将高压 AC 转换成高压 DC 给动力电池充电。

维护开关在动力电池和 PDU 之间,当动力电池维修时,其可用于切断整车高压,确保维修安全。它通常也集成在 PDU 上。

DC/DC 转换器将动力电池的高压 DC 转换成整车电器所需的低压 DC,供给电池,以保持整车用电平衡。

受车辆布局影响,越来越多的车辆倾向于将 DC/DC 转换器、OBC 集成为二合一控制器,甚至将 PDU、DC/DC 转换器、OBC 集成为三合一控制器。

（2）电池的主要作用。动力电池和电池管理系统不同于传统的内燃机汽车。纯电动汽车的动力来源是动力电池，而不是内燃机。动力电池的容量直接影响整车的续驶里程，也直接影响充电时间和效率。

（3）DC/DC转换器的作用。纯电动汽车上没有内燃机，整车的电力来源是动力电池和蓄电池。由于车载电器的额定电压为低压，需要DC/DC转换器将高压DC转换为低压DC，以保持整车用电量的平衡。

3）网络控制系统

网络控制系统主要由VCU、BMS、远程管理系统（Remote Management System，RMS）、网关、CAN总线等组成。其作用是控制低压电气系统和高压电气系统。VCU主要功能如下。

（1）对汽车行驶控制的功能。

新能源汽车的动力电机必须按照驾驶员意图输出驱动或制动扭矩。当驾驶员踩下加速踏板或制动踏板，动力电机要输出一定的驱动功率或再生制动功率。踏板开度越大，动力电机的输出功率越大。因此，VCU要合理解释驾驶员操作；接收整车各子系统的反馈信息，为驾驶员提供决策反馈；对整车各子系统的发送控制指令，以实现车辆的正常行驶。功能实例如下。

①转矩需求——驾驶员驾驶意图的转换。

汽车的行驶控制功能主要是通过对驾驶员的驾驶意图和整车工况进行判断，计算出当前车辆需要的转矩，以实现驾驶员的转矩需求。具体而言，不同工况下对转矩的需求也不同，如紧急故障工况需要零转矩后切断高压，加速工况需要跟随加速踏板的转矩需求。而在能量回收工况下，需要计算出电机发电的能力，以满足驾驶员的制动需求。同时，对于零转矩工况和跛行工况，也需要进行相应的转矩控制。

②转矩限制与输出——驾驶员驾驶意图的实现。

转矩限制与输出是为了实现驾驶员的转矩需求而进行的控制。具体而言，通过对整车当前的参数和状态进行计算，确定当前车辆的转矩输出能力，然后根据车辆当前的转矩需求，计算出最终需要实现的转矩大小。转矩的限制因素主要包括动力电池的允许充放电功率、温度和SOC，驱动电机的驱动转矩/制动转矩，以及电辅助系统的工作情况等。此外，最大车速限制也会影响转矩的输出。通过对这些因素进行综合考虑和控制，可以实现车辆的转矩需求，并保证整车系统的安全和稳定运行。

（2）整车的网络管理。

在现代汽车中有众多ECU和测量仪器，它们之间存在着数据交换，如何让这种数据交换快捷、有效、无故障传输是一个问题。为了解决这个问题，德国BOSCH公司于20世纪80年代研制出了CAN总线。在纯电动汽车中，ECU比传统内燃机汽车更多、更复杂，因此，CAN总线的应用势在必行。VCU是纯电动汽车众多ECU中的一个，是CAN总线中的一个节点。在整车的网络管理（Network Management，NM）中，VCU是信息控制的中心，负责信息的组织与传输、网络状态的监控、网络节点的管理以及网络故障的诊断与处理。

①网络管理的含义：汽车系统中存在着多种ECU，这些ECU并不是孤立的，而是协同工作。既然各个ECU需要协同工作，那么它们之间就必须能够相互通信。目前各ECU之间通信的方式主要有CAN、Flexray等车载网络，还包括目前新兴的车载以太网。汽车电子系统通过车载网络对所有的ECU进行配置管理和协调工作的过程称之为网络管理。

②网络管理的功能：网络管理除了实现普通的业务数据传输之外，还承担着一项重要工作。不论是传统内燃机汽车，还是目前的新能源汽车，蓄电池的耐用性都是汽车性能的一个重要瓶颈。

通常，ECU 存在几种工作模式，如唤醒（Working）模式、睡眠（Sleep）模式、起动（Boot）模式。其中，唤醒模式为正常工作模式，耗能高；睡眠模式为待机状态，大部分功能都停止，为低功耗模式；起动模式为 ECU 刷机模式，通常用于对 ECU 进行升级。

③网络管理的过程：汽车电子系统的网络管理其实也就是一个状态机的管理。网络管理的状态总体上可以分为 3 个状态：Bus Sleep、Pre Sleep、Network。其中，Network 状态又分为 3 个子状态，分别是 Repeat Message、Normal Operate、Read Sleep。

网络管理最终要实现车上的 ECU 能够协同睡眠和唤醒，这是网络管理最重要的一点。假设车上的 ECU 都处于睡眠模式，网络上都没有报文，则没办法唤醒。所以，一般不会让所有的 ECU 都处于睡眠模式，此时会有极少数的 ECU 处于工作状态，如车身控制模块（Body Control Module，BCM），也就是说有一些 ECU 是通过 KL15 直接唤醒的，而有一些是通过 CAN 报文唤醒的。由此可以看出 ECU 的唤醒源可以以下分为两种。

主动唤醒：ECU 作为主唤醒节点，当检测到主动唤醒源输入信号（如 KL15）时主动唤醒自己，并通过发送 NM FRAME 尝试唤醒其他 ECU。

被动唤醒：ECU 作为从唤醒节点，自己不能主动唤醒自己，只能通过接收到其他 ECU 发来的 NM FRAME 来唤醒自己。

④状态释义。

Bus Sleep 状态：此状态就是休眠状态，此状态下不发送网络管理报文也不收发应用报文，一般该状态处于低功耗的状态，也就是上文提到的协同睡眠状态。当然电初始化时，也会默认进入该状态。

Pre Sleep 状态：此状态是进入休眠状态前的准备状态，此状态下一般不发送网络管理报文，也不发送应用报文，只是等待其他 ECU 一起睡眠，其实就是实现"协同"功能，也就是等一段时间让车上所有 ECU 实现一起睡眠。之所以需要 ECU 协同睡眠，主要是因为各个 ECU 处于协同工作状态，如 VCU 和逆变器，如果 VCU 不发报文了，会导致电机控制器报故障，最终就会出现误报警状态。

Network 状态：此状态就是唤醒状态，此状态下 ECU 可以进行正常通信，既可以收发网络管理报文也可以收发应用报文（包括诊断报文）。

下面解释一下 Network 状态的 3 个子状态的含义。

Repeat Message：表示重复发网络管理报文的状态。进入网络状态时，首先需要快速发送一些网络管理报文，以尽快告知车上其他 ECU 自己处于正常状态，可以进行通信了。

Normal Operation：在进入 Repeat Message 一段时间后，如果需要通信，就会跳到正常工作状态，正常工作状态会按照正常的周期发送网络管理报文，以及所有应用报文正常进行通信，可以说这个状态就是真正的唤醒状态。

Ready Sleep：从唤醒状态进入休眠时，需要进行一些准备工作，如有一些数据要存储、电机控制器检测到电机还没停下来等。因此，此状态就是用来做一些休眠前的准备工作，任何从唤醒到休眠的过程，都需要经过此状态，即睡眠前有些准备工作是必须要完成的。在此状态下其实还是能够进行通信的，只有进入 Pre Sleep 状态，才会把相应的应用报文收发关闭，以及发送网络管理报文关闭。还有一点要注意，一般网络管理报文的接收不会关闭(因为进入休眠后需要处于可唤醒状态)。

(3)制动能量回馈控制。

纯电动汽车以电机作为驱动转矩的输出机构。电机具有回馈制动的性能,此时作为发电机,利用制动能量发电,同时将此能量存储在储能装置中,当满足充电条件时,将能量反充给动力电池组。在这一过程中,VCU根据加速踏板和制动踏板的开度以及动力电池的SOC值来判断某一时刻能否进行制动能量回馈,如果可以进行,VCU向电机控制器发出制动指令,回收能部分能量。制动能量回收原理如图7-4所示。

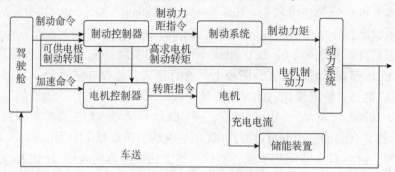

图7-4　制动能量回收原理

(4)整车能量管理和优化。

在纯电动汽车中,电池除了给动力电机供电以外,还要给电动附件供电,因此,为了获得最大的续驶里程,VCU将负责整车的能量管理,以提高能量的利用率。在电池的SOC值比较低的时候,VCU将对某些电动附件发出指令,限制电动附件的输出功率,来增加续驶里程。

整车能量管理系统的优化,电源挡位在OFF、ACC以及Start间切换,某些整车厂不使用网络管理机制,只要接收到OFF信号,所有控制器均进入睡眠模式。直接通过点火钥匙位置控制电源挡位工作原理较为简单,但各控制器的唤醒时间较长,给客户带来较差的体验。另外一种优化整车能量管理系统的方式是增加一种电源挡位机制CL30s,它是一个由网关继电器吸合从而激活的硬件开关式电源挡位状态;CL30s与点火开关无关,由控制器产生,通过ECU实现电源挡位逻辑的控制,电源挡位逻辑变化是通过依次改变钥匙位置来实现的。

在电源挡位改变为ACC、ON或者Start之前,CL30s为零部件或者ECU的运行提供一个主要的供电电压值。整车进入睡眠后的一定时间内,CL30s仍然需要为零部件提供一定的能量。从整车唤醒到电源挡位切换到OFF后的一定时间内,CL30s均供电。根据不同的需求,该电源可给控制器供电,也可以直接给负载供电。

利用CL30s来监控网络中各控制器的睡眠状态以及预唤醒状态,便于能量的合理分配,节省了部分控制器的唤醒时间,控制逻辑简单。例如,车辆在进入彻底睡眠状态后,通过打开司机侧车门从而唤醒整车信号,可通过CL30s预先给动力及多媒体起动的能量,提高了控制器开启时间,提升了用户的体验。

(5)车辆状态的监测和显示。

VCU对车辆的状态进行实时检测,并且将各个子系统的信息发送给车载信息显示系统,其过程是通过传感器和CAN总线,检测车辆状态及其各子系统状态信息,驱动显示仪表，将状态信息和故障诊断信息经过显示仪表显示出来。显示内容包括：电机的转速、车速、电池的电量、故障信息等。

（6）故障诊断与处理。

连续监视整车电控系统，进行故障诊断。故障指示灯指示出故障类别和部分故障码。根据故障内容，及时进行相应安全保护处理。对于不太严重的故障，能做到低速行驶到附近维修站进行检修。例如，帝豪 EV450 纯电动汽车某在停放一段时间后，驾驶员发现汽车无法解锁，通过机械钥匙进入后，汽车无法起动，无 ACC，无 ON 挡，无法上高压电双闪警报。初步判断，汽车车门无法解锁，车身控制系统的很多模块都能正常工作，车窗、雨刮等都正常，一键起动指示灯变黄，接下来需要对该车进行深入的排查。帝豪 EV450 车身控制系统基本诊断表如表 7-1 所示。

表 7-1　帝豪 EV450 车身控制系统诊断故障表

故障码	故障原因	诊断软件功能
B100E13	右转向灯开路或某个灯泡损坏	读版本信息
B100F13	左转向灯开路或某个灯泡损坏	读取故障码
B128229	ACC 继电器控制输出无效	清楚故障码
B128329	IGN1 继电器控制输出无效	读取数据流
B12A053	与发动机认证失败	特殊功能

车身控制器输入电路属于低压系统，在进行故障检修时，无须高压下电，但是操作时要注意安全，必要时进行低压系统下电，搭铁测试时关闭起动开关，操作严格按照作业流程进行。

（7）外接充电管理。

VCU 实现充电的连接，监控充电过程，报告充电状态，直至充电结束。

（8）诊断设备的在线诊断和下线检测。

VCU 负责与外部诊断设备的连接和诊断通信，实现 UDS 诊断服务，包括数据流读取、故障码的读取和清除、控制端口的调试等。

7.2　混合动力系统

混合动力汽车的动力系统主要由控制系统、驱动系统、辅助动力系统和电池组等部分构成。

根据混合动力驱动的联结方式，混合动力系统主要分为以下 3 类。

（1）串联式混合动力系统。其一般由内燃机直接带动发电机发电，产生的电能通过控制单元传到电池，再由电池传输给电机转化为动能，最后通过变速机构来驱动汽车。在这种方式下，电池就像一个水库，只是调节的对象不是水量，而是电能。电池对在发电机产生的能量和电动机需要的能量之间进行调节，从而保证车辆正常工作。这种动力系统在城市公交上的应用比较多，轿车上很少使用。串联式混合动力系统结构如图 7-5 所示。

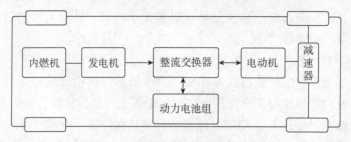

图 7-5　串联式混合动力系统结构

（2）并联式混合动力系统。其有两套驱动系统：传统的内燃机系统和电机驱动系统。两个系统既可以同时协调工作，也可以各自单独工作驱动汽车。这种系统适用于多种不同的行驶工况，尤其适用于复杂的路况。该系统结构简单、成本低。并联式混合动力系统结构如图 7-6 所示。

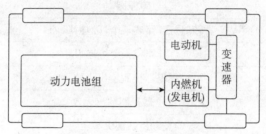

图 7-6　并联式混合动力系统结构

通用汽车公司的 Series-SHEV 结构如图 7-7 所示，此车型就采用了并联式混合动力系统。

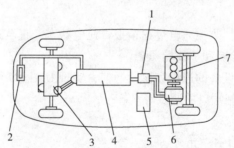

1—电流转换器；2—充电器；3—驱动电机；4—动力电池组；
5—中央控制器；6—发电机；7—发动机。

图 7-7　通用汽车公司的 Series-SHEV 结构

（3）混联式混合动力系统。此系统的特点在于内燃机系统和电机驱动系统各有一套机械变速机构，两套机构或通过齿轮系，或采用行星轮式结构结合在一起，从而综合调节内燃机与电机之间的转速关系。与并联式混合动力系统相比，混联式动力系统可以更加灵活地根据工况来调节内燃机的功率输出和电机的运转，但此系统结构复杂、成本高。混联式混合动力系统结构如图 7-8 所示。

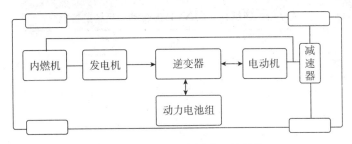

图 7-8　混联式混合动力系统结构

典型代表性是通用 VOLTEC 系统，其结构如图 7-9 所示。

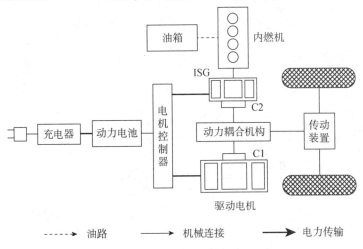

图 7-9　通用 VOLTEC 系统结构

VOLTEC 系统包括两个电机、两套行星齿轮和多组离合器，能够实现内燃机和电机的工作协同，同时实现输出轴的解耦。首先，此系统为双电机可同时驱动的系统，降低了双电机的功率；其次，两个电机的材料不同，降低了系统的体积和成本；最后，通过双排行星齿轮的组合，让系统的工作模式更加灵活。二代 VOLTEC 系统拥有两个纯电模式（单电机和双电机）和三个混动模式。这套系统通过离合器的切换，使内燃机和两个电机在同一工况下有多种选择，无论是在纯电行驶还是混动模式下，都可人为选择最小油耗工作模式。通过增加多组行星齿轮和离合器，组合出多种工况，结合电控，兼顾不同状态下的动力与节能需求。这套混动系统通过高效的动力分配，在目前各种混动系统中处于领先地位，有良好的市场前景。

根据混合度的不同，混合动力系统还可以分为以下 4 类。

（1）微混合动力系统。代表车型是 PSA 的混合动力版 C3 和丰田的混合动力版 Vitz。这种混合动力系统在传统内燃机的起动电机上加装了皮带驱动起动电机。该电机为发电起动一体式电机，用来控制内燃机的起动和停止，从而取消了内燃机的怠速，降低了油耗和排放。从严格意义上来讲，采用这种微混合动力系统的汽车不属于真正的混合动力电动汽车，因为它的电机并没有为汽车行驶提供持续的动力。在微混合动力系统里，电机的电压通常有两种：12 V 和 42 V。其中，42 V 主要用于柴油混合动力系统。通用 Saturn VUE 混合动力系统的性能如表 7-2 所示。

表 7-2　通用 Saturn VUE 混合动力系统的性能

整车性能	
城市油耗：8.71 L/100 km	高速路油耗：7.36 L/100 km
0~100 km/h 加速时间：10.55 s	
比传统 VUE 车改善 20%	
汽油发动机	
排量：2.2 L	可靠的皮带张紧系统
最大扭矩/转速：220 N·m/4 400 (r·min⁻¹)	
最大功率/转速：127 kW/6 600 (r·min⁻¹)	
改进 Lundell 电机	
最大助力功率：4 kW	发电最大功率：5 kW(电功率)
助力最大扭矩：60 N·m	质量：<12 kg
NiMH 动力电池	
额定电压：36 V	质量：<25 kg
最大放电功率：10 kW	最大充电功率：10 kW

（2）轻混合动力系统。代表车型是通用的混合动力皮卡车。该混合动力系统采用了集成起动电机(Integrated Starter Generator，ISG)。与微混合动力系统相比，轻混合动力系统除了能够实现用电机控制内燃机的起动和停止，还能够实现：在减速和制动工况下，对部分能量进行吸收；在行驶过程中，内燃机等速运转，内燃机产生的能量可以在车轮的驱动需求和电机的充电需求之间进行调节。轻混合动力系统的混合度一般在 20% 以下。轻混合动力电动汽车滑行、制动或停止时，都可以快速重启。轻混合动力电动汽车可以采用再生制动，并为内燃机提供一定程度的动力辅助，但不具有纯电动推进模式。

（3）中混合动力系统。代表车型是本田的 Insight、Accord 和 CIVIC(见图 7-10)。该混合动力系统同样采用了 ISG。与轻混合动力系统不同，中混合动力系统采用的是高压电机。另外，中混合动力系统还增加了一个功能：在汽车处于加速或者大负荷工况时，电机能够辅助驱动车轮，补充内燃机本身动力输出的不足，从而更好地提高整车的性能。这种系统混合程度较高，可以达到 30% 左右，目前技术已经成熟，应用广泛。

图 7-10　本田 CIVIC

（4）全混合动力系统。代表车型是丰田的普锐斯和 Estima。该系统采用了 272~650 V 的高压起动电机，混合程度更高。与中混合动力系统相比，全混合动力系统的混合度可以达到甚至超过 50%。全混合动力系统逐渐成为混合动力技术的主要发展方向。

以上各种不同的混合方式，都能在一定程度上降低成本和排放。各大汽车厂商在过去的十几年，通过不断的研发投入、试验总结、商业应用，形成了各自的混合动力技术之路，在市场上的表现也是各具特色。

 实践练习题

1. 简述整车控制系统的组成。
2. 简述混合动力系统的分类。
3. 简述串联式混合动力系统的基本原理。

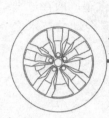

第8章
电动化部件

本章主要介绍新能源汽车上的电动化部件，包括电动空调压缩机、电辅助加热器、高压起动电机等。

学习目标

(1)了解汽车空调系统内部控制单元。

(2)了解电辅助加热器的原理。

(3)了解高压起动电机的组成。

(4)掌握助力转向系统的构成。

(5)掌握自动变速器主要部件。

8.1 电动空调压缩机

电动汽车具有结构简单、无污染、使用成本低廉的特点。在化石能源引起的环境污染问题日渐严重的情况下，电动汽车代替传统内燃机汽车是必然的趋势。压缩机是空调系统的核心，它的性能在很大程度上决定着整个空调系统的性能。

电动汽车用空调压缩机与传统内燃机汽车不同，在体积和节能方面要求更为严格，因而早期的机械式压缩机已逐渐被高效节能的电动压缩机取代。本节研究由无刷直流电机和压缩机构成的一体化电动压缩机的控制系统。主要研究工作如下：把车室温度控制系统设计成一个三环系统，它由温度外环、转速环和转矩内环组成。温度外环用于控制车室环境温度，转速环根据温度控制器的输出来控制电动压缩机电机的转速，转矩内环依据转速环中转速控制器的输出来控制电动压缩机电机的转矩。电动压缩机如图 8-1 所示。

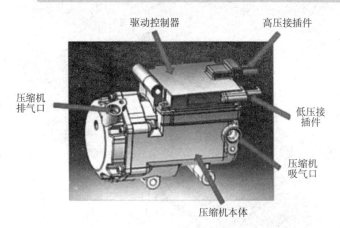

图 8-1 电动压缩机

从电气角度看，空调压缩机主要由以下几个部分组成：电动压缩机、蒸发器、控制系统(包括温度传感器、控制面板和控制模块等)、压力开关，如图 8-2 所示。

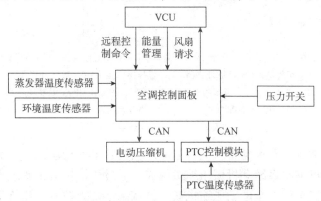

图 8-2 空调压缩机组成

非独立式空调，是指压缩机内部管路和外部连接结构与车辆发动机密不可分的一种制冷设备，其压缩机的转速依赖于发动机的运转状态。由于发动机的运转状态实时变化，因此空调压缩机的转速变化很大，制冷量随之剧烈变化，导致车室内温度时高时低。区别于汽车上传统的非独立式空调，电动空调不依赖于发动机等其他设备，其工作状态是相对独立的，即使车速变化也不影响其工作，因而制冷量维持相对恒定的状态，致使车室温度值较为平稳。它的驱动是由汽车内部的电池来解决的，电池的充放电是一个相对稳定的过程，因此这类空调被归类于独立式空调。传统内燃机汽车在燃料充足的情况下不大介意非独立式空调，它在追求速度和马力优势的同时忽略了一部分节能和舒适的要求。与传统内燃机汽车相比，电动汽车舒适节能的要求相对较高，因为电动汽车的电池非常有限，而且又不存在发动机，需要尽量简化空调系统，因此结构紧凑的电动空调成为一个不错的选择，它可以做到小型化和模块化，安装方便，运行稳定，能源利用效率高。

电动空调外部控制单元主要包含电动压缩机和电机驱动系统，内部控制单元则包括蒸发器和电机系统，如图 8-3 所示。电动压缩机作为电动汽车的核心部件，探讨其如何选型是保证电动汽车结构紧凑、质量轻、体积小必要的基础，同时关系到电动汽车一次充电后蓄电池的使用时间这个重要指标。其中，选型重点是要选择电动压缩机的种类以及配套的驱动电机类型。

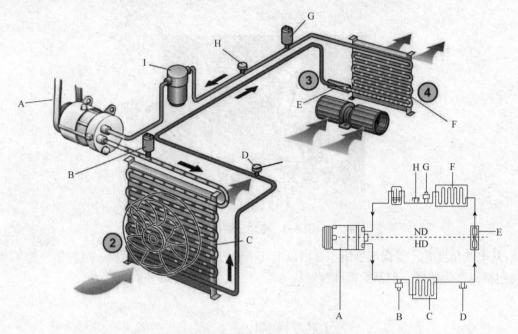

A—压缩机；B—高压传感器；C—冷凝器；D—高压维修接头；E—节流短管；
F—蒸发器；G—低压传感器；H—低压维修接头；I—液气分离器。
1—压缩，约 1.4 MPa，温度约 65 ℃；2—冷凝，约 1.4 MPa，温度降低 10 ℃；
3—膨胀，1.4~0.12 MPa，温度为-7~55 ℃；4—汽化(蒸发)，约 0.12 MPa，温度约-7 ℃。

图 8-3　内部控制单元

电动压缩机通常分为两种类型：混合驱动压缩机和全电动压缩机。混合驱动压缩机主要由蓄电池加压缩机电机系统和机械压缩机构成，通过压缩机电机系统先将电能转化为机械能，再驱动压缩机工作。全电动压缩机通过脉宽调制实现控制，相较于传统机械压缩机及混合驱动压缩机，无论是在体积、质量、安装布置，还是在可靠性上都优于前者，是电动汽车空调系统理想的压缩机型式。

8.2　电辅助加热器

电辅助加热器是一种车辆暖通系统中的辅助设备，旨在提高车内舒适度和节能效果。它通常是安装在汽车发动机冷却水回路中的一种电加热设备，通过将电能转化为热能，再将热能传递给冷却水，使得发动机在起动时能够迅速达到工作温度，减少发动机的磨损和排放污染物的产生。电辅助加热器可分为预热型和加热型两种，预热型一般用于低温环境下快速提高发动机温度，加热型则是在低速行驶或怠速状态下维持发动机的工作温度。

与传统的机械式水泵相比，电辅助加热器能够更加灵活地控制发动机温度，提高能效。同时，电辅助加热器还可以在停车状态下维持车内温度，减少起步时的冷起动时间和车内空调的能量消耗。由于电辅助加热器采用电能作为能源，因此在城市交通拥堵、怠速等情况下，其能够节约燃料消耗和减少尾气排放，具有较好的节能环保效果。为了与电动汽车的驱动系统进行连接，控制系统要有 12 V 的电源接口，同时还应满足其独立装置的要求。电辅助加热器总体原理如图 8-4 所示。

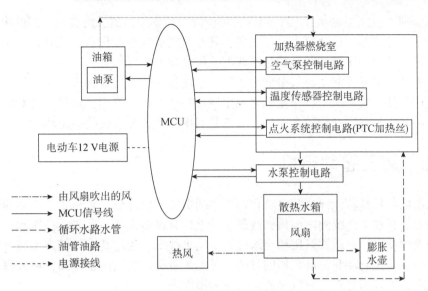

图 8-4 电辅助加热器总体原理

图 8-4 中，除了 MCU，主要的外围器件有加热器燃烧室、水泵、空气泵、油泵、散热水箱、膨胀水壶、用于点火系统的正温度系数（PTC）加热丝。大致工作原理介绍如下：电源接口接上 12 V 的蓄电池，打开控制系统总开关，给 MCU 供电；通过 MCU 的控制信号打开水泵，水路开始循环，然后同理打开油泵，油泵从油箱取油，PTC 加热丝在通电情况下发热，负责点火，最后打开空气泵，空气循环开始；PTC 加热丝通电发热产生高温，油、高温、空气三者结合，符合燃烧的条件，加热器内部燃烧室的油开始燃烧，燃烧室外面的水被加热；加热的热水经过水泵，冷水输入加热器内部，热水被水泵从加热器内部抽出，经过水路循环，到达散热水箱（如果散热水箱里面的水太多，加热膨胀的水会流出一部分到膨胀水壶里），散热水箱上装有风扇，风扇通电工作，吹出暖风，从而解决电动汽车冬季取暖问题。位于辅助加热器燃烧室壁上的负温度系数（Negative Temperature Coefficient，NTC）温度传感器，进行温度的检测，当水温达到 75 ℃，NTC 温度传感器的 A/D 采集电路，采集到此时的电压值，传递给 MCU。MCU 接收到信号并通过判定，符合关闭加热器条件，依次关闭油泵、PTC 加热丝、空气泵、水泵，结束加热。当水温低于 75 ℃ 时再次起动加热程序，开始新一轮循环，直到外部总开关将其关闭。

目前，纯电动汽车空调系统，冬季制热工况下，大部分采用 PTC 电加热器进行制热，其制热效率小于 1，空调系统的能耗大大影响了纯电动汽车的续驶里程。为了解决这个问题，工程师提出了电机主动加热功能：用电机废热加热动力电池包和座舱。另外，低温环境中，刹车工况中的能量因为电池的功率受限而无法实现有效回收，此时通过改变电机的运行工况，降低电机运行效率，将多余的能量通过电机废热的形式传递给动力电池包和座舱。电机废热的有效利用，能够有效提高纯电动汽车冬季低温工况下的续驶里程。

对于纯电动汽车而言，车上动力电池为高压电池，电加热器一般也会选择高压，因为电压高效率高，同样的电能可以更多地转化为热能。根据电加热器的工作方式还可以分成加热空气式 PTC 和加热水式 PTC。加热空气式 PTC 的原理和电热吹风机一样，而加热水式 PTC 更接近于暖气的形式。

相比较加热水式 PTC，加热空气式 PTC 具有价格低、车舱实际加热功率易控制等优点，但也具有电功率小、仅能用于车舱加热、因电阻丝发热不均匀易出现过热风和不适宜使用高压等缺点。而加热水式 PTC 则具有可设计大功率加热器、可在同一回路中满足电池和车舱加热、热风温，以及可由高压供电，具有更高的效率等优点，但是由于本身的价格较高并且电发热量与车舱实际加热量不匹配，控制略有难度。

由于电池冬季低温起动时放电能力受限，电池预热技术也被许多车企采用。目前最广泛的是使用加热水式 PTC，将车舱和电池串联在一个加热回路内，通过三通阀的切换可选择进行车舱和电池共同加热的大循环，或者是其中一个单独加热的小循环。

8.3 高压起动电机

高压起动电机是新能源汽车电动化部件中的重要组成部分，它是负责起动和驱动车辆的重要装置。相较于传统的内燃机，高压起动电机有许多优势。首先，高压起动电机具有高功率密度的特点。它通常采用稀土永磁同步电机技术，通过高速旋转产生高电压、高电流输出，达到快速起动和驱动车辆的目的。稀土永磁材料的磁能密度高，可大幅提高电机的功率密度，可以满足新能源汽车的高功率输出需求。

同时，高压起动电机的响应速度快也是其优势之一。传统内燃机需要几秒钟才能完成起动，而高压起动电机只需要几百毫秒即可完成起动，响应速度更快。这是因为高压起动电机采用的是直接驱动方式，无须像传统起动器一样通过传动装置来起动内燃机。高压起动电机还采用了先进的控制系统和调速器件，能够精准地控制电机的起动和停止，进一步提高了响应速度。

此外，高压起动电机噪声低，可以为车辆提供更为舒适的驾驶环境。传统的内燃机起动器在起动过程中会产生较大的噪声，而高压起动电机使用永磁同步电机技术，运行平稳、噪声低，不会对车内环境产生过多的噪声污染，为车内乘客提供更为安静的驾乘环境。高压起动电机还具有体积小、质量轻、效率高、寿命长等优点。由于电机体积小，质量轻，因此可以为整车提供更好的设计空间，增加车内储物空间或增加电池容量，提高车辆续驶里程。高压起动电机还可以通过电子控制技术实现对电机效率的控制，提高能源利用效率，减少能源浪费，提高新能源汽车的性能。

高压起动电机作为新能源汽车的重要组成部分，其工作原理是将电能转化为机械能，从而起动和驱动车辆。高压起动电机的内部结构包括电机、减速器和输出轴。电机通常采用交流无刷电机或永磁同步电机，可以将直流电转化为旋转力矩，如图 8-5 和图 8-6 所示。减速器则是用来将电机的高速旋转转换成车轮所需的低速高扭矩输出。输出轴则是将机械能传递到车轮上的部件。

图 8-5　交流无刷电机

图 8-6　永磁同步电机

在工作过程中，高压动力电池会向高压起动电机提供能量，将电能转化为机械能。当驾驶员按下起动按钮后，高压动力电池会向高压起动电机提供电能。高压起动电机接收到电能后，通过电机和减速器将其转化为旋转力矩，并将其传递到车轮上，从而起动和驱动车辆。具体来说，高压电力电池会向高压起动电机提供高电压直流电流。高压起动电机将这些电流传递到电机转子中，通过与定子内部旋转的永磁体产生的磁场相互作用，产生旋转力矩，使电机开始旋转。由于高压起动电机需要将高速旋转转化为低速高扭矩输出，因此需要减速器。减速器将电机的旋转力矩转换为车轮所需的低速高扭矩输出，使车辆能够起动和驱动。

　　除了将电能转化为机械能，高压起动电机还有其他的工作方式。例如，在车辆行驶时，高压起动电机可以通过回收制动能量将机械能转化为电能，并将其储存到高压动力电池中。这样，可以提高车辆的能量利用率，并延长高压动力电池的使用寿命。

　　高压起动电机内部还有一个传动系统，将电能转化为旋转动能。传动系统通常由减速器、离合器和传动轴等组成。当高压起动电机开始运转时，转子开始旋转。减速器会将电机高速旋转的输出轴减速，并将这些转速转移到传动轴上，然后离合器会将传动轴与车轮相连，从而将电能转化为机械能并驱动汽车。

　　高压起动电机的能量来自高压动力电池，这些电池通常由锂离子电池或钴酸锂电池等化学电池组成，将化学能转化为电能，然后通过 DC/AC 逆变器将电能转化为高频交流电。高频交流电进一步被变换器变换为高电压、低电流的电源，以便高压起动电机能够在起动时提供足够的电能。

　　高压起动电机的工作原理可以总结为以下几个步骤：高压动力电池提供电能，DC/AC 逆变器将电能转化为高频交流电，变换器进一步将高频交流电转化为高压、低电流的电源，电源提供电能给高压起动电机，电机内部的转子开始旋转，减速器减速旋转轴并将转速转移至传动轴上，离合器将传动轴与车轮相连，从而将电能转化为机械能并驱动汽车。

　　现在市场上出现了多种类型的高压起动电机，包括单相异步电机、三相异步电机和永磁同步电机等，它们各自有不同的特点和适用范围。

　　单相异步电机是一种较为简单的高压起动电机，通常适用于轻型电动汽车，具有成本低、结构简单等特点。它的工作原理是利用单相电流产生的旋转磁场来起动电机。这种电机的缺点是效率低，噪声大，不能应用于大型电动汽车。

　　三相异步电机则是一种效率较高、噪声较小的高压起动电机，适用于中型和大型电动汽车。它的工作原理是利用三相电流产生的旋转磁场来起动电机。这种电动机的优点是结构简单，功率密度高，可以应用于多种电动汽车。

　　永磁同步电机是一种高效率、高性能的高压起动电机，通常适用于高档电动汽车。它的工作原理是利用永磁体产生的磁场和定子产生的旋转磁场来起动电机。这种电动机的优点是功率密度高，响应速度快，噪声低，适用于高速行驶和高负载情况下的电动汽车。

　　在实际应用中，不同高压起动电机适用于不同类型的电动汽车，包括纯电动汽车和混合动力电动汽车。在纯电动汽车中，高压起动电机是唯一的驱动力源，它需要能够快速起动并提供足够的扭矩，以满足电动汽车的需求。在混合动力汽车中，高压起动电机通常用于辅助内燃机起动，也可以在电动模式下提供额外的动力。

　　因此，高压起动电机的重要性和作用不言而喻。在新能源汽车的发展过程中，高压起动电机作为核心部件之一，将发挥越来越重要的作用。未来随着新能源汽车市场的不断扩大，高压起动电机的应用也将更加广泛，其性能和技术水平也将不断提高和改进。例如，随着电池技术的发展，高压电力电池的容量和能量密度将逐渐提高，使高压起动电机能够提供更高的驱动力和续驶里程，推动新能源汽车的进一步发展。

8.4　其他电动化部件

随着新能源汽车的普及，越来越多的传统机械部件开始被电动化。其中，转向系统的电动助力转向器、自动变速器的电动冷却泵以及制动系统的电动真空泵是新能源汽车电动化部件的重要代表。它们不仅可以提高汽车的性能和安全性，还可以降低能耗和排放。

电动助力转向器是一种结合了机械和电子控制的装置，通过控制转向系统的液压泵和电机来达到转向的效果，具有转向力矩大、响应快、节能环保等优点。自动变速器电动冷却泵能够根据车速和水温自动调节冷却液的流量，降低能耗的同时提高车辆的安全性和稳定性。电动真空泵是用来提供制动助力的装置，可以在发动机停止工作时依然保持制动系统的正常运行，提高了汽车的安全性。

这些电动化部件的出现，不仅仅是为了适应新能源汽车的需求，更是为了顺应时代的潮流和未来的发展趋势。电动化部件的应用不断推进，将为新能源汽车的性能和可靠性带来更加稳定的基础，也将加速新能源汽车产业的发展进程。

8.4.1　转向系统电动助力转向器

常见的助力转向方式有机械液压助力、电子液压助力、电动助力 3 种。

机械液压助力是最常见的一种助力方式，它诞生于 1902 年，由英国人 Frederick W. Lanchester 发明，而最早的商品化应用则推迟到了半个世纪之后，1951 年克莱斯勒把成熟的液压转向助力系统应用在了 Imperial 车系上。由于技术成熟可靠，而且成本低廉，得以被广泛普及。

机械液压助力系统的主要组成部分有液压泵、油管、压力流体控制阀、V 型传动皮带、储油罐等。这种助力方式是将一部分发动机动力输出转化成液压泵压力，对转向系统施加辅助作用力，从而使轮胎转向。

电子液压助力：由于机械液压助力需要大幅消耗发动机动力，所以人们在机械液压助力的基础上进行改进，开发出了更节省能耗的电子液压助力转向系统。这套系统的转向油泵不再由发动机直接驱动，而是由电动机来驱动，并且在之前的基础上加装了电控系统，使得转向辅助力的大小不光与转向角度有关，还与车速相关。机械结构上增加了液压反应装置和液流分配阀，新增的电控系统包括车速传感器、电磁阀、转向 ECU 等。

电动助力转向系统(Electric Power Steering，EPS)是一种直接依靠电机提供辅助扭矩的动力转向系统，如图 8-7 所示。EPS 主要依靠电机提供辅助的扭矩实现车辆的助力转向。车辆扭矩传感器与转向轴连接在一起，当车辆发生旋转时，扭矩传感器检测到方向盘转向，将该转向角度传输至电控单元，最后根据车速及转向大小决定电机的旋转方向和助力电流，从而完成车辆助力转向。根据驱动电机的布置位置和方式，可以将 EPS 分为 4 种，包括转向管柱助力式、齿轮助力式、双小齿轮式和齿条助力式。其中，不同类型的车辆可以根据车辆的布置空间、车辆的载荷及所需的齿条助力大小，从中选择一种相适应的电动助力转向机来提供转向助力。

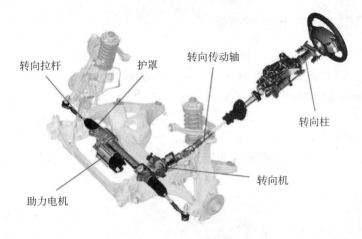

图 8-7　电动助力转向系统

EPS 主要由扭矩传感器、车速传感器、电机、减速机构和 ECU 等组成，其结构如图 8-8 所示。EPS 由电机直接提供转向助力，省去了液压动力转向系统所必需的动力转向油泵、软管、液压油、传送带和装于发动机上的皮带轮，既节省能量，又保护了环境。EPS 成了汽车转向系统的发展方向，转向助力系统从过去的液压助力转向逐渐转为电动助力转向，液压助力系统基本被淘汰。

EPS 原理是当车辆起动后系统开始工作，当车速小于一定速度（如 80 km/h），这些信号输送到控制模块，控制模块依据转向盘的扭矩、转动方向和车速等数据向伺服电机发出控制指令，使伺服电机输出相应大小及方向的扭矩以产生助力。当不转向时，ECU 不向伺服电机发送扭矩信号，伺服电机的电流趋向于 0。因此，在直行驾驶而无须操作转向盘时，将不会消耗任何发动机的动力，降低了燃油消耗。本系统提供的转向助力与车速成反比，当车速在一定速度（如 80 km/h）或以上时，伺服电机的电流也趋向于 0，所以车速越高助力越小。因此，无论在高速、低速行驶操作过程中汽车具有更高的稳定性，驾驶员自身保持均衡不变的转向力度。

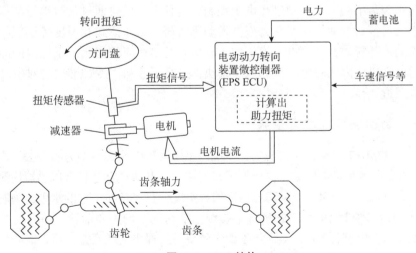

图 8-8　EPS 结构

8.4.2　自动变速器电动冷却泵

汽车自动变速器常见的有 4 种形式，分别是：液力自动变速器（Hydraulic Automatic Transmission，HAT）、无级变速器（Continuously Variable Transmission，CVT）、电控机械式自动变速器（Automated Mechanical Transmission，AMT）、双离合自动变速器（Dual Clutch Transmission，DCT）。

轿车普遍使用的是液力自动变速器，主要由液力变扭器、行星齿轮和液压操纵系统组成，通过液力传递和齿轮组合的方式来达到变速变矩。自动变速器的行星齿轮变速如图8-9 所示。

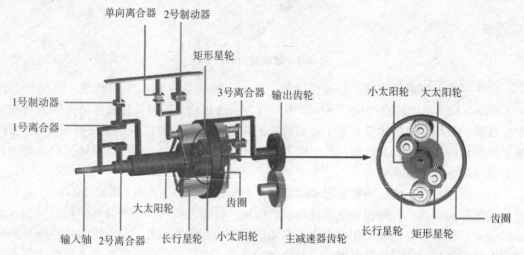

图 8-9　自动变速器的行星齿轮变速

发动机水泵对冷却液加压，强制冷却液在冷却系统中循环流动。常见的水泵安装在发动机前端，通过带传动机构进行驱动，使来自各个冷却回路部件的冷却液循环。

液力自动变速器电动冷却泵的工作原理：电子泵湿式转子电动机的输出功率由安装在电动机电路接头盖下的电子模块进行电子控制。这种电子模块通过数位串行数据接口与发动机控制单元连接。发动机控制单元根据发动机载荷、工作模式和温度传感器给出的数据来确定所需的冷却能力，并为电子模块的控制单元发出相应的指令。系统内的冷却液流过冷却液泵的电动机，因此对电动机和电子模块都进行了冷却。冷却液同时对电动冷却液泵的轴承提供润滑。

8.4.3　制动系统电动真空泵

在纯电动汽车中电机取代了内燃机，传统内燃机汽车中的真空助力器失去了真空源，无法给纯电动汽车制动系统提供助力，增加了驾驶难度。电动真空泵具有传感器检测以及逻辑判断等方面的功能，可确保真空助力器内部的真空度一直保持在一定的水平，为制动系统提供助力作用。在制动过程中，驾驶员踩下踏板，推动真空助力器前移，助力器的空气阀打开，工作腔与真空腔产生压差，从而产生助力效果。过程中消耗真空，所以需要使用电动真空泵继续产生真空，来保证制动效果。图 8-10 所示为某型纯电动汽车的制动系统布置。

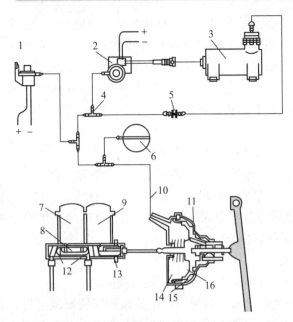

1—压力报警器；2—压力延时开关；3—电动真空泵；4—三通；5—单向阀；6—真空罐；
7—辅助储罐；8—辅助活塞；9—主储罐；10—真空软管；11—真空助力器；12—弹簧；
13—主活塞；14—前室；15—后室；16—隔膜。

图 8-10　某型纯电动汽车的制动系统布置

汽车真空助力系统受到环境条件的影响比较大。在冬季我国大部分地区气温都比较低，汽车内的燃油、起动变速器油以及水等温度都比较低，在这样的条件下如果发动机处于较大的负荷下，此时需要保持节气门全开。在这种情况下真空度为 0，不能够提供助力，因此会影响汽车制动性能，此时驾驶汽车是非常危险的。随着发动机负荷降低真空度会回升，相应的助力效果也会逐步恢复。在高原条件下，由于空气稀薄、氧气质量浓度低，因此油料燃烧时需要更多的空气来满足氧气需求，使燃料可以充分燃烧，保证汽车的动力需求。节气门全开后，真空管中的空气就不易被发动机抽取，进而会使真空度下降，影响到制动效果。相关研究表明，在青海格尔木昆仑山口处进行测试，随着汽车发动机负荷的增加真空管中的负荷甚至会为 0，真空助力器无法发挥作用，此时只能够通过加大踏板力的方式来获取足够制动力，这大大影响驾驶安全性。

电动真空泵由电机、泵腔等组成，电机接通电源，使电能转换成旋转的机械能。电机的旋转轴带动旋转器转动，旋转器中的叶片沿泵环内壁转动，由于泵环的内径是椭圆的，转动过程中两叶片组成的容积空间变化会压缩真空系统中的空气，并将其排出真空系统外，从而使真空系统形成真空，保证驾驶员在刹车时有助力效果。

电动制动真空泵 V192 固定在 ESP 总成的前面，该泵的作用是在发动机关闭期间，为制动助力器提供足够的真空力。

1）电动真空泵的控制逻辑

电动真空泵具有控制模块，可以在不和车辆 ECU 进行对话的情况下进行独立控制。当汽车起动之后，真空泵的电源就会被接通，然后电子控制模块就会进行自检，传感器会对真空罐进行检测，如果发现管内压力低于使用的需求，将会将这一信息反馈给控制模块，控制模块会起动电动真空泵，并直到真空度达到设定的最大值为止。在使用过程中如果由于制动消耗又不能够满足使用需求，电动真空泵会再次起动，并直到真空度达到设定的最大值为止。同时电动真空泵的控制模块和车辆的 ECU 是有对话功能的。真空泵控制逻辑非常复杂，其需要根据传感器获取的行车速度、真空助力器工作腔的真空度、大气压力以及制动踏板是否工作等多种信息来进逻辑判断，并对真空泵输出不同的控制逻辑要求，从而使真空泵可以在不同状态下采取针对性的动作，满足不同情况时真空助力系统的要求。

2）电动真空泵在真空助力系统中布置方式

（1）辅助电动真空泵的布置方式。发动机进气管作为主真空源，只有在其不能够提供足够的真空度时电动真空泵才运行提供辅助作用。电动真空泵和发动机进气管并联连接。

（2）独立电动真空泵的布置方式。当电动真空泵作为唯一的真空源时，其连接方式是通过管路和真空助力系统直接相连。

3）电动真空泵的安装

在进行电动真空泵的安装时应注意以下几方面问题。

（1）安装角度。安装电动真空泵时应严格地按照安装规范进行，确保安装的角度满足使用要求。同时需要注意，不能够出现电机倒置的问题，电机的轴线应与整车的坐标轴 X 轴和 Y 轴保持平行状态，如果不可避免的要存在一定的角度，也应该小于 20°。

（2）安装位置。为了使电动真空泵的作用得以充分的发挥，应保证其安装位置满足相关要求。很多真空泵的排气口是没有排水措施的，因此如果长时间的浸泡在水中就有可能出现水进行入缸体或者是电机的情况，这会造成真空泵性能下降，还会影响到其寿命，甚至直接造成真空泵无法继续使用。因此在进行真空泵的安装位置选择时，不能够选择太低的位置，通常情况下其高度应超过 500 mm。如果安装高度无法满足要求，应在进行管路设置时将出气口引高。真空泵的安装位置应尽可能的接近真空助力器，这种情况下连接管路就会更短，从而缩短了抽真空的容积，提高抽真空的效率。此外，由于电动真空泵对于保养维护的要求比较高，因此最好将其安装在容易接近的地方，从而方便对其进行维护保养。

（3）噪声要求。通常情况下，电动真空泵都是通过固定支架的方式安装在车身上的，而由于电动真空泵在运行时有一定的噪声，因此最好将其安装在离驾驶室较远的位置。同时为了降低噪声，在安装时应在真空泵的固定点处使用橡胶减振垫，从而起到降低其噪声的作用。

4）纯电动汽车的真空助力系统布置

纯电动汽车采用电动真空泵作为真空源，电动真空泵与真空助力器之间连接有真空储气罐，确保车辆的连续制动性能，并可延长电动真空泵的寿命。电动真空泵控制模块集成在整车 ECU 中，通过真空度传感器检测的真空度信号控制电动真空泵的启停。当车辆起动后，真空度传感器监测真空助力器外侧管路中的真空度，若真空度低于设定的下限值时，电动真空泵起动；达到设定的真空度上限值时，真空泵停止工作。车辆行驶过程中，驾驶员实施制动踩下制动踏板后，由于真空助力器的膜片压缩真空室，使助力系统的容积变小，根据理想气体定律，助力器及储气罐的压强变大，即真空度下降。当真空度低于电动真空泵开启的下限值时，电动真空泵起动为整车的真空助力系统提供真空。

实践练习题 ▶▶　▶

1. 简述高压起动电机的优点。
2. 常见的助力转向器有几种? 各自优缺点是什么?
3. 简述制动系统电动真空泵的功用。

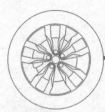

第9章
变速器

本章主要介绍各类汽车变速器。变速器可根据发动机负荷和车速等工况的变化自动变换传动系统的传动比,以使汽车获得良好的动力性和燃油经济性,并且有效地减少发动机排放污染,显著地提高车辆行驶的安全性、乘坐舒适性和操纵轻便性。

学习目标

(1)了解汽车自动变速器的功能作用和组成。

(2)了解齿轮变速器的工作原理。

(3)了解行星齿轮组变速器的组成。

9.1 变速器简介

9.1.1 变速器的功用和组成

现代汽车采用活塞式内燃机作为动力源,其转矩和转速变化范围较小,而复杂的使用条件则要求汽车的驱动力和车速能在相当大的范围内变化。为解决这一矛盾,在传动系统中设置了变速器。其功用有以下几点。

(1)改变传动比,扩大驱动轮转矩和转速的变化范围,以适应经常变化的行驶条件(如起步、加速、上坡等),同时使发动机在有利(功率较高而耗油率较低)的工况下工作。

(2)在发动机曲轴旋转方向不变的前提下,使汽车能倒退行驶。

(3)利用空挡中断动力传递,以使发动机能够起动、怠速,并便于变速器换挡或进行动力输出。

变速器是汽车传动系统中的重要部件,主要用于调节发动机输出的扭矩和转速,以满足不同速度下的行驶需求。一般来说,变速器主要由以下几个部分构成。

(1)齿轮组:齿轮组是变速器的核心部件,主要由齿轮、轴和轴承等组成。齿轮组的作用是将发动机输出的扭矩和转速通过齿轮的配比转化为车轮的转速和扭矩。

(2)液压系统:液压系统主要由油泵、液压阀和油路等组成,用于控制变速器中的摩擦片和离合器等部件的工作。液压系统的作用是将油压传递到变速器中的摩擦片和离合器等部件，从而实现换挡和调节变速器的工作状态。

（3）摩擦片和离合器：摩擦片和离合器是变速器中的关键部件，其作用是通过增加或减少齿轮间的接合面积，从而实现变速器的换挡和调节。

（4）控制单元：控制单元是变速器的智能化管理系统，主要由控制器、传感器和执行器等组成。控制单元的作用是通过检测车辆的速度、转速和油压等参数，控制变速器中的液压系统和摩擦片、离合器等部件的工作，以实现最佳的换挡和调节效果。

除此之外，变速器还包括传动轴、差速器和车轮等部件，这些部件与变速器紧密相连，共同构成了汽车的传动系统，为汽车提供动力和驱动力。

9.1.2　液力耦合器的结构原理

液力耦合器是一种利用液体的动量转换和液体压力传递来实现动力传递的机械传动装置，用于连接发动机和变速器。液力耦合器主要由泵轮、涡轮和液力传动液组成。其中，泵轮和涡轮分别安装在两个轴上，通过一定的结构连接在一起，液力传动液填充在两者之间。液力耦合器的结构如图 9-1 所示。

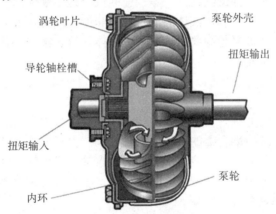

图 9-1　液力耦合器的结构

泵轮是由许多叶片构成的圆形叶轮，安装在发动机的转动轴上。当发动机转动时，泵轮也会随之旋转，把液体从泵轮中心吸入，向外侧甩出，使液体产生离心力。涡轮也是由许多叶片构成的圆形叶轮，安装在传动轴上。当泵轮把液体甩出时，液体就会击打涡轮的叶片，从而使涡轮旋转。液力传动液则填充在泵轮和涡轮之间的空间中。液力传动液有两个主要组成部分，一个是液体基础油，一个是添加剂。液体基础油是通过精选原材料加工而成的，它具有很高的黏度和化学稳定性。添加剂则是一种特殊的化学物质，它可以调节液体的流动性能，以达到液力耦合器的设计要求。

液力耦合器连接在发动机曲轴的凸缘上，固定着耦合器外壳。泵轮与耦合器外壳作刚性连接而与曲轴一起旋转，为耦合器的主动元件；涡轮与从动轴相连，为耦合器的从动元件，二者统称为工作轮。在工作轮的环状壳体中，径向排列着许多叶片。涡轮装在密封的耦合器外壳中，其端面与泵轮端面相对，二者之间留有间隙。泵轮与涡轮组装后，通过轴线的纵断面呈环形，称为循环圆。在环状壳体中存有工作液。当工作轮旋转时，其中的工作液也被叶片带动一起旋转。在离心力作用下，工作液从叶片内缘向外缘流动。因此，叶片外缘处压力较高，而内缘处压力较低，其压力差决定于工作轮的半径和转速。

由于泵轮和涡轮的半径是相等的，故当泵轮的转速大于涡轮的转速时，泵轮叶片外缘的液压大于涡轮叶片外缘的液压，工作液不仅随着工作轮绕轴线做圆周运动，并且在上述压力差作用下，沿循环圆依图9-1中箭头所示方向做循环流动。液体质点的流线形成一个首尾相连的环形螺旋线。泵轮对工作液做功，使之在从泵轮叶片内缘流向外缘的过程中，其圆周速度和动能逐渐增大；而在从涡轮叶片外缘流向内缘的过程中，其圆周速度和动能则逐渐减小。故液力耦合器的传动过程为：泵轮将发动机传来的机械能传给工作液，使其动能提高，然后再由工作液将动能传给涡轮。因此，液力耦合器实现传动的必要条件是工作液在泵轮和涡轮之间有循环流动。而循环流动的产生是由于两个工作轮转速不等，两轮叶片的外缘处产生液压差。故液力耦合器在正常工作时，泵轮转速总是大于涡轮转速。如果二者转速相等，液力耦合器则不起传动作用。汽车起步前，可将变速器挂上一定挡位，起动发动机驱动泵轮旋转，而与整车牵连的涡轮暂时仍处于静止状态，工作液立即产生绕工作轮轴线的圆周运动和循环流动。当液流冲到涡轮叶片上时，其圆周速度降低到零而对涡轮叶片造成一个冲击力，因而对涡轮作用一个绕涡轮轴线的力矩，力图使涡轮与泵轮同向旋转。对于一定的耦合器，发动机转速越大，则作用于涡轮的力矩也越大。加大发动机的供油量，使其转速增大到一定数值时，作用于涡轮上的转矩足以使汽车克服起步阻力，汽车起步。随着发动机转速的继续增高，涡轮连同汽车也不断加速。

液力耦合器的工作原理是利用液体的动量转换和液体压力传递来实现动力传递。当发动机启动后，液力传动液被泵轮抛离，形成一个液体环流。液体环流流向涡轮，涡轮转动起来，从而带动传动轴旋转。

液力耦合器的动力传递过程可以分为3个阶段：起动阶段、液力传递阶段和锁定阶段。

1）起动阶段

当发动机起动时，液力耦合器处于起动状态。此时，液力耦合器的输入轴转动，但输出轴静止不动。此时，液力耦合器的液体填充量很少，大部分液体集中在液力耦合器的外部。随着发动机的转速逐渐上升，液力耦合器的输入轴和输出轴之间的液体开始形成一个旋转的涡流，由于离心力的作用，液体会向外移动，填满液力耦合器的所有空间，使液力耦合器内部的转矩传递效率逐渐提高。

2）液力传递阶段

在液力耦合器处于液力传递阶段时，输入轴和输出轴之间的液体形成一个旋转的涡流，输出轴开始转动。此时，液力耦合器内部的液体达到最大的压缩和热量产生。由于离心力的作用，液体会形成一个凸起的液体区域，将液力耦合器分为两个区域，即泵轮和涡轮。在此阶段，液力传递效率已经接近于100%。

3）锁定阶段

当发动机的转速达到一定值时，液力耦合器进入锁定阶段。此时，液力耦合器内部的液体达到最大的压缩和热量产生。液力耦合器内部的液体不再形成旋涡，而是形成一个整体，使输入轴和输出轴之间的传递效率接近于刚性连接。在这种状态下，液力耦合器的功率损失降到最低。

9.2 自动变速器

9.2.1 自动变速器分类

自动变速器有以下两种分类方法。

（1）按传动比变化方式，汽车自动变速器分为有级式自动变速器、无级式自动变速器和综合式自动变速器3种。有级式自动变速器是指在机械式齿轮变速器的基础上实现自动控制的变速器，也称为电控机械式自动变速器。无级式自动变速器除变速器分类中所提及的电力式和动液式（液力变矩器）无级变速器之外，还有已在汽车上获得成功应用的金属带式无级式自动变速器。综合式自动变速器是指实现自动控制的液力机械式变速器，即液力机械式自动变速器。

（2）按齿轮变速系统的控制方式，汽车自动变速器分为液控液压式自动变速器和电控液压式自动变速器两种。液控液压式（简称液控式）自动变速器的结构如图9-2所示。它是通过机械的手段，在控制阀选定位置后，由反映节气门开度的节气门阀和反映车速的调速器阀把节气门开度和车速等参数转变为液压控制信号。按照设定的换挡规律，这些液压控制信号在换挡点，直接控制换挡阀进行换挡。

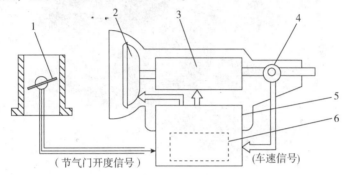

1—节气门；2—液力变矩器；3—行星齿轮变速器；4—速控液压阀；
5—液压控制系统；6—节气门阀和调速器阀。

图 9-2　液控式自动变速器的结构

电控液压式自动变速器的结构如图9-3所示，在控制阀选定位置后，通过反映节气门开度的节气门位置传感器和反映车速的车速传感器把节气门开度和车速等参数转变为电信号，并输入ECU。ECU根据这些电信号，按照设定的换挡规律控制液压阀和液压执行机构进行换挡。由于电子技术的发展，目前越来越多的汽车采用电控液压式自动变速器。

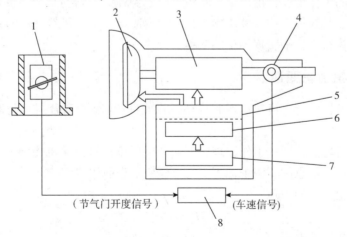

1—节气门位置传感器；2—液力变矩器；3—行星齿轮变速器；4—车速传感器；
5—液压控制装置；6—换挡阀；7—电磁阀；8—ECU。

图 9-3　电控液压式自动变速器的结构

9.2.2　自动变速器组成

现代汽车上常用的自动变速器是液力机械式自动变速器，它主要由液力传动（动液传动）系统、机械式齿轮变速系统、液压操纵系统和液压（电子）控制系统组成。前置发动机后轮驱动的某轿车的液控式自动变速器如图9-4所示，它由液力变矩器、双排行星齿轮变速机构、换挡执行机构（换挡离合器、制动器等）及液压控制系统（如控制阀、节气门的控制机构和调速器等）组成。电控液压式自动变速器也是由上述4部分组成，其中液压控制系统由电子控制系统代替。

图9-4　前置发动机后轮驱动的某轿车的液控式自动变速器

9.3　齿轮变速器

齿轮变速器按结构分类：平行轴式和行星齿轮式。

齿轮变速器的功能：速比可变、转向可逆、中断动力三大功能。

齿轮变速器的工作情况：由若干齿轮组（一般为常啮合齿轮）形成前进挡和倒挡，配之相应挡位离合器及其执行机构；液压操纵系统根据车速、负荷及驾驶员的意愿，利用各种液压控制阀及其执行机构来实现挡位的变换。

9.3.1　行星齿轮变速器

行星齿轮变速器由行星齿轮机构和换挡执行元件（如换挡离合器、制动器及单向离合器等）组成。

为了解行星齿轮变速器的工作原理，下面分析单排行星齿轮机构的运动规律。图9-5为单排行星齿轮机构示意图，图中标出了行星轮所受到的作用力。

作用于太阳轮1上的力矩

$$M_1 = F_1 r_1 \tag{9-1}$$

作用于齿圈2上的力矩

$$M_2 = F_2 r_2 \tag{9-2}$$

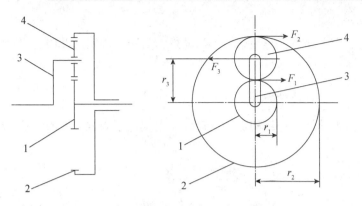

1—太阳轮；2—齿圈；3—行星架；4—行星轮。

图 9-5 单排行星齿轮机构示意图

作用于行星架 3 上的力矩

$$M_3 = F_3 r_3 \tag{9-3}$$

令齿圈与太阳轮的齿数比为 α，则

$$\alpha = \frac{Z_2}{Z_1} = \frac{r_2}{r_1} \tag{9-4}$$

因而

$$r_2 = \alpha r_1 \tag{9-5}$$

又

$$r_3 = \frac{r_1 + r_2}{2} = \frac{1 + \alpha}{2} r_1 \tag{9-6}$$

式中：r_1、r_2 为太阳轮和齿圈的节圆半径；r_3 为行星轮与太阳轮的中心距。

由行星轮 4 的力平衡条件可得 $F_1 = F_2$ 和 $F_3 = -2F_1$，因此，太阳轮、齿圈和行星架上的力矩分别为

$$M_1 = F_1 r_1 \tag{9-7}$$

$$M_2 = \alpha F_1 r_1 \tag{9-8}$$

$$M_3 = -(\alpha + 1) F_1 r_1 \tag{9-9}$$

根据能量守恒定律，3 个元件上输入和输出的功率的代数和应等于 0，即

$$M_1 \omega_1 + M_2 \omega_2 + M_3 \omega_3 = 0 \tag{9-10}$$

式中：ω_1、ω_2、ω_3 为太阳轮、齿圈和行星架的角速度。

将式(9-9)代入式(9-10)中，即可得到表示单排行星齿轮机构一般运动规律的特性方程式

$$\omega_1 + \alpha \omega_2 - (1 + \alpha) \omega_3 = 0 \tag{9-11}$$

若以转速代替角速度，则上式可写成

$$n_1 + \alpha n_2 - (1 + \alpha) n_3 = 0 \tag{9-12}$$

9.3.2 单排行星齿轮机构运动规律

由式(9-12)可以看出，在太阳轮、齿圈和行星架这 3 个元件中，可任选两个分别作为主动件和从动件，而使另一元件固定不动(即用执行元件使该元件转速为 0)，或使其运动受一定的约束(即该元件的转速为某定值)，则整个轮系即以一定的传动比传递动力。下

面分别讨论各种情况。

（1）太阳轮1为主动件，行星架3为从动件，齿圈2固定。此时，式（9-12）中 $n_2 = 0$，故传动比

$$i_{13} = \frac{n_1}{n_3} = 1 + \alpha = 1 + \frac{z_2}{z_1} \tag{9-13}$$

（2）齿圈2为主动件，行星架3为从动件，太阳轮1固定。此时，式（9-12）中 $n_1 = 0$，故传动比

$$i_{23} = \frac{n_2}{n_3} = \frac{1 + \alpha}{\alpha} = 1 + \frac{z_1}{z_2} \tag{9-14}$$

（3）太阳轮1为主动件，齿圈2为从动件，行星架3固定。此时，式（9-12）中 $n_3 = 0$，故传动比

$$i_{12} = \frac{n_1}{n_2} = -\alpha = -\frac{z_2}{z_1} \tag{9-15}$$

若使 $n_1 = n_2$，则

$$n_3 = \frac{n_1 + \alpha n_1}{1 + \alpha} = n_1 = n_2 \tag{9-16}$$

在 $n_1 = n_3$ 或 $n_2 = n_3$ 时，同样可得 $n_1 = n_2 = n_3$。故知：若使三元件中的任何两个元件连成一体转动，则第三元件的转速必然与前两者转速相等，即行星齿轮系中所有元件（包括行星轮）之间都没有相对运动，从而形成直接挡传动，传动比 $i = 1$。如果所有元件都不受约束，即都可以自由转动，则行星齿轮机构完全失去传动作用。由多排行星齿轮机构组成的复合式行星齿轮变速器，其传动比可根据上述单排行星齿轮机构特性方程式推导出来。

9.3.3 复合式行星齿轮机构运动规律

单排行星齿轮机构所提供的适用传动比数目有限，为获得较多的挡数，可采用两排或多排行星齿轮机构。一般具有三四个前进挡的自动变速器至少需要两排行星齿轮机构。在现代汽车的自动变速器中，广泛采用两种典型的复合式行星齿轮机构：辛普森式和拉威罗式。

下面对辛普森式行星齿轮机构作简要介绍。

辛普森式行星齿轮机构是由两排行星齿轮机构共用一个太阳轮组成的复合式行星齿轮机构。前后排行星齿轮机构的尺寸或齿轮齿数不必一定相同。其尺寸和齿轮的齿数决定了复合行星齿轮机构所实现的实际传动比。辛普森式行星齿轮机构有4个换挡执行元件：两个离合器 C_1、C_2 和两个制动器 B_1、B_2。每接一个挡位需要操纵两个执行元件。根据单排行星齿轮机构的一般运动规律的特性方程式（9-12），可以写出辛普森式行星齿轮机构的运动规律

$$n_{B_1} + \alpha n_2 - (1 + \alpha)n_{B_2} = 0$$
$$n_{B_1} + \alpha n_S - (1 + \alpha)n_2 = 0 \tag{9-17}$$

$$n_{C_1} = n_1 - n_S$$
$$n_{C_2} = n_1 - n_{B_1} \tag{9-18}$$

式（9-15）、式（9-16）表示离合器的两构件的运动方程式。当离合器完全接合时，n_{C_1} 或 n_{C_2} 等于0，表示与其相连接的两构件转速应相等。

辛普森行星齿轮机构具有 3 个自由度,因为构件数为 7 个(1、2、B_1、B_2、C_1、C_2、S),而计算方程式有 4 个,因此每挂一个挡需要同时使用两个执行元件(如离合器、制动器等)。

9.3.4　平行轴变速器

平行轴变速器是一种常见的机械式变速器,由输入轴和输出轴平行布置的一种传动装置。在汽车中,平行轴变速器通常被用于手动变速器和一些自动变速器中。

平行轴变速器的主要部件包括齿轮、轴承、同步器、换挡杆等。齿轮是平行轴变速器中最重要的部件之一,它们被安装在输入轴和输出轴上,通过啮合来传递动力。同步器的作用是使齿轮在换挡时平稳过渡,避免啮合不良或磨损,从而保护变速器和提高驾驶舒适性。

平行轴变速器的工作原理基于齿轮啮合的基本原理。当驾驶员选择不同的挡位时,变速器的齿轮组合会发生变化,以改变输出轴的转速和扭矩。例如,在低挡位时,输入轴和输出轴的齿轮比例较小,可以提供更大的扭矩输出,适用于低速行驶或爬坡;而在高挡位时,齿轮比例较大,可以提供更高的转速和更好的燃油经济性,适用于高速巡航。

在平行轴变速器中,换挡杆是用于选择不同挡位的控制杆。当驾驶员改变换挡杆的位置时,变速器的离合器会被激活,以便断开输入轴和输出轴之间的连接,并且齿轮会被同步器平稳地换入或换出,从而实现挡位的切换。

总之,平行轴变速器是汽车传动系统中的重要组成部分,通过不同齿轮组合的变换,实现驾驶需求的调节,从而提高车辆的性能、燃油经济性和驾驶舒适性。

🚗 实践练习题 ▶▶ ▶

1. 简述自动变速器的类型和组成。
2. 简述行星齿轮变速器的组成及各部件工作原理。

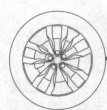

第10章
CAN 通信数据总线与
智能网联

本章主要介绍 CAN 通信数据总线（简称 CAN 总线），比较说明 CAN 总线的优越性；以混合动力电动汽车与纯电动汽车的网络总线为典型进行详细讲解，分别阐述说明不同车型的数据总线组成结构，介绍各单元部件之间的作用与联系；对智能网联进行综合说明，对当前国内外对智能网联的研究现状与关键性挑战进行阐述。

学习目标

(1) 了解 CAN 总线与智能网联。
(2) 理解 CAN 总线的优越性。
(3) 掌握 CNA 总线组成结构。
(4) 理解 CAN 节点连接发送信号。
(5) 了解智能网联发展现状。

10.1　CAN 总线简介

10.1.1　发展历史

现代汽车不仅作为交通工具，还承担着越来越多的功能。现代科技已将网际网络、无线连接、个人通信电子装置、娱乐设备等整合到汽车内部，为乘客提供了前所未有的便利，而这一切的实现都依赖于汽车电子技术。

现代汽车电子技术的发展主要分为以下几个阶段。

(1) 电子管时代：20 世纪 50 年代，人们开始在汽车上安装电子管收音机，这是电子技术在汽车上应用的雏形。1959 年晶体管收音机问世后，很快在汽车上得到了应用。

(2) 晶体管时代：20 世纪 60 年代初，汽车上开始应用硅整流交流发电机和晶体管调节器。20 世纪 60 年代中期，利用晶体管的放大和开关原理，开始在汽车上采用晶体管电压调节器和晶体管点火装置。但电子技术更多地应用在汽车上是 20 世纪 70 年代以后，主要解决汽车的安全、节能和环保三方面问题。进入 20 世纪 70 年代后期，电子工业有了长足的发展，特别是集成电路、大规模集成电路和超大规模集成电路技术的飞速发展，使得微控制器在汽车上得到广泛的应用，给汽车工业带来了划时代的变革。

（3）集成电路时代：20 世纪 90 年代，汽车电子进入了其发展的第三个阶段，这是对汽车工业化的发展最有价值、最有贡献的阶段。集成电路技术所取得的巨大成就使汽车电子前进了一步，更加先进的微控制器使汽车具有智能，能进行控制决策。这样不仅在节能、排放和安全等方面提高了汽车的性能，同时也提高了汽车的舒适性。

（4）网络化综合技术时代：目前汽车技术已发展到第四代，即包括计算机技术、综合控制技术、智能传感器技术等先进汽车电子技术。以微控制器为核心的汽车 ECU 已不再是通过传统的线束连接起来，而是通过汽车电子网络系统连接，实现了通信与控制的网络化管理。

近十几年来，CAN 总线技术的引入也是汽车电子技术发展的一个里程碑。20 世纪 90 年代以来，以 Internet 为代表的计算机网络获得了飞速的发展。可以毫不夸张地说，计算机网络正逐步渗透到工作和生活的每一个领域。计算机网络把多种形式的计算机用通信电路连接起来，并使其能够互相进行信息交换。

10.1.2　车载网络信号的编码方式

数据编码是指通信系统中以何种物理信号的形式表达数据。目前在汽车网络中常用的编码方式有：不归零编码、曼彻斯特编码、可变脉宽调制（Variable Pulse Modulation，VPW）编码、脉冲宽度调制编码等。常用不同编码方式对比如图 10-1 所示。

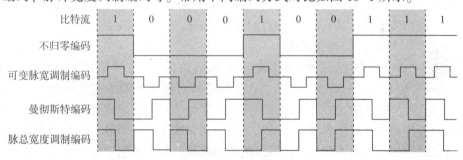

图 10-1　常用不同编码方式对比

1）不归零编码

不归零编码在一个比特时间内电平保持不变，这种编码方式容易实现。缺点是：存在直流分量，传输中不能使用变压器；不具备自同步机制，传输时必须使用外同步。奔驰、大众等公司采用不归零编码。

2）曼彻斯特编码

在该编码方式中，将时间划分成等间隔的小段，每个小段代表一个比特。同时，每个小段时间又分成两半，前半段表示所传输比特值的反码，后半段表示传输比特值本身。因此，在一个比特的时间段的中心点上总有一次电平转变，所以和脉冲宽度调制编码一样，此类编码也不需要传输同步信号。法国雷诺、标致、雪铁龙公司的 VAN 协议采用曼彻斯特编码。

3）可变脉宽调制编码

在该编码方式中，每位数据由两个连续跳变的时间和电平共同决定，并且两位连续比特的电平是不相同的。假定 J1850 定义的 VPW 波形，当传输速率为 104 kbit/s 时，逻辑

"1"定义为，在总线上低电平持续 128 μs 或高电平持续 64 μs；与此相反，逻辑"0"为总线上高电平持续 128 μs 或低电平持续 64 μs。通用公司的 DLCS 协议采用 VPW 编码。

10.1.3 车载网络的介质访问控制

车载网络的介质访问控制方式主要有以下 5 种：载波监听多路访问/冲突检测、载波监听多路访问/冲突解决、主从访问控制方式、令牌访问控制方式以及时分多路访问等。

1）载波监听多路访问/冲突检测

载波监听多路访问/冲突检测（Carrier Sense Multiple Access/Collision Detection，CSMA/CD）方式对总线上的任何节点都没有预约发送时间，节点的数据发送是随机的，必须在网络上争用传输介质，故又称为争用技术。若同一时刻有多个节点向总线发送信息，就会引起冲突。为了避免冲突，每个节点在发送信息前都要监听总线上是否有信息在传送，这就是载波监听。载波监听的控制方案是"先听再讲"。一个节点要发送消息，首先要监听总线，检测总线上是否有其他节点正在发送消息，总线空闲则发送，总线忙则等待一段时间后再重发。在监听总线状态后，可以选择不坚持、1-坚持或 P-坚持 CSMA 坚持退避算法进行重发。由于传输线上不可避免地存在传输延迟，可能有多个节点同时检测到总线处于空闲状态并开始发送，从而导致冲突，所以在每个节点开始发送消息后，还要继续监听电路，判断是否有其他节点正在与本节点同时发送消息，一旦发现有便停止发送，这就是冲突检测。CSMA/CD 方式已经广泛地运用于局域网中。在该介质访问控制方式中，每个节点在发送帧期间，同时有冲突检测功能，即所谓的"边讲边听"。一旦检测到冲突就立即停止发送，并向总线上发送阻塞信号，通知总线上各个节点已经发生冲突。

2）载波监听多路访问/冲突解决

与 CSMA/CD 不同的是，采用载波监听多路访问/冲突解决（Carier Sense Multiple Acess/Collision Resolution，CSMA/CR）访问控制方式可以从根本上避免冲突。尽管采用该访问控制方式时，在帧发送的开始阶段可能存在多个节点同时发送消息的情况，但是该机制可以保证经仲裁后只有优先权最高的那个节点向总线上发送消息。仲裁期间，每个发送节点将从总线上的检测到的值与自己发送的值相比较，如果不同，就立即停止发送并马上变成接收节点。实际上在汽车网络中，大多数总线是以该访问控制方式为基础的。

3）主从访问控制方式

主从访问控制方式的优点是：①实现较为简单；②主节点定时向从节点发送询问帧，所以每个节点获得总线访问权的时间基本上是确定的。缺点是：①浪费带宽；②主节点出故障将导致整个网络瘫痪。

在该访问控制方式中，主节点通过周期性地询问从节点来控制基于节点通信的总线访问权限。在轮询周期，主节点向从节点发送询问帧，相应的从节点必须以一个应答帧为响应。经过一个循环，主节点询问过所有从节点后，将重新开始新一轮的询问。

4）令牌访问控制方式

CSMA 的访问控制方式中存在冲突，其原因是各个节点发送消息是随机的。为了解决冲突问题，可以采用令牌访问控制方式。令牌访问原理可用于环状网络，构成令牌环状网（Token-ring），也可以用于总线网，构成令牌总线网（Token-passing Bus）。

在令牌环状网中，每个时刻只允许一个节点发送消息。令牌在网络环路中不断地传递，只有拥有此令牌的节点才允许向网络中发送消息，其他节点仅允许接收。拥有令牌的节点发送完消息后，将令牌传递给下一个节点，如果该节点没有消息要发送，便依次将令牌传给下一个节点。因此，表示消息发送权的令牌在环状信道上不断循环。环上每个节点都有机会获得介质访问权，而任何时刻只有一个节点利用环路传送消息，从而保证环路上不会发送冲突。

令牌传递总线方式与 CSMA/CD 方式一样，可采用总线网络拓扑结构，但不同的是，前者在物理总线上由网上的各个节点按照一定顺序形成一个逻辑环，每个节点在环中均有一个指定的逻辑位置，末节点的后继节点是首节点。该总线访问控制方式从物理上看是一个总线结构的局域网，各节点共享同一个信道。但从逻辑上看，是一种环状结构的局域网，和令牌环一样，只有拥有令牌的节点才具有介质访问权。在正常运行时，节点完成发送后就将令牌传递给下一个节点。从逻辑上看，令牌是按照地址的递减顺序传递给下一个节点的，但从物理上看，带有目标地址的令牌帧广播至总线上的所有节点，当目标节点识别符合它的地址时才将该令牌接收。

5）时分多路访问

在该介质访问控制方式中，用于传输数据的周期被分成很多时间片，网络系统的各个消息按照事先规定的发送顺序，在发送周期的固定时间片内发送数据到总线上，因此各个节点访问介质的时间片是确定的。该介质访问控制方式的前提条件是每个节点的局部参考时间与统一的全局时间基准同步。在汽车网络中，时分多路访问控制方式主要用于 X-by-Wire 系统的网络协议，如 TTP、FlexRay 等。

10.1.4　汽车网络系统结构

国际上众多知名汽车公司早在 20 世纪 80 年代就积极致力于汽车网络技术的研究及应用。迄今为止，已有多种网络标准。目前存在的多种汽车网络标准，其侧重的功能有所不同，为方便研究和设计应用，汽车工程师协会（Society of Automotive Engineers，SAE）将汽车数据传输网划分为 A、B、C 3 类。

A 类是面向传感器/执行器控制的低速网络，数据传输位速率通常小于 10 kbit/s，主要用于后视镜调整，电动窗、灯光照明等控制；B 类是面向独立模块间数据共享的中速网络，位速率一般在 10~125 kbit/s 之间，主要应用于车身电子舒适性模块、仪表显示等系统；C 类是面向高速、实时控制的多路传输网，位速率在 125 kbit/s~1 Mbit/s 之间，主要用于牵引控制系统、先进发动机控制系统、防抱死制动系统（Anti-lock Braking System，ABS）等。通常，汽车网络结构采用多条不同速率的总线分别连接不同类型的节点，并使用网关服务器来实现整车的信息共享和网络管理，如图 10-2 所示。

车身系统（包括组合仪表、信号及照明灯组、四门集控锁、车窗及后视镜等）的 ECU 多为低速电机和开关量器件，对实时性要求低而数量众多。使用低速的总线连接这些 ECU。将这部分 ECU 与汽车的动力、传动等系统分开，有利于保证动力、传动系统通信的实时性。此外，采用低速总线可增加传输距离、提高抗干扰能力并降低硬件成本。

动力、传动等系统（包括发动机控制系统、防抱死制动系统等）的受控对象直接关系汽车的行驶状态，对通信实时性有较高的要求，因此使用高速的总线连接这些系统。传感器组的各种状态信息以广播的形式在高速总线上发布，各节点可以在同一时刻根据自己的需要获取信息。这种方式最大限度地提高了通信的实时性。

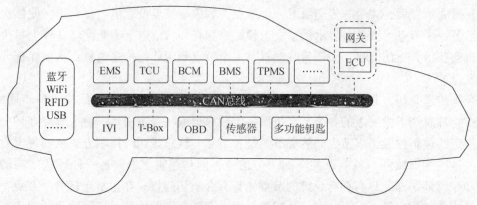

图10-2 汽车网络结构(丰田第二代 Mirai)

信息与车载媒体系统(包括数字音响系统、车载 PC、汽车导航系统及宽带无线接入网络等)对于通信速率的要求更高,一般在 2 Mbit/s 以上。采用新型的多媒体总线连接车载媒体。这些新型的多媒体总线往往是基于光纤通信的,从而可以充分保证带宽。网关是汽车内部通信的核心,通过它可以实现各条总线上信息的共享以及实现汽车内部的网络管理和故障诊断功能。

随着新技术的不断发展,在未来的汽车网络中,还将会有专门用于气囊的安全总线(Safety Bus)系统以及 X-by-Wire 系统。

10.2 CAN 总线基本原理

现代汽车的电子结构是通过几种通信系统将微控制器、传感器和执行器连接起来的技术。CAN 总线是由以研发和生产汽车电子产品著称的德国 BOSCH 公司开发的,并最终成为国际标准(ISO 11898),是国际上应用最广泛的现场总线之一。西欧、北美的 CAN 总线协议已成为汽车计算机控制系统和嵌入式工业控制局域网的标准总线,且拥有以 CAN 为底层协议专为大型货车和重工机械车辆设计的 J1939 协议。欧洲的汽车制造商从 1992 年以来,基本上采用的是 CAN 总线标准 ISO 11898,它可支持高达 1 Mbit/s 的各种通信速率。而从 1994 年以来,J1939 则广泛应用于卡车、大客车、建筑设备、农业机械等工业领域的高速通信,其通信速率为 250 kbit/s。在美国,通用公司从 2002 年开始在所有的车型上使用其专属的所谓 GMLAN 总线标准,它是一种基于 CAN 的传输速率为 500 kbit/s 的通信标准,由于其专属特性,其性能尚不明确。根据有关资料介绍,通用公司和福特公司在制定自己的乘用车高速 CAN 总线通信协议时,也是基于 CAN 2.0、ISO 11898 和 J2284 的相关内容来完成的。

上述各类基于 CAN 的高速总线标准都是采用事件驱动的协议,在消息对媒体的访问中采用非破坏性的仲裁机制,以规避总线冲突,从而保证系统的安全。正是这一安全性使其成为欧洲汽车制造商的标准,并被用于轿车、卡车和越野车(标准的扩展版与美国标准兼容,并对全球应用开放)。

CAN 2.0 技术规范是在 1991 年制定并发布的,它包括 A 和 B 两部分。2.0A 给出了曾在 CAN 技术规范 1.2 版本中定义的 CAN 报文格式(标准格式),而 2.0B 则给出了标准的和扩展的两种格式。CAN 技术规范 2.0A 和 2.0B 以及 CAN 国际标准 ISO 11898 是设计汽车高速网络系统的基本依据和基本规范。ISO 11898 对汽车 ECU 之间通信传输速率最高 1 Mbit/s 时，使用 CAN 构建数字信息交换的相关特性进行了详细规定。SAE J2284 仅相当于将 ISO 11898 的位速率设定为 500 kbit/s 进行通信应用时的特例。所以 J2284 对通信协议的规定沿袭 ISO 11898，只是在电气参数方面将 ISO 11898 中的相关内容作了适当的调整和细化，以便服务于位速率为 500 kbit/s 的应用场合。

10.2.1　汽车 CAN 总线应用

CAN 总线最初是专门为解决乘用车的串行通信而研制的。戴姆勒-奔驰公司作为较早应用 CAN 总线的汽车制造商，它使用了基于 CAN 总线的网络来连接动力系统的 ECU，公司的乘用车和卡车都采用 CAN 总线来构建其动力系统的网络。而其他欧洲汽车制造商，如奥迪、宝马、雷诺、大众、沃尔沃等公司也在其汽车网络系统上跟进采用 CAN 总线。大多数的欧洲汽车制造商也采用基于 CAN 的高速网络用于动力系统的通信，其传输速率在 125 kbit/s~1 Mbit/s 之间，网络通信中可采用适用于 ISO 11898-1、ISO 11898-2 的高速收发器。另外，汽车制造商还利用基于 CAN 的多路系统来构建车身网络，用于连接车身 ECU，其网络数据传输速率一般小于 125 kbit/s，在网络通信中可采用适用于 ISO 11898-3 的低速容错收发器。而 ISO 11898-4 对于 TTCAN 的规定则可满足 X-by-Wire 系统中对于时间触发通信的要求。欧洲所有乘用车开始全面使用基于 CAN 的故障诊断接口，而其所使用的相应故障诊断标准也已成为国际标准。该接口规范为国际标准 ISO 15765，它规定了相应的物理层、传输层、应用层以及如何使用 Keyword 2000 的服务。在所有的乘用车上都至少有一个 CAN 的节点。

乘用车 CAN 总线除了能够应用于构建连接动力系统和车身电子系统的多路网络，还应用于连接车载电子娱乐装置。根据 SAE 的分类，车载多媒体网络总线的一种选择为 IDB-C(Intelligent Data Bus-CAN)，其消息帧格式采用扩展帧格式。汽车各种基于 CAN 的网络通过网关连接在一起，在许多系统设计中，网关的功能是通过汽车仪表板来实现的。未来汽车的仪表板本身也将使用一个局部 CAN，以便连接不同的显示和控制单元。

作为汽车动力系统和车身电子系统最主要的应用网络，CAN 总线已经被欧洲汽车制造商广泛接受，同时它也正在为美国和东亚国家各汽车制造商所接受，用来构建汽车网络。虽然以往美国汽车制造商广泛使用 J1850 来构建车身网络，但目前戴姆勒-克莱斯勒、福特和通用等汽车制造商已经投入到 CAN 总线开发，而 J1850 也正被 CAN 总线所逐步取代。在东亚，丰田已经在其汽车上采用 CAN 总线连网，而其他的日本和韩国汽车制造商也正在积极跟进。

下一代的高端乘用车将会装备上百个基于控制单元的微控制器，它们大部分通过 CAN 接口连接在汽车网络上。根据 Strategy Analytics 市场研究公司公布的微控制器和汽车网络的研究表明，大多数乘用车选用 CAN 总线。美国市场 CAN 总线已取代基于 J1850 的网络。在欧洲，尽管有其他新的协议在对安全性要求严格以及多媒体领域找到立足点，但 CAN 总线仍有 88% 的市场占有率。CAN 总线以较高的可靠性和较低的价格优势，占有汽车网络的较大份额。

如今汽车通信基本上是采用 CAN 的事件触发通信形式，其仲裁机制采用的是根据标识符的优先级发送消息的方式，最高优先级的消息在发送时不受干扰。在可预见的下一代车辆系统中，一些执行关键任务的网络，如 X-by-Wire 系统，在通信服务期间需要有确定的行为，即使在总线最大负载时，与安全相关的消息的发送必须得到保证，而且当消息以高精度发送时，它必须确定可能的时间点。解决这个问题的一种途径是采用基于 CAN 的时间触发协议 TTCAN，其通信是通过一种以时间为主导的参考消息周期性发送来完成的。同时，它在系统范围内引入了一个高精度的全局网络时间，基于这个时间，不同的消息在一个基本循环内都可以分配到各自的时间窗。同典型的预定系统相比，TTCAN 有一个很大的优点，那就是在一定的仲裁时间窗内它也有可能发送事件触发协议，产生正常仲裁的时间窗允许发送自发的消息。

图 10-3 所示为汽车 CAN 系统，显示了各个子网的连接情况。基于不同的目的，各子网的要求也不同，如高速 CAN 用于动力系统的通信与控制，低速 CAN 用于车载系统的通信与控制，多媒体部分需要较宽的带宽，而 X-by-Wire 则强调容错和安全。

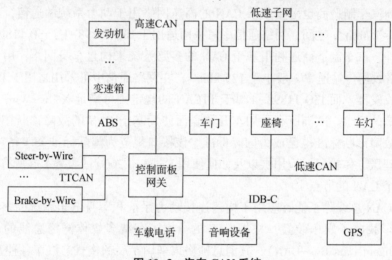

图 10-3　汽车 CAN 系统

10.2.2　CAN 的分层结构与功能

CAN 遵循 ISO/OSI 标准模型，定义了 OSI 模型的数据链路层和物理层。遵循 OSI 参考模型，CAN 的体系结构体现了相应于 OSI 参考模型的数据链路层和物理层。依照 ISO 8802-2 和 ISO 8802-3(LAN 标准)，数据链路层被细分为逻辑链路控制(LLC)和介质访问控制(MAC)；物理层被进一步细分为物理信令(PLS)、物理介质附件(PMA)和介质附属接口(MDI)。

MAC 子层的运行由一个叫作"故障界定实体"的管理实体监控，故障界定是一种能区分短期干扰和永久性故障的自校验机制(故障界定)。

物理层可由一种检测并管理物理介质故障(如总线短路或中断)的实体来监控，汽车 CAN 层级式的体系结构如图 10-4 所示。其中 MAC 子层是其核心层。MAC 子层可分为完全独立工作的两个部分，即发送部分和接收部分，其功能如图 10-5 所示。

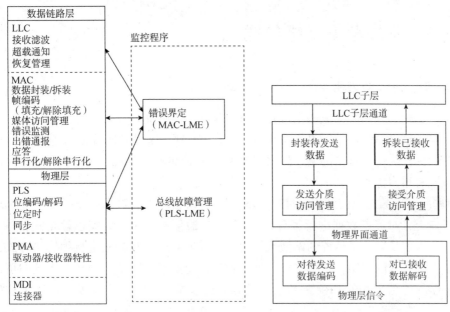

图 10-4　汽车 CAN 层级式的体系结构　　　图 10-5　MAC 子层功能

物理层是实现 ECU 与总线相连的电路，数据与介质访问管理功能如表 10-1 所示。ECU 的总数取决于总线的电力负载。CAN 能够使用多种物理介质，如双绞线、光纤等，最常用的为双绞线。信号使用差分电压传送，两条信号线被称为 CAN_H 和 CAN_L。静态时均为 2.5 V 左右，状态表示为逻辑 1，也可以叫作隐性。用 CAN_H 比 CAN_L 高表示逻辑 0，称为显性，通常电压值为 CAN_H = 3.5 V 和 CAN_L = 1.5 V。

表 10-1　数据与介质访问管理功能

发送功能		接收功能	
发送数据封装	接收 LLC 帧并接口控制信息	接收数据卸装	由接收帧中去除 MAC 特定信息
	CRC 循环计算		输出 LLC 帧和接口控制信息至 LLC 子层
	通过向 LLC 附近 SOF、RTR、保留位、CRC、ACK 和 EOF 构造 MAC 帧		
发送介质访问管理	确认总线空闲后，开始发送过程	接收介质访问管理	由物理层接收串行位流
	MAC 串行化		解除串行结构并重新构筑帧结构
	插入填充位(位填充)		检测填充位(解除位填充)
	在丢失仲裁的情况下，退出仲裁并转入接收方式		错误检测(CRC、格式校验、填充规则校验)
	错误检测(监控，格式校验)		发送内容
	应答校验		构造错误帧并开始发送
	确认超载条件		确认超载条件
	构造超载帧并开始发送		重激活超载帧结构并开始发送
	构造出错帧并开始发送		
	输出串行位流至物理层准备发送		

10.3　不同车型网络总线

10.3.1　混合动力电动汽车网络总线

电动汽车是一种高度集成的电气化系统，包括电机控制系统、电池管理系统、车载充电系统、电子辅助系统和低压电气系统等子系统。CAN总线是目前国际上应用最广泛的现场总线之一，作为串行通信网络，较之许多基于R构建的分布式系统而言，它构建的分布式控制系统有很多优越性。

（1）网络节点数据通信的实时性。CAN总线协议物理层和数据链路层的功能都可集成在通信接口上，对节点数据进行帧处理。在CAN通信协议中，数据以帧格式传输。CAN总线最显著特点是废除了传统的站地址编码，而采取对通信数据块进行编码的方式，更为先进。该编码方式的应用，使得网络节点个数在理论上不受限制，提高了系统的可靠性和灵活性。CAN总线采用的CRC检验具有错误处理功能，这在一定程度上保证了数据通信的可靠性。

（2）系统开发周期短。CAN总线连接方式通过CAN控制器的接口与收发器接口芯片连接而成。CAN控制器的输出端CAN_H和CAN_L与物理总线相连，因为CAN_H端和CAN_L端的电平信号分别只能为高电平和低电平，或者处于悬浮状态。系统出现错误，即多节点向总线发送数据时，总线会自动关闭输出功能，避免了总线短路而引起总线上某些节点被损坏的现象。另外，CAN总线协议的开发已经成熟，在系统开发阶段，直接利用它完善的通信协议，外加控制器和收发器就可以实现系统的功能，大大缩短了系统开发周期。

（3）相比其他的现场总线而言，CAN总线以其通信速率高、性价比高、易于实现等优点而一直在市场上具有强大的竞争力，它已成为工业领域里最有前途的现场总线之一。CAN总线的高性能和可靠性已被认同，并被广泛地应用于工业自动化、船舶、医疗仪器、工业设备等多个领域。

对于混合动力电动汽车，由于内燃机与电机两种动力并存，因此传统的电控系统无法实现两种动力的最佳配合。

混动力电动汽车的电控系统以CAN总线作为通信媒介，以智能化的多能源管理单元为控制核心，以5个功能相对独立的智能化节点（前舱传感器单元、室内传感器单元、电机驱动单元、电池管理单元及显示单元）为辅助节点构成网络控制系统。

以途锐混合动力电动汽车为例，当处在不同的工作模式时，必须对不同车辆系统的大量车辆信息进行搜集、评估和交换，以进行调控。除了驱动系统、舒适系统和信息娱乐系统CAN数据总线网络，途锐还使用到了底盘CAN、扩展CAN、显示CAN以及混合动力CAN。此外，还要处理来自MOST和LIN网络的信息。这些网络的公用接口就是数据总线诊断接口（网关）。途锐总线网络组成如图10-6所示。

图 10-6　途锐总线网络组成

在传动系统、底盘、车身电气系统中引入 CAN 通信系统，实现了流线型线束配置。途锐总线连接系统如表 10-2 所示。由于 CAN、LIN 与 MOST 网络这些多路通信系统彼此之间不兼容而导致无法直接通信，因此某些 ECU 模块用作网关传送数据，满足它们之间的通信要求。

表 10-2　途锐总线连接系统

总线名称	连接系统
CAN 驱动	发动机管理系统、变速箱管理系统、安全气囊系统等之间的通信
CAN 舒适	座椅记忆、牵引探测、防盗系统等之间的通信
CAN 底盘	ABS/ESP、避震器和车身高度调节、电子驻车、转向角传感器等之间的通信
CAN 扩展	空调压缩机、大灯照射范围控制、电子液压助力转向等之间的通信
CAN 显示	组合仪表、驻车辅助系统、空调控制等之间的通信
CAN 混合动力	发动机控制单元、电力电子设备、电机等之间的通信
MOST	收音机/导航系统、组合仪表、音响系统之间的通信
LIN	座椅占用识别系统、PTC 调节、鼓风机调节等之间的通信

10.3.2　纯电动汽车网络总线

纯电动汽车控制系统中，包括以下 4 个主要节点：网络主控制单元 ECU、电机控制器单元 ECU、电池管理系统单元 ECU 和 CAN 总线控制单元，其基本网络结构如图 10-7 所示。

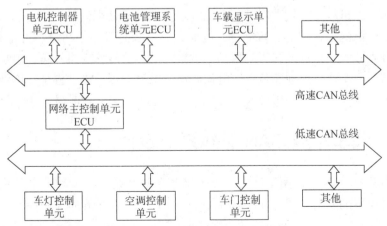

图 10-7　纯电动汽车的基本网络结构

网络主控制单元 ECU 模块起到全局的控制作用，它接收汽车传感器上的信息，并且通过 A/D 转换后发布到 CAN 总线，CAN 总线再将整车信息发布到其他各个节点，以便控制其他 ECU。最主要的功能是通过传感器输入的油门开度信号、系统当前状态以及汽车 SOC 值来计算出电机需要的给定转矩，再用 CAN 总线发布给电机控制系统，使得电机正常工作，输出车辆需要的转速。网络主控制器将负责整车的数据的发送与接收，以实现网络利用率，获得更大的行驶里程。主要表现在：当电池余量少于总电量的 10% 时，它会对空调、车窗等发出指令，限制电动附件的输出功率。电机工作的额定转速为 3 000 r/min，峰值转速为 5 600 r/min，当转速超过 5 600 r/min 时，网络主控制器将发出降低输出转矩的命令。如再上升，将封锁控制器的输出，蜂鸣器会发出报警信号，驾驶员则根据提示合理控制油门的开度，使汽车行驶具有更高的安全性。为掌握车辆的运行状况，需要将车辆数据通过组合仪表显示，以实现人机交互的目的。

电机控制器单元 ECU 主要功能是根据网络控制器给定的转矩信号作为输入，控制电机的正常运行，整个系统采用电流转速双闭环调速方式。

电池管理系统单元 ECU 是整个电动汽车的能量供给装置，电池管理系统主要给电机控制器供电，另外还给其他功率器件如空调等供电。在纯电动汽车系统中，电池除了给电机供电以外，还要给电动空调、车门、车窗、雨刮器等电动附件供电。电池余量对汽车行驶有着重要的意义。

CAN 总线控制单元主要接收来自电机控制器和电池管理系统的数据，然后在总线上发布，并将数据发送给网络控制单元。同时，接收来自网络控制单元的信号，将信号又通过总线发送给各子 ECU，完成对总线数据的实时传输、实时记录和实时监控。车载控制子系统都通过 CAN 总线来传输数据，实现数据的交换，并合理分配数据字节空间，保证了数据帧中有效信息的比例。其中，CAN 网络通信系统主要是将汽车车载信号作为网络节点进行分析和处理，纯电动汽车网络控制系统的 CAN 节点各节点上需发送的信号分成网络控制单元处理信号、电机控制单元处理信号、电池管理系统单元处理信号、小功率器件单元处理信号和液晶显示单元处理信号等。各单元处理信号具体包括如下。

网络控制单元处理信号：车速、电机转速、电流信号、电压信号、母线电压、电机温度、电池荷电量、电池电流、电池电压、电池充放电状态、门窗、灯光、空调等。电机控制单元处理信号：车速、电机转速、电流信号、电压信号、电机温度、母线电压、电机起动、电机停止、电机故障、钥匙门等。电池管理系统单元处理信号：电池总电压、电池电流、电池电压、电池温度、电池荷电量、电池充放电状态等。小功率器件单元处理信号：门窗开关、灯光开关、空调开关等。液晶显示单元处理信号：电机转速、电机温度、电流信号、电压信号、车速、电池总电压、电池电流、电池电压、电池温度、电池荷电量、电池充放电状态、电池故障、门窗开关、灯光开关、空调开关、液晶显示开关等。

10.4　汽车车身 CAN 总线系统设计

现代汽车系统 CAN 总线用于动力系统子网和车身系统子网，其中车身系统子网属于低速网络，对控制的实时性要求相对较低。车身控制包括以下部件的控制：门锁、后视镜、玻璃升降器、灯、座椅、车内空调、雨刷等。整个车身网络包含的部件较多，本节以中央控制器模块和 4 个门控制模块为例介绍采用分布式控制系统的汽车车身 CAN 总线系统的设计。

10.4.1　汽车网络 V 型开发流程

随着 CAN 总线技术在汽车中的广泛使用，CAN 总线开发流程及开发方法也日益成为关注的重点。基于开发验证思想的 V 型开发流程被广泛用于 CAN 总线的开发过程，如图 10-8 所示。

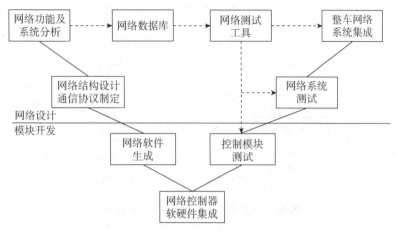

图 10-8　汽车网络 V 型开发流程

汽车网络的开发包括两个部分，一是网络系统设计，二是具体实现。具体实现是指具体的软/硬件的实现，相比具体实现而言，更重要的是网络系统设计，整个设计流程遵循 V 型方式。根据流程，在进行系统设计时首先要分析 CAN 总线系统功能、定义系统需求，并进行系统构架设计及仿真，然后制定整车网络通信与控制协议。根据车载网络中各系统的特点，零部件供应商结合节点 ECU 的需求并进行节点设计，包括网络通信软件的设计、节点 ECU 硬件设计，最后进行软硬件系统集成，对 ECU 进行测试验证。供应商将所设计的节点 ECU 提供给 OEM 厂商，由 OEM 厂商对 CAN 总线系统进行测试认证与集成后，才能形成最终的产品。在开发的过程中，电子网络是纲，节点 ECU 是目，纲举目张，网络的架构串联起各个模块的功能，构成整车的控制与通信功能；网络电气架构也在一定程度上决定了零部件与整车网络系统的成本，同时也决定了整车网络开发的难易程度及时间周期，因此好的设计方法往往起到事半功倍的效果。

在 V 型开发流程中，测试始终是一个很重要的环节，这样可保证在开发过程中能随时发现设计问题。供应商在节点 ECU 开发的最后阶段，需要对所开发的 ECU 进行验证，检查所开发的产品是否符合所需的设计规范，即是否正确地做了产品，而 OEM 厂商在获得供应商提供的各个节点 ECU 后，进行系统集成，需要对 CAN 总线系统进行测试与确认，检查是否符合原始的需求，是否设计了正确的产品。

10.4.2　车身 CAN 总线系统拓扑结构

车身控制模块功能包括中央控制模块和 4 个门控制模块。5 个模块之间采用传输速率为 62.5 kbit/s 的低速 CAN 总线通信。另外，可以通过独立的或集成在仪表模块中的网关，将车身控制模块系统连接到高速的动力传动总线，从而获得车速信号、发动机转速信号和安全气囊触发信号；或者直接从仪表模块获得车速信号、发动机转速信号，从碰撞传感器获得碰撞信号，从变速器获得挡位信号。使用总线连接可实现一些智能化的控制：当空调打开后或遥控闭锁后，车身控制系统自动将所有车窗升到顶；车速超过设定时速时，自动将车门锁定；一旦发生碰撞事故，在气囊打开的同时解锁所有车门，便于车内驾乘人员逃生。车身 CAN 总线系统拓扑结构如图 10-9 所示。

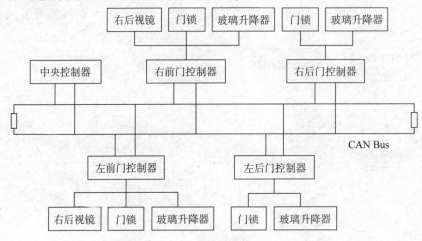

图 10-9　车身 CAN 总线系统拓扑结构

10.4.3　车身网络系统通信协议

网络通信协议是对汽车各 ECU 之间构建数字信息交换的相关特性进行了详细的规定。通常情况下需要对网络系统的拓扑结构、网络控制器节点进行定义，同时定义硬件接口、连接器机械及电气特性等内容。在协议中要对传输的数据及信号进行详细的定义。

对于汽车而言，基于其安全性与可靠性的要求，除正常通信协议以外，还必须有故障诊断协议、网络管理协议，以及供零部件和整车网络系统调试用的网络系统标定协议等内容，这样才能够较全面地实现整车的网络通信与控制功能。由于车身系统传输的信号多为状态信号，在满足系统功能的情况下，对 5 个控制器节点的通信内容进行了定义，以便了解协议的制定方法。在汽车网络通行协议的制定中，卡车及大客车等通常均使用 29 位标示符的帧格式，而轿车多采用 11 位标示符的帧格式。采用 11 位标示符来定义通信报文时，以十进制表示。而各控制节点的报文以 50 ms 的通信周期发送到总线进行数据交换。

1. 中央控制器状态与命令帧

标识符为 769，传输速率为 62.5 kbit/s。帧长度为 8 B，传送时间间隔为 50 ms，其信号名称包括控制器故障、总线故障、睡眠请求、进入睡眠请求、中央集控状态、发生碰撞、行李箱状态信号、开/闭门锁信号、点火开关接通/断开信号、车速≥15 km/h、电机堵转信号、变光信号。

2. 左前门控制器状态与命令帧

标识符为 770，传输速率为 62.5 kbit/s。帧长度为 8 B，传送时间间隔为 50 ms，其信号名称包括控制器故障、总线故障、睡眠请求、进入睡眠请求、中央集控状态、左前门状态信号、电动摇窗机状态、中央集控车内操作开关、开/闭门锁信号、点火开关接通/断开信号、电机堵转信号、童锁按钮按下/释放信号、右前玻璃自动下降、右前玻璃下降、右前玻璃自动上升、右前玻璃上升、后视镜调节、后视镜选择、左后玻璃手动下降、左后玻璃手动上升、左后玻璃自动下降、左后玻璃自动上升、右后玻璃手动下降、右后玻璃手动上升、右后玻璃自动下降、右后玻璃自动上升。

3. 右前门控制器状态与命令帧

标识符为 771，传输速率为 62.5 kbit/s。帧长度为 4 B，传送时间间隔为 50 ms，其信号名称包括控制器故障、总线故障、睡眠请求、进入睡眠请求、中央集控状态、右前门状态信号、电动摇窗机状态、开/闭门锁信号、电机堵转保护。

4. 左后门控制器状态与命令帧

标识符为 772，传输速率为 62.5 kbit/s。帧长度为 4 B，传送时间间隔为 50 ms，其信号名称包括控制器故障、总线故障、睡眠请求、进入睡眠请求、中央集控状态、左后门状态信号、电动摇窗机状态、电机堵转保护。

5. 右后门控制器命令状态参数组

标识符为 773，传输速率为 62.5 kbit/s。帧长度为 4 B，传送时间间隔为 50 ms，其信号名称包括控制器故障、总线故障、睡眠请求、进入睡眠请求、中央集控状态、右后门状态信号、电动摇窗机状态、电机堵转保护。

10.5　智能网联

10.5.1　概　述

智能网联汽车(Intelligent Connected Vehicle，ICV)通过配备传感器、控制器等设备，依靠车辆间通信技术，可以实现车辆之间，车与路、人、云端之间等信息的动态实时交互，是具有广阔发展前景的新生代汽车。ICV、车联网(Vehide to Everything，V2X)、智能汽车、智能交通系统(Intelligent Transpotration System，ITS)等概念之间的关系如图 10-10 所示。其中，智能汽车属于 ITS 的一部分，V2X 与 ITS 的交集包含 ICV。

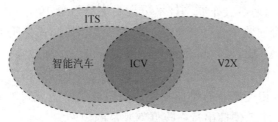

图 10-10　智能网联汽车等概念之间的关系

ICV 对环境感知检测、自主决策、信息安全等多领域有推动作用。就环境感知检测而言，为了能够满足自动驾驶发展的需要，"深度学习"方法迅速发展并被广泛用来识别传统算法难以识别的目标物体。为解决单一传感器感知能力有限的问题，多源信息融合、高精度地图等丰富了车辆环境信息。就自主决策技术而言，为了针对不同的工况制订相应的决策，除了常用的状态机、决策树等，深度学习也成为热门技术。就信息安全技术而言，为了防止间谍黑客等攻击，从数据存储、传输、应用 3 个方面建立数据安全体系。此外，就控制执行技术而言，为了控制车辆行驶的速度和方向，进行速度跟踪和轨迹规划，模型预测控制、模糊控制等控制算法在协同控制领域得到了广泛应用。就人机共驾而言，构建将传统动力学系统和驾驶行为识别、车辆轨迹预测结合的动力学和运动学双重安全包络控制系统，是提升人机共驾系统稳定性和安全性的关键。就通信技术而言，为了通过无线通信技术使车载单元获得有效可靠的自身以及周边环境信息，DSRC、LTE-V、NR-V2X 等标准被制定并实际落地。在"中国制造 2025"和"互联网+"战略的背景下，ICV 正逐步向自主式智能与网联式智能融合拓展。

智能汽车有自主式智能汽车和网联式智能汽车两种模式。自主式智能汽车（Autonomous Vehicle）：依靠自车所搭载的各类传感器对车辆周围环境进行感知，依靠车载控制器进行决策和控制并交由底层执行，实现自动驾驶。网联式智能汽车（Connected Vehicle）：车辆通过 V2X 通信的方式获取外界的环境信息并帮助车辆进行决策与控制。两种智能模式各自往前发展，同时也在融合，其融合的结果就是 ICV。当"智能"和"网联"一词一起出现时，"智能"一般作狭义理解，即自主式智能；当"智能"单独出现，一般作广义理解，即涵盖了"自主式智能"和"网联式智能"。

整车智能网联化技术变革包含了 3 个方面、3 个阶段。初始以驾驶员为中心的主动安全辅助阶段，接着会有以网络为中心的网联汽车阶段，再到以车辆为中心的自动驾驶阶段。

对于智能化汽车的分级标准，多采用的是由 SAE 制定的标准。L0 级：车辆没有任何辅助系统，驾驶员需要全神贯注，手眼并用进行驾驶；L1 级：车辆具有横向或纵向的车辆辅助系统，在驾驶过程中，驾驶员仍要集中注意力，做到手眼并用；L2 级：车辆具有横向或纵向的车辆辅助系统，驾驶员仍需要观察环境变化，但是可以临时解放手和眼；L3 级：车辆在遇到紧急情况下时会向驾驶员发出接管请求，驾驶员全程需要具有接管意识，可以解放手和眼；L4 级：车辆在紧急情况下可以自己进行处理，此时不会向驾驶员发出请求，驾驶员不需要具有接管意识，可以解放双手和大脑；L5 级：车辆可以完全实现自动驾驶功能，车辆不需要驾驶员参与，并且不需要方向盘，制动、油门踏板与后视镜。

无人驾驶的现实意义可以在以下多个方面得到有效的表现。道路安全：交通事故率可降低到目前的 1%；出行效率：车联网技术可提高道路流量 10%，协同式自适应巡航控制占市场份额 90% 时，交通效率会提高 80%；能源节省：协同式交通系统可提高燃油经济性 20% ~ 40%，高速公路编队行驶可降低油耗 10% ~ 15%；经济效益：以美国为例，自动驾驶汽车占市场份额 90% 时，每年将带来 2 000 亿美元以上的经济效益，同时将带动机械、电子、通信、互联网等相关产业的快速发展；国防意义：无人驾驶战斗车辆；生活方式：减轻驾驶负担，车辆共享，便捷出行，降低驾驶员的门槛。

在欧美车企加快民用自动驾驶技术应用的同时，中国车企也已开始涉足这一领域。现阶段国内一汽、上汽、长安、广汽、比亚迪和吉利等多家自主车企开始相继研发自动驾驶技术。清华大学、北京理工大学、同济大学、西安交通大学、合肥物质科学研究院等高校和科研机构也相继投入自动驾驶技术的研发。国内汽车厂近年来开始逐渐引进国外的汽车电子装备并开始试搭载部分智能辅助驾驶子系统。

以电动汽车为储能终端的能源互联网、汽车物联网、信息互联网将会相互融合，也就是说电动汽车将在人类历史上第一次将能源、信息、物质这 3 个基本元素全部连起来。因为电动汽车与智能电网的互动是双向的，既可以储能作为分布式的能源，也可以往电网回馈，这是第三次工业革命的一个核心支柱。

动力深度电气化、车身底盘轻量化和整车智能网联化等三大战略之间相辅相成，互为依靠。动力深度电气化和车身底盘轻量化与整车智能网联化相结合才能真正解决动力深度电气化技术带来的电池质量增加和里程限制的挑战。车身底盘轻量化和动力深度电气化与整车智能网联化相结合才能真正解决车身底盘轻量化技术的成本与碰撞安全性挑战；整车智能网联化和动力深度电气化结合才能真正解决智能化技术的底层执行机构以及传统汽车电子系统依赖国外技术的问题。

10.5.2　车载传感器

车载传感器一般具有适应性强、耐恶劣环境、抗干扰能力强、稳定性和可靠性高、性价比高、大批量生产等特点。市面上车载传感器的种类主要有车载摄像头、激光雷达、毫米波雷达、超声波传感器和车载传感器网络。

车载摄像头的工作原理：首先采集图像，将图像转换为二维数据；然后对采集的图像进行模式识别，通过图像匹配算法识别行驶过程中的车辆、行人、交通标志等；最后依据目标物体的运动模式或使用双目定位技术，以估算目标物体与本车的相对距离和相对速度。其优点主要有范围广、数据多，分辨率比较高，能够感知颜色。其缺点主要有使用环境严格，受光照、雨雾等条件影响较大。其主要的特性是在高速行驶场合能够实现识别，要求车载摄像头具有高速采集图像的特性；在较暗环境以及明暗差异较大时能够实现识别，要求车载摄像头具有高动态的特性；在非极度恶劣雨雪天气下仍然能够实现识别，要求车载摄像头具有较好的防雨雪特性。

激光雷达的工作原理：向外发射激光束，根据激光遇到障碍物后的折返时间、强弱程度等，计算目标与自己的相对距离、方位、运动状态及表面光学特性。激光光束可以准确测量视场中物体轮廓边沿与设备间的相对距离，这些轮廓信息组成所谓的"点云"并绘制出 3D 环境地图。其优点体现在激光雷达使用的是激光束定位，所以定位非常准确，可以达到厘米级别的精度；并且可以进行全天候工作，不受光照条件的限制。其缺点也十分明显，在浓雾天气下，空气中可能存在漂浮物质，如果漂浮物的直径如果比较大，可能会影响到激光雷达的准确度；一般激光雷达的价格较贵，谷歌的无人驾驶车辆使用的 Velodyne 64 线激光雷达，价格在 7 万美元以上；并且在使用过程中时刻都在产生海量的点云数据，而给出的原始数据只是反射物体的距离信息，需要对所有的点进行几何变换，且在后期处理中也要进行大量的坐标系转换等工作，这些对计算硬件提出了很高的要求。

毫米波雷达的工作频率通常选在 $30 \sim 300 \text{ GHz}$ 频域（即波长为 $1 \sim 10 \text{ mm}$）；结构简单、体积小，可以同时得到目标的相对距离和相对速度以及相对角速度信息。一般毫米波雷达的测量方式可以分为脉冲方式和调频连续波方式两种。其中，脉冲方式测量原理简单，但由于受技术、元器件等方面影响，实际应用中间很难实现。采用脉冲方式的毫米波雷达需在短时间内发射大功率信号脉冲，结构复杂、成本高。而大多数车载毫米波雷达都采用调频连续波的方式，其雷达结构简单、体积小，可以同时得到目标的相对距离和相对速度。这种雷达的优点是可测距离远；与红外激光设备相比较，具有对烟尘雨雾良好的穿透、传播特性；不受雨雪等恶劣天气的影响；抗环境变化能力也比较强。其缺点是存在定位不准确的问题，通常毫米波雷达对镜像的定位是比较准确的，但是它的侧向定位并不准确，并且会有很多的误判，分辨率低；并且存在互相干扰的问题，随着道路上装载毫米波雷达的车辆增加，相似频段的雷达信号也随之增加，雷达之间的干扰不可避免。干扰信号可以通过直线传播直接干扰，也可以经过物体反射从而间接干扰。这样的结果是大大降低了信号的信噪比，甚至会导致雷达"致盲"。

超声波雷达是一种运用超声波定位的雷达，由于检测距离比较短，通常把它布置在车身的两侧以及后端。其特点主要有以下几点：可直接测量较近目标的距离（小于 10 m）；对于色彩、光照度不敏感，适用于识别透明、半透明及漫反射差的物体；对于外界光线和电磁场也不敏感，可用于黑暗、有灰尘或烟雾、电磁干扰等恶劣环境；结构简单、体积小、成本低，且可以进行实时控制。这种传感器主要用于倒车雷达或泊车辅助等方面。

车载传感器网络由安装在移动车辆上的无线传感器节点自组织形成，它可以实现 V2V、V2I 之间的通信。在车载网络中，车辆安装了无线的车载单元，车辆通过这种设备采用短距离无线通信技术与其他车辆通信，也可以与路侧单元通信；行车记录仪：拍摄车辆附近的视频画面与动静态图像；加速度传感器：提供车辆行进时实时加速度信息；行车陀螺仪：能够灵敏感知车辆行驶方向；GPS：精准定位车辆地理位置并且测算车辆行驶实时速度；车载环境感应：探测车辆温度、湿度；车载生物探测仪：感知驾驶员生理和心理状况。

10.5.3　未来发展趋势

对于智能网联汽车而言，其总体的发展路线主要可以分为渐进式与跳跃式，渐进式表示为主机厂（以特斯拉、奥迪、蔚来等为主要代表）受现有开发体系和供应链的牵制，选择以核心技术和终端产品为主线的逐级发展路线，即从 L1 开始逐级过渡到 L5 量产。跳跃式则表示为互联网企业（以谷歌、百度为主要代表），由于没有历史包袱，且以商业模式和未来产业生态布局为着眼点，故选择与传统车厂差异化的发展路径，直接由 L4/L5 高位切入，然后不断丰富车辆驾驶场景。

从早期的美国 DARPA 挑战赛到近些年中国的智能车未来挑战赛以及世界智能驾驶挑战赛，越来越多的品牌企业、著名院校和研究机构参与到比赛中来，极大地激发了高校人才对无人驾驶技术的研究热情、推动了无人驾驶技术发展。

现阶段的应用场景可以包括高速公路自动驾驶，由于工况相对简单、障碍物类型单一、车道线等结构化特征明显，并且长途驾驶易疲劳，驾驶员对自动驾驶系统需求较强，可明显改善交通安全。

其他低速限定场景应用也较为常见，如无人物流：借助无人驾驶技术，装卸、运输、收货、仓储等物流工作将逐渐实现无人化和机器化，促使物流领域大大降低成本；公共交通：在园区、校区内应用公交车的无人驾驶系统，能及时对突发状况做出反应，可实现无人驾驶下的行人车辆检测、减速避让、紧急停车、障碍物绕行变道、自动按站停靠等功能；环卫：无人驾驶清洁车通过自主识别环境，规划路线并自动清洁，实现全自动、全工况、精细化、高效率的清洁作业；港口码头：无人驾驶技术在港口码头场景的转化应用，可有效解决传统人工驾驶时，存在的行驶电路不精准、转弯造成视线盲区、司机疲劳驾驶等问题，节约人工成本；矿山开采：无人驾驶在矿山开采中，通过技术支撑，矿山开采整体能耗下降、综合运营效益提升，提高矿区安全生产工作，加快智慧矿区的建设；零售：无人驾驶技术让零售实体店突破以往的区域限制，打破线下有形场景与线上无形场景的边界，实现零售业态的全面升级。

智能网联的重大变革将会落脚于数据上，对于汽车产业链从造车端到用车端的各个环节，既产生数据也利用数据不断地优化。汽车产业的整体价值体量将得到提升，各种新兴的商业模式将不断涌现。对于未来汽车而言，其核心竞争力包括硬件与软件两个方面。其中，硬件作为智能汽车的基础和必要条件，软件作为智能汽车的灵魂与充分条件，且软件的价值在汽车总价值中所与比例将会明显提升。同时，软件的强大必须基于优秀的硬件来实现。硬件和软件的开发是完全不同的思维逻辑，不能都用互联网思维，也不能完全不用。未来最好的汽车产品一定是软硬件相结合的。硬件设计需要有前瞻性，要能支撑软件的不断迭代升级。软件则可以迭代开发、在线升级、不断地进行完善。

🏎 实践练习题 ▶▶ ▶

1. 简述 CAN 通信数据总线的优越性。
2. 简述混动汽车网络控制系统由哪些节点构成。
3. 简述纯电动汽车基本网络结构及其功用。
4. 简述智能网联技术变革包含哪 3 个阶段。

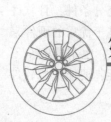

第 11 章
新能源汽车行业与电力
设备

被誉为"工业皇冠上明珠"的汽车制造业，近年来和科技产业结合越来越紧密，迎来了电动化、智能化、网联化的浪潮。同时，充电是新能源汽车补能的主流方式，也是构成新能源汽车产业的重要一环。本章简要介绍新能源汽车行业的现状及发展趋势，以及电力设备的相关知识。

学习目标

(1) 了解新能源汽车行业的现状。

(2) 把握新能源汽车行业的未来发展趋势。

(3) 了解电力设备与新能源汽车行业的关系。

(4) 把握新能源汽车配套产业链的未来发展趋势。

(5) 了解充电桩等新能源汽车基础设施的建设现状。

11.1 新能源汽车行业现状

1. 新能源汽车增速不及预期

新能源汽车的渗透率与在寒冷地区的适应性、安全性、政府补贴政策等因素都有关。气候适应性方面，当前新能源汽车在北方部分寒冷地区的适应性仍显不足，能否改进技术，吸引北方消费者，在很大程度上影响新能源汽车销售量。政府补贴方面，我国的新能源汽车购置补贴于 2022 年 12 月终止，此后上牌的车辆不再给予补贴。补贴的减少将在一定程度上影响用户的购买选择，从而导致新能源汽车增速不及预期。

2. 汽车智能化发展不及预期

智能化水平是用户选购新能源汽车的重要考量因素。智能化技术中，智能驾驶技术难度较高，发展具有一定的不确定性。在短期内 L4 级别自动驾驶难以实现，L2 或 L2+ 级别的技术具备一定可行性，但其装配率和客户对其评价水平仍有待提高。客户对智能驾驶技术的评价可能低于市场预期，从而将影响智能汽车的渗透率水平。

3. 电池技术路径的不确定性

当前电池技术仍然处于快速发展之中。单电芯层面，正极材料方面存在各类三元材料和磷酸铁锂的竞争，电解质方面存在固态电池逐渐取代电解液的潜在趋势，负极材料方面存在碳硅配比等问题，电芯的包装形式也各有优缺点。模组和电池包层面，存在 CTP、CTC 等各种不同成组技术。无论电芯层面还是模组、电池包乃至整车层面，各类技术路线的渗透率都具有一定不确定性，并且存在着被新技术颠覆的风险，因而会对产业链上的企业产生影响。

4. 动力电池上游材料涨价

当前动力电池需要大量的锂、有色金属等材料，诸多材料属于大宗商品，其价格受供需水平波动影响较大，且全球分布不均。当前锂矿价格正在上涨，随着新能源汽车渗透率提升，电池消耗量增加，对于锂矿和其他材料的需求也将增加，可能进一步推升上游材料价格，从而影响产业链中下游企业的盈利能力。

11.2　新能源汽车行业趋势

电动化、网联化、智能化、共享化正在成为汽车产业的发展潮流和趋势。新能源汽车融入新能源、新材料和互联网、大数据、人工智能等多种变革性技术，推动汽车从单纯交通工具向移动智能终端、储能单元和数字空间转变，带动能源、交通、信息通信基础设施改造跃升，促进能源消费结构优化、交通体系和城市运行智能化水平提升，对建设清洁美丽世界、构建人类命运共同体具有重要意义。在新能源汽车发展中，软件和硬件必须解耦，算力必须从分布走向集中，如特斯拉的 Model 3 率先由分布式架构转向了分域的集中式架构，这是其智能化水平遥遥领先于许多车厂的主要原因。本节对新能源汽车的域控制器、电机电控、热管理等技术进行详细的解读，以此分析新能源汽车未来行业发展趋势。

11.2.1　域控制器

域控制器的构成主要分为硬件(主控芯片等)和软件(底层基础软件，中间件以及上层应用算法)两部分。域控制器作为汽车运算决策的中心，其功能的实现主要依赖于主控芯片、软件操作系统及中间件、算法等多层次软硬件之间的有机结合。域控制器使汽车架构从分布式到集中式，并能在电动智能时代快速升级。在电子化和智能化发展的需要下，传统的分布式架构逐渐进化为域集中式架构，域控制器最早由博世、大陆、德尔福等厂商提出，通过利用处理能力更强的多核 CPU/GPU 芯片，使得域控制器可以相对集中地控制每个域，从而取代传统的分布式电子电气架构。这种架构可以将传感与处理分开，传感器和 ECU 不再一对一，管理更容易，也可以减少 ECU 的数量。适当的集成化，平台的可扩展性会更好。考虑到车身与底盘等部分的少数 ECU 对安全性可靠性要求较高，全部集成的难度较高。预计，集中架构的最终形态为一个集成了绝大多数 ECU 的中央计算平台外加少量集成难度较大的 ECU。可以将汽车电子控制系统分为车身域、驾驶域、座舱域、动力域和底盘域五域。域控制器分类如图 11-1 所示。

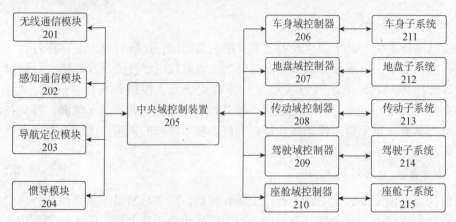

图 11-1 域控制器分类

（1）车身域：基于传统的 BCM 模块，形成车身功能和零部件的集成。传统的车身域控制器功能主要包括内/外部车灯、雨刮、车窗、车门、电子转向锁等的控制，通过 CAN/LIN 与各个小节点进行通信，节点较多，线束设计、软件控制逻辑均较复杂。车身域相当于对车身节点做了功能和零部件的集成，在传统的车身域控制器上，集成了空调风门控制、胎压监测、PEPS、网关等功能。车身相关功能集中于一个总的控制器中，包括基础驱动、钥匙、车灯、车门、车窗等多项功能，可以对各个车身电子采集到的信息进行统一的分析和处理，从而实现了对于各个车身电子进行集中控制。预计未来车身域将集成网关以及一些低等级智能辅助驾驶功能，整体 ECU 数量将进一步减少，以提升通信效率。

同样是域控制器，特斯拉的域控制器思路更为领先。举例来说，作为传统汽车供应链中最核心的供应商之一，博世是最早提出域控制器概念的企业之一。但博世的思路仍然受到传统的模块化电子架构影响，其在 2016 年提出了按照功能分区的五域架构，将整车的 ECU 整合为驾驶辅助、安全、车辆运动、娱乐信息、车身电子 5 个域，不同域之间通过域控制器和网关进行连接。在当时看来，这一方案已经能够大大减少 ECU 数量，然而用今天的眼光来看，每个域内部仍然需要较为复杂的线束连接，整车线束复杂度仍然较高。

车身域控制器位置分工如图 11-2 所示。前车身控制器位于前舱中，主要负责的功能是前车体元件控制以及主要的配电工作。该控制器离蓄电池比较近，方便取电，主要负责 3 类电子电气的配电和控制：①安全相关：i-booster、电子稳定性控制系统（Electronic Stability Program，ESP）、EPS、前向毫米波雷达等；②热管理相关：冷却液泵、五通阀、换热器、冷媒温度压力传感器等；③前车身其他功能：车头灯、机油泵、雨刮等。除此之外，它还给左右车身控制器供电，这一功能十分重要，因为左右车身控制随后还将用这两个接口中的能量来驱动各自控制的车身零部件。

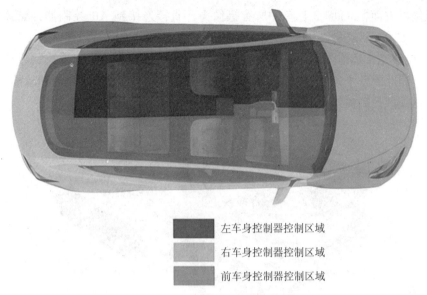

左车身控制器控制区域

右车身控制器控制区域

前车身控制器控制区域

图 11-2 车身域控制器位置分工

车身域控制器的未来走向是十分明显的,以特斯拉为例,其车身域控制器的未来走向即为更高集成度、优化布置、持续降本。早期版本的 Model S 和 Model X 并无如此集中的车身域控制器架构,但如今较新的 Model 3 和 Model Y 已经体现出集成度增加的趋势。作为第三代车身域控制器产品,Model Y 的车身域控制器已经与第一代的 Model 3 看所不同,直观上就是其元器件密度有所增加。在同样的面积下,控制器就能容纳更多元件,融合更多功能。另外,与现有的 Model 3 不同,Model Y 车身域控制器的背面也被利用起来,增加了一定数量的元器件,集成度进一步提高。集成度提高的结果就是车身电子电气架构的进一步简化,汽车电子成本的进一步降低。

(2)驾驶域:即自动驾驶域,具备多传感融合、决策控制、图像识别、数据处理、高速通信等能力,核心在于主控芯片。随着智能汽车时代的来临,自动驾驶所涉及的感知、控制、决策系统复杂性更高,并且需要更多地与其他系统进行信息的传递和控制。驾驶域具备多传感器融合、定位、路径规划、决策控制、无线通信、高速通信的能力,此外还需要外接摄像头、雷达等设备,从而完成图像识别、数据处理等功能。自动驾驶域所集成的功能基本不涉及机械部件,与座舱域交互密切,并且与座舱域一样,数据传输量较大,对时延方面有较高要求,预计未来算力需求将不断提升,同时与座舱域融合,以提升交互效率。

特斯拉的重要特色就是其智能驾驶,这部分功能是通过其自动驾驶域(Auto Pilot,AP)控制器来执行的,核心在于特斯拉自主开发的全自动驾驶(Full Self-Driving,FSD)芯片,其余配置则与当前其他自动驾驶控制器方案没有本质区别。

在特斯拉 Model 3 所用的 HW 3.0 版本的 AP 控制器中,配备两颗 FSD 芯片,每颗配置 4 个三星 2 GB 内存颗粒,单 FSD 总计 8 GB,同时每颗 FSD 配备一片东芝的 32 GB 闪存以及一颗 Spansion 的 64 MB NOR Flash 用于起动。网络方面,AP 控制器内部包含 Marvell 的以太网交换机和物理层收发器,此外还有高速 CAN 收发器。对于自动驾驶来说,定位也十分重要。因此配备了一个 Ublox 的 GPS 定位模块。

外围接口方面，Model 3 整车的所有摄像头都直接连接到 AP 控制器，与这些摄像头配合的还有 TI 的视频串行器和解串器。此外还有供电接口、以太网接口和 CAN 接口使得 AP 控制器能够正常运作。作为一款车载控制器，特斯拉的自动驾驶域控制器还考虑到了紧急情况，因此配备了紧急呼叫音频接口，为此搭配了 TI 的音频放大器和故障 CAN 收发器。自动驾驶域控制器如图 11-3 所示。

图 11-3　自动驾驶域控制器

（3）座舱域：集成 HUD、仪表、车载信息娱乐等，感知驾驶员的状态，提供个性化服务，为自动驾驶功能提供辅助。传统汽车的座舱电子呈现出分散式分布的特点，相互之间并没有多少关联性，因此无法满足多屏联动、多屏驾驶等复杂功能。随着汽车的智能化发展，座舱域将 HUD、仪表、车载信息娱乐等座舱电子集成在一起，通过对用户的"理解"，提供个性化的信息服务和娱乐服务，满足用户对舒适性的要求。此外，座舱域的车内感知能力可以有效地识别驾驶员的状态，这可以给自动驾驶的实现提供很大的帮助。HUD、仪表、车载信息娱乐是座舱域的最主要的组成部分。HUD 将把 ACC、LDW、行人识别等智能辅助驾驶功能和部分导航功能投射到挡风玻璃上。座舱域是用户体验的重要组成部分，特斯拉的座舱控制平台也在不断进化中，特斯拉 Model 3 2020 款采用的是第二代座舱域控制器（MCU2）。MCU2 由两块电路板构成，一块是主板（见图 11-4），另一块是固定在主板上的一块小型无线通信电路板。这一块通信电路板包含了 LTE 模组、以太网控制芯片、天线接口等，相当于传统汽车中用于对外无线通信的 T-box，此次将其集成在 MCU 中，能够节约空间和成本。MCU2 的主板采用了双面 PCB，正面主要布局各种网络相关芯片，如 Intel 和 Marvell 的以太网芯片，Telit 的 LTE 模组，TI 的视频串行器等。正面的另一个重要作用是提供对外接口，如 WiFi LTE 的天线接口、摄像头输入输出接口、音频接口、USB 接口、以太网接口等。

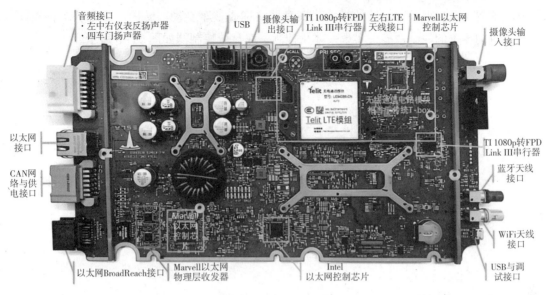

图 11-4 MCU2 主板

（4）动力域：用于动力总成的优化与控制，同时兼具电气智能故障诊断、智能节电、总线通信等功能。动力域控制器是一种智能化的动力总成管理单元，借助 CAN/FLEXRAY 实现变速器管理，还可以管理和监控车辆的电池状态和电机的输出，以满足整个车辆电气系统的需求。其优势在于为多种动力系统单元（内燃机、电动机/发电机、电池、变速箱）计算和分配扭矩。未来，动力域将有望集成热管理系统，实现动力系统性能的进一步提高。动力域控制器如图 11-5 所示。

图 11-5 动力域控制器

（5）底盘域：底盘域由传动系统、行驶系统、转向系统和制动系统共同构成。传动系统的作用在于把发动机的动力传给驱动轮；行驶系统则是把汽车的各个部分连成一个整体并对全车起到支撑的作用；转向系统的主要作用是控制车辆方向和转向，通过转向系统，驾驶员可以改变车辆的行驶方向和转向半径，从而实现车辆的转向、掉头、曲线行驶等操作；制动系统是给汽车车轮施加与汽车行驶方向相反的力，从而使汽车减速、驻车、制动。底盘域可以在传动系统、行驶系统、转向系统和制动系统中集成多种功能，较为常见的有空气弹簧的控制、悬架阻尼器的控制、后轮转向功能、电子稳定杆功能、转向柱位置控制功能等。若提前预留足够的算力，底盘域将集成整车制动、转向、悬架等车辆横向、纵向、垂向相关的控制功能，实现一体化控制。底盘域控制器如图 11-6 所示。

图 11-6　底盘域控制器

11.2.2　电机电控

不同于传统内燃机汽车，新能源汽车动力总成发生了大变革。传统内燃机汽车主要以化石能源(汽油、柴油、天然气等)作为动力来源，并以内燃机和变速箱等带动整车的运转。新能源汽车的动力核心主要来自动力电池、电机和电控；其中动力电池为整车提供动力来源，而电机电控则作为整车的动力控制系统。

新能源汽车没有变速箱，它主要通过电机控制加速、爬坡等功能，因此电控系统就担任了"变速箱"的角色，其性能直接决定最高时速、爬坡、加速等性能。目前，国内在电机电控领域的自主化程度并不高，只有比亚迪拥有电机电控核心组件，其他的大主机厂基本上都不具备完全的自主生产能力，最多也就是具备一些整车控制器与三电集成的技术。

电机电控既是动力中枢又是成本中心，它是新能源汽车的重要组成部分。以纯电动汽车为例，目前的生产成本中，电池、电机电控构成的动力总成占整车的成本比重超过50%，其中电池占成本比重接近 40%，电机电控占成本比重在 10%～15%。近年来，新能源汽车补贴减少倒逼下游整车厂商将成本向上游传导；受此影响，上游电池材料、电池制造以及电机电控等价格均出现不同程度下滑，但仍将是整车的重要成本中心。此外，电池的能量密度和带电量将会影响整车的续驶里程，而电机电控的性能和稳定性则会影响电池的转换效率、使用寿命、安全性以及整车行驶过程中的稳定性、反应速度等，因此电机电控的地位不容小觑。

以特斯拉 Model 3/Y 为例，其搭载驱动电机、电机控制器、单挡变速箱三合一驱动系统，集成度高。电机方面，标准续航版后轮搭载永磁同步电机，四驱高性能版后轮搭载永磁同步电机，前轮搭载交流异步电机，采用定子+转自复合油冷系统，Model Y 还采用扁线电机，电机功率密度较大程度改善，成本亦有降低。电控方面，Model 3/Y 搭载 SiC MOSFET，较 Model X/S Si IGBT 方案逆变器功率密度显著提高。同时，受益于驱动系统集成化提高、电机电控等关键零部件升级，Model 3/Y 驱动系统效率达 89%，较 Model S/X 提高了约 4 个百分点。特斯拉 Model 3 电驱总成如图 11-7 所示。

图 11-7 特斯拉 Model 3 电驱总成

从 Model S/X 到 Model 3，电机由感应电机转向永磁同步电机。2012 年特斯拉 Model S 上市，该车型定位高性能（197 kW），彼时大功率车用永磁电机尚未成熟。而大功率感应电机相对成熟、成本低，且不受稀土资源制约，亦无高温下退磁的担忧。因此，Model S 搭载的是感应电机而没有选择永磁同步电机。感应电机具备成本低、功率高等优势，但同时也存在体积大、效率低而影响续驶里程等缺点。随着电动化推进，在 2017 年推出的 Model 3 中开始使用永磁同步电机。相比感应电机，永磁同步电机体积小更紧凑，效率高而有利于增加续驶里程，且更易控制。在 Model Y 中，特斯拉继续采用永磁同步电机方案。

11.2.3 热管理

对于传统内燃机汽车而言，整车热管理更多的是集中于汽车发动机上的热管系统上，而新能源汽车的整车热管理与传统内燃机汽车的热管理概念有巨大的差异。一般新能源汽车的热管理必须统筹规划整车上的"冷"与"热"，提高能源利用率，保证整车续航。

随着新能源汽车的发展（尤其是纯电动汽车），其续驶里程的大小从某种程度上是客户选择是否购买的重要因素之一。有数据统计，一辆纯电动汽车在较恶劣环境（尤其冬季）下开空调，将影响整车续航能力的 40% 以上。所以相对于传统内燃机汽车，纯电动汽车如何综合管理能量显得尤为重要。汽车热管理系统对比如表 11-1 所示。

表 11-1 汽车热管理系统对比

车型	动力系统	内燃机热管理系统	空调系统	电池热管理系统	电机电控等冷却系统
传统内燃机汽车	内燃机、变速箱	内燃机冷却系统、发动机/变速箱机油冷却系统	传统空调	无	无
插电式混合动力电动汽车	内燃机、变速箱、锂电池、电机及控制器、减速器	内燃机冷却系统、发动机/变速箱机油冷却系统	电动空调/热泵空调	电池冷却系统	电机电控冷却系统
纯电动汽车	锂电池、电机及控制器、减速器	无	电动空调/热泵空调	电池冷却系统	电机电控冷却系统

新能源汽车和传统内燃机汽车热管理系统主要有以下区别。

1）以动力电池热管理为核心

与传统内燃机汽车相比，新能源汽车热管理要求更高，热管理系统更复杂，不仅有空调系统，而且新增的电池、驱动电机等核心部件都具有热管理需求。

（1）过低或过高温度均会影响锂电池性能和使用寿命，因而必须拥有热管理系统。根据传热介质的不同，电池热管理系统可分为风冷、直冷与液冷，液冷相对直冷成本更低，冷却效果也优于风冷，具备主流应用趋势。

（2）由于动力类型的变化，新能源汽车空调使用的电动涡旋压缩机价值相比传统压缩机有明显提升。目前新能源汽车主要采用 PTC 加热器进行采暖，冬天时严重影响续驶里程，未来有望逐步应用制热能效比更高的热泵空调系统。

2) 新能源汽车热管理要求高

相对于传统内燃机汽车只需注重内燃机的热管理，新能源汽车热管理系统需要从系统集成和整体角度出发，统筹热量与动力总成及整车之间的关系，采用综合手段控制和优化热量传递的系统。其可根据行车工况和环境条件，自动调节冷却强度以保证被冷却对象工作在最佳温度范围，从而优化整车的环保性能和节能效果，改善汽车运行安全性和驾驶舒适性等，同时汽车热管理系统主要用于冷却和温度控制，包括乘客舱热管理（空调系统）、动力总成冷却等。因此相对于传统内燃机汽车，新能源汽车的热管理系统会显得更为复杂、价值更高。

3) 多部件热管理需求

新能源汽车热管理系统相对于传统内燃机汽车，一般新增了动力电池、电机及电子部件等多部件多领域的热管理需求。

传统内燃机汽车热管理系统主要包括两部分：内燃机冷却系统和汽车空调系统。新能源汽车由于内燃机、变速箱等部件变成了电池、电机电控和减速器，其热管理系统主要包括四部分：电池热管理系统、汽车空调系统、电机电控冷却系统、减速器冷却系统。新能源汽车热管理系统按冷却介质分类主要包括液冷回路（电池及电机等冷却系统）、油冷回路（减速器等冷却系统）及冷媒回路（空调系统），涉及零部件包括控制部件（电子膨胀阀、水阀等）、换热部件（冷却板、冷却器、油冷器等）与驱动部件（电子水泵与油泵等）。

4) 新能源汽车热管理系统价格高

传统内燃机汽车空调系统结构简单，依靠内燃机带动空调压缩机制冷，依靠内燃机热源制热；纯电动汽车由于没有内燃机，需要依靠电动压缩机制冷，依靠 PTC 加热器制热，结构复杂，且电池热管理系统不仅要防止电池过热，还要在电池过冷时进行保温。整体来看，新能源汽车由于其热管理系统比较复杂，对部件需求有所增加，形成新的电子膨胀阀、电池冷却器、冷却板、PTC 加热器等部件的需求。传统内燃机汽车热管理系统单车价格一般在 2 000 元左右，新能源汽车热管理系统单车价值可超过 6 000 元，价格明显提升。

为了使动力电池组保持在合理的温度范围内工作，电池组必须拥有科学和高效的热管理系统，而液冷系统一般是独立运行，不受车辆行驶外界条件的影响，因此是目前新能源汽车电池热管理中最为稳定高效的热管理处理方式之一，也是目前最受各大新能源汽车车商青睐的热管理方案。特斯拉热管理系统经历 4 代发展，在结构集成上不断创新。特斯拉第一代车型传承于传统内燃机汽车热管理的思路，各个热管理回路相对独立。第二代车型中引入四通换向线，实现电机回路与电池回路的串并联，开始结构集成。第三代 Model 3 开始进行统一的热源管理，引入电机堵转加热，取消水暖 PTC，并采用集成式储液罐，集成冷却回路，简化热管理系统结构。第四代 Model Y 在结构上采用高度集成的八通阀，对多个热管理系统部件进行集成，以实现热管理系统工作模式的切换。从特斯拉车型的演进来看，其热管理系统集成度不断提升。特斯拉热管理发展历程如图 11-8 所示。

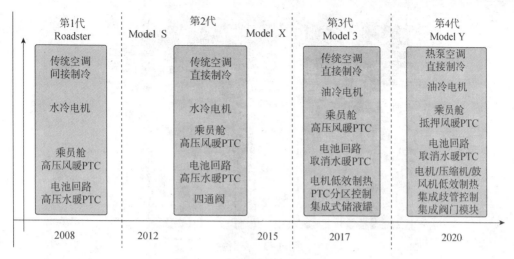

图 11-8　特斯拉热管理发展历程

特斯拉热管理技术持续创新，系统集成逐渐深化。综合来看，特斯拉热管理通过四通阀、集成式储液罐、热泵系统和八通阀等技术创新，实现结构集成，提升了系统的能量利用效率。以加热方式为例，特斯拉从仅利用电池电能产热，到利用电池产热+利用电机电控余热，再到电池产热+车内各可产热的部件+环境产热，通过整车热源集成及技术升级完善热能利用。

特斯拉热管理阀类向高度集成方向演进，以更复杂的管理控制策略实现热量分配。汽车各回路热管理的集成需要通过各类阀门控制回路的串并联状态或流道。特斯拉在阀门上不断发展更为创新的结构，通过依靠复杂的控制策略来实现热量的合理分配，向高集成方向发展。Model S/Y 四通阀：特斯拉在第二代热管理系统上首次引入四通阀结构，实现了电机回路与电池回路的串并联切换。Superbottle：到了特斯拉第三代热管理系统，在结构上通过 Superbottle 将四通阀、散热器、水泵等集成，实现电池与功率电子管路并联、电池与电机回路的交互，与第二代相比则集成更多分系统。八通阀：第四代的八通阀可看作是两个四通阀的集成，将空调系统和三电全部集成，可更有效地实现热管理系统功能的转换。特斯拉以最大限度发挥自身系统设计、集成和控制能力，将热管理系统向更复杂管理策略、高度集成方向演进。

11.3　充电桩行业

11.3.1　加速汽车电动化

充电桩(见图 11-9)作为新能源汽车的充电设备，可以类比理解为传统内燃机汽车的加油机。充电桩通常安装于公共建设场地、居民社区的停车场或道路旁，根据不同的电压等级为各种类型的新能源汽车充电。充电桩按输出电流方式分为交流充电桩和直流充电桩。目前交流充电桩的普及远不如直流充电桩。

截至 2021 年年底，全国新能源汽车保有量为 784 万辆，同比增长 59.3%；全国充电基础设施保有量达 261.7 万台，同比增长 55.7%。快速增长的新能源汽车市场加大了对充电桩的需求，未来随着汽车电动化渗透率水平的持续提升，充电桩市场需求将进一步扩张。

图 11-9　充电桩

相关数据表明，2021 年我国电动汽车充电总电量达到 111.5 亿 kW·h，同比增长 58.0%；月度水平与 2020 年相比均有显著提升，电动汽车充电需求持续快速增长。从充电量分布区域来看，充电量与充电桩分布呈现同样的趋势，广东、江苏、四川领跑全国。从终端流量来看，电量流向以公交车和乘用车为主。我国近年新能源汽车保有量与充电桩数量如图 11-10 所示。

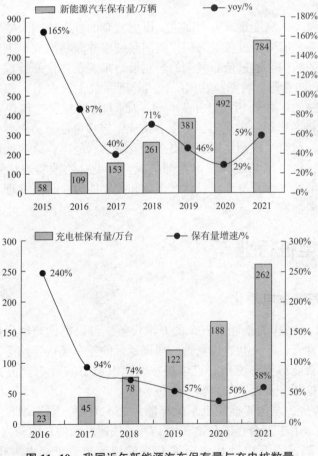

图 11-10　我国近年新能源汽车保有量与充电桩数量

11.3.2　新基建赋能

2020 年，充电基础设施正式被纳入七大"新基建"产业之一；2021 年中央经济工作会议指出，当前经济面临需求收缩、供给冲击、预期转弱三重压力，应坚持稳字当头，强化政策发力。充电桩作为新基建组成之一，在稳增长主线下，建设节奏或将加速。

2022 年 1 月 10 日，国家发展改革委、国家能源局等多部门联合印发了《国家发展改革委等部门关于进一步提升电动汽车充电基础设施服务保障能力的实施意见》。国内新能源汽车补能市场已基本明确了充电为主、换电为辅的补能格局，按要求到"十四五"末，我国电动汽车充电保障能力进一步提升，形成适度超前、布局均衡、智能高效的充电基础设施体系，能够满足超过 2 000 万辆电动汽车充电需求。预计到 2025 年后，国内充电桩产业将进入"成熟期"。国内公共充电桩发展历程如图 11-11 所示。

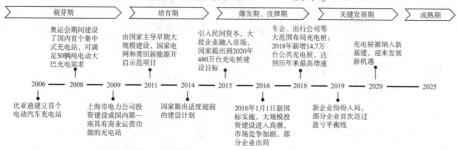

图 11-11　国内公共充电桩发展历程

11.4　电力设备产业链现状

汽车充电桩产业链上游为充电桩部件与设备制造环节；中游为充电运营环节，包括充电桩和充电站建设和运营服务；产业链下游参与者为充电桩用户，包括新能源汽车整车企业和个人消费。其中，设备零部件生产商（装备端）和充电桩运营商（运营端）是充电桩产业链最主要的环节。充电桩产业链图谱如图 11-12 所示。

图 11-12　充电桩产业链图谱

11.4.1　装备端

充电桩可作不同的分类，常见的分类标准有 4 种，分别是按充电方式、安装地点、安装方式和充电接口来分类，其中用得最多的是按照充电方式及安装地点来进行分类。综合来看，公用充电桩一般采用直流充电桩，充电功率大、充电时间短；专用充电桩及私人充电桩一般采用交流充电桩，技术成熟、安装成本低。充电桩的分类如图 11-13 所示。

图 11-13　充电桩的分类

（1）直流充电桩，俗称"快充"：功率高、充电快，但技术复杂且成本高昂，适用于专业化集中运维的场景，如大巴、公交车、出租车等。直流充电桩通过自带的 AC/DC 充电模块完成变压整流，将输入的交流电转为电车所需直流电，功率通常在 60 kW 以上，2020 年新增直流充电桩功率达到 131 kW，预计到 2025 年直流充电桩新增装机功率将达到 166 kW。直流充电桩对电网要求较高，需建设专用网络，以及需配备谐波抑制装置等设备，因此多配备于集中式充电站内，由运营商统一管理。直流充电桩需要大体积变压器和交直流转换模块，60 kW 直流充电桩综合成本约 1.13 元/W。

（2）交流充电桩，俗称"慢充"：技术成熟、建设成本低，但充电效率较低，适用于公共停车场、大型购物中心和社区车库中。交流充电桩对电网改造要求低，需先通过车载充电器将电网的交流电进行变压和整流，转换为直流电后对汽车电池充电，所以充电速度较慢，充满电一般需要 6~8 h，目前主流单桩功率为 7 kW，综合成本约 0.5 元/W。交流充电桩与直流充电桩的对比如表 11-2 所示。

表 11-2　交流充电桩与直流充电桩的对比

充电桩类型	充电时间	优势	劣势	应用场景
交流充电桩	8~10 h	（1）对充电要求不高，充电桩和安装成本较低 （2）对电池衰减小 （3）体积小	（1）充电功率低（一般为 6~15 kW，主流为 7 kW） （2）充电时间长	一般为家用或安装于小区停车场，部分公共停车位
直流充电桩	20~60 min（3C~1C 充电）	（1）充电功率高（一体机：60~180 kW、分体机：360~480 kW），充电时间短 （2）可满足长途出行需求，解决里程焦虑	（1）成本高（5~12 万/台） （2）对电池衰减较大 （3）对电网供电能力要求高，审批烦琐 （4）体积大，占地面积大	公共停车场，商场停车场，高速公路服务区，公交车、物流车等集中终点场所

按充电方式分类角度，我国电动汽车充电桩总量中主要为交流充电桩。根据相关数据，2021 年我国交流充电桩保有量为 214.7 万台，直流充电桩保有量为 47 万台。按充电地点分类角度，私人充电桩以交流充电桩为主，交流充电桩建设成本相对较低、对电池损耗较小、满足消费者利用汽车长时间闲置之余充电的需求。公共充电桩同时具备直流充电桩与交流充电桩，且公共交流充电桩、直流充电桩的比例近几年保持在 6∶4 左右。一方面直流充电桩建设成本较高导致数量偏低；另一方面，目前的充电设备可基本满足用户有计划充电和应急充电需求。因此，6∶4 的比例符合目前的市场合理性。然而由于用户对快速充电需求的增加，预计直流充电桩在未来的保有量会明显提升。近年我国充电桩保有量结构（百分比及具体数量）如图 11-14 和图 11-15 所示。

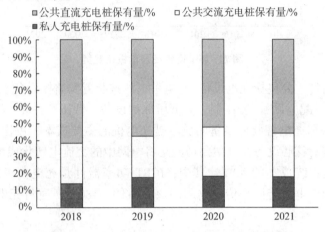

图 11-14　近年我国充电桩保有量结构（百分比）

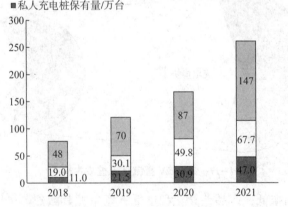

图 11-15　近年我国充电桩保有量结构（具体数量）

　　车桩比是衡量充电桩建设程度的关键指标之一，自 2014 年国家电网全面开放公共充电桩建设以及 2015 年国务院提出车桩比 1∶1 战略目标以来，充电桩建设如火如荼，车桩比（按保有量计）由 2015 年的 8.8∶1 已下降至 2021 年的 3∶1，充电配套明显改善。虽然距离早先提出的 1∶1 车桩比目标仍有差距，但企业通过调节充电桩的投建验证了车桩比在实际应用中的合理性。随着电池容量的提高和直流充电桩功率的提升，用户的关注点将从充电桩数量转为质量；合理的公共充电桩布局，充电桩功率的提升和私人充电桩的建设也会抵消部分公共充电桩数量上的需求。预计按保有量变化的车桩比在短期内难以大幅波动，中长期考虑到新能源汽车保有量的持续快速增长，未来车桩比仍有下降空间。近年我国车桩比趋势如图 11-16 所示。

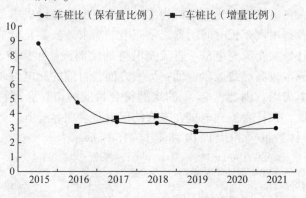

图 11-16　近年我国车桩比趋势

上游设备元器件主要包括充电设备(充电桩、滤波装置及监控设备、充电插头/座、电缆、通信模块等)、配电设备(变压器、高低压保护设备、低压开关配电设备)以及管理设备 3 类。充电设备即充电桩硬件设备的成本是充电桩的主要成本，占比 90% 以上。其中，充电模块是充电桩的核心设备，其主要功能是将电网中的交流电转化成可以为电池充电的直流电，约占充电系统成本的 40%。其中，IGBT 功率器件是充电模块的关键组成部分，是在充电过程中起着电力转换与传输作用的核心器件。180 kW 直流充电桩成本构成如图 11-17 所示。

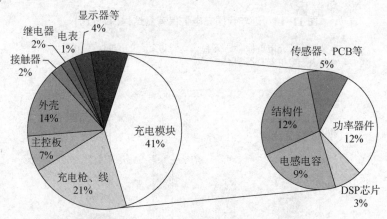

图 11-17　180 kW 直流充电桩成本构成

充电桩上游技术门槛低，产品差异化程度低，竞争尤其激烈。自 2014 年国家电网向民间资本开放电动汽车充电桩市场，一大批充电桩公司应运而生，硬件行业竞争激烈，同时，由于设备门槛低，充电桩整机制造商与元器件生产商、中下游的建造运营商有部分重合。比如，特锐德虽主要负责充电桩的运营，但也进行充电设备元器件的生产；普天新能源和特斯拉的业务也兼顾了充电桩的整机制造和运营。

充电桩市场空间与新能源汽车保有量呈正相关，2021 年我国新能源汽车保有量达到 784 万辆，预计到 2025 年我国新能源汽车销量将达到 973 万辆，保有量将接近 2 800 万辆。参考历史年度车桩比值，2017 年后车桩比长期稳定在 3∶1 左右，假定 2022—2025 年车桩比为 3∶1，则到 2025 年充电桩保有量将达到 930 万台(包含公共充电桩及私人充电桩)，保有量 4 年复合年均增长率(Compound Annual Growth Rate，CAGR)为 37.3%。

2021 年，公共充电桩和私人充电桩分别占 43.8% 和 56.2%。由于新基建主要发力于公共充电桩，预计公共充电桩的比例将提高至 45%~50%；随着新能源乘用车渗透率的进一步提升，私人充电桩的配建比例也将提升。因此，假定 2022—2025 年公共/私人充电桩分别占 45%/55%。

在公共充电桩领域，2018 年后国内直流充电桩与交流充电桩之比基本维持在 4：6。由于直流充电桩的充电效率较高，可缩短充电时间、提高利用率，其比重会持续攀升，因此保守假定 2022—2025 年公共充电桩中直流充电桩占比为 45%。假定单个公共直流/交流充电桩投资分别为 10 万和 0.5 万元，私人充电桩投资约为 0.3 万元。2022—2025 年国内充电桩建设市场规模测算如表 11-3 所示。

表 11-3　2022—2025 年国内充电桩建设市场规模测算

项目	2017 年	2018 年	2019 年	2020 年	2021 年	2022 年	2023 年	2024 年	2025 年
新能源汽车销量/万辆	83	123	123	134	336	483	650	811	973
同比增长率/%	58.9%	48.2%	0.1%	8.8%	150.7%	43.9%	34.6%	24.8%	20.0%
新能源汽车保有量/万辆	153	261	381	492	784	1142	1 609	2 163	2 790
同比增长率/%	40%	71%	46%	29%	59%	46%	41%	34%	29%
车桩比/保有量比例	3.4	3.4	3.1	2.9	3.0	3.0	3.0	3.0	3.0
充电桩保有量/万台	45	78	122	168	262	381	536	721	930
同比增长率/%	94%	74%	57%	38%	56%	45%	41%	34%	29%
公共充电桩保有量/万台	21.4	30.0	51.6	80.7	114.7	171.3	241.4	324.5	418.6
占比/%	48.0%	38.6%	42.3%	48.0%	43.8%	45.0%	45.0%	45.0%	45.0%
公共交流充电桩保有量/万台	8.6	19.0	30.1	49.8	67.7	102.8	144.8	194.7	251.1

以上充电桩市场规模是建立在固定的车桩比(即 3：1)与直流充电桩比例 50% 条件下所做的测算，考虑到新基建环境下，充电桩将适度超前于新能源汽车来进行建设，虽然预期离早期 1：1 规划目标有较大差距，但认为未来车桩比仍有下降空间；此外，随着新能源汽车保有量，以及整车带电量和续驶里程的不断提升，用户对快充需求将持续增加，因此，大功率公共直流充电桩建设会成为新基建充电桩建设主战场，直流充电桩比例将超过当前基数水平。基于以上两点核心要素，对国内充电桩市场规模做进一步的敏感性分析，假定车桩比的范围在 2.5~3，直流充电桩比例在 40%~50%，预计 2022—2025 年充电桩市场规模在 1 260~2 097 亿元，取中位值为 1 678 亿元。

11.4.2　运营端

中游充电桩运营是产业链核心环节，主要针对公共充电桩的投建和运营，前期会产生大量资本开支，投资回收期长，对运营商资金链的完整度要求高，在充电网络运营管理技术方面存在壁垒。

目前充电桩主流商业模式有 3 类：运营商主导模式、车企主导模式、第三方充电服务平台主导模式。

(1)运营商主导模式：现阶段主要运营模式，收入来源较单一，模式需完善。运营商主导模式指由运营商自主完成充电桩业务的投资建设和运营维护，为用户提供充电服务的运营管理模式。充电运营商一般具备雄厚的资本，前期对场地、充电桩等基础设施进行大量投资。采用充电运营商主导模式的充电桩，大部分为公用充电桩和专用充电桩。由于行业竞争激烈、用户对充电费用很敏感，充电服务费提升较为困难，因此充电运营商都致力于提高单桩利用率，来提升盈利能力，桩体广告费、增值服务费等占比较小。

（2）车企主导模式：车企自建桩与合作建桩模式并存。车企为提供更优质的服务，将充电桩作为售后服务给车主提供更优质的充电体验，主要适用于较为成熟的电动汽车企业，对于资金和用户数量有较高要求。采用车企主导模式的充电桩，大部分为公共充电桩，以及私人充电桩。而充电桩的实际需求不断增加，车企在能源供给与技术方面相对运营商而言较为匮乏，很难解决建桩成本和车主服务之间的矛盾，同时资金压力较大，部分车企开始从自建充电桩逐渐转变到与运营商合作运营的模式。

（3）第三方充电服务平台主导模式：充电资源分配更优，单桩利用率提升。第三方充电平台一般不直接参与充电桩的投资建设，通过自身的资源整合能力将各大运营商的充电桩接入自家 SaaS 平台，以智能管理为依托提供商业价值，其独特的流量优势使其他企业短期内难以复制。以平台为主导的运营模式可打通不同运营商之间的互联互通，为用户提供更便捷的一站式充电体验。此种模式的收益来源于与运营商的服务费分成和以大数据挖掘为基础的增值服务，因此与运营商之间会存在部分利益冲突，一旦头部运营商退出合作，第三方平台的价值将难以体现，因此需建立完善的相互依存、互惠互利的机制。

截至 2021 年年底，全国充电运营企业所运营充电桩数量超过 1 万台的共有 13 家，其中特来电、星星充电和国家电网分别运营 25.7 万台、25.2 万台和 19.6 万台，继续保持前三的市场地位。整体来看，前十家运营商运营充电桩数量占总量的 89.2%，前三家企业合计占比超过 60%，充电运营市场整体呈现强者恒强的局面，头部企业资源占优，凭借规模基础优势将继续构建大规模充电网络。主流充电模式代表性企业如图 11-18 所示。

图 11-18　主流充电模式代表性企业

未来充电桩行业注定是"寡头游戏"。充电桩市场空间巨大，对资本具有持续吸引力，但是行业特性决定了优胜劣汰速度更快，物理壁垒凸显，马太效应更加明显。盲目的资本投入，单纯赚取"电费+服务费"很难盈利，因此需要企业具有资金优势、技术优势、资源优势、互联网思维和服务意识。因此未来行业将是寡头垄断的格局，强者恒强。

充电桩在区域分布较为集中。整体来看我国广东、上海、江苏、北京、浙江等经济发达地区已经形成了规模化的充电服务网络，截至 2021 年年底国内经济排名前 10 省市建设的公共充电基础设施占比达到 71.6%，集中度继续保持高位。经济发达地区大多存在汽车限牌限购、新能源公交普及程度较高等特点，其对充电桩建设存在较大需求。同时，物流车、出租车等专用车的推广对于充电桩利用小时数也是很大的保证，从而提高运营企业的建桩积极性。

充电桩运营商盈利能力较弱成为行业共识，目前仅特来电一家在 2019 年宣称跨过盈亏平衡线开始盈利。公共充电桩的盈利能力取决于单桩利用率和充电服务费两大因素，目前运营商的收入绝大多数来源于服务费的收取，模式较为单一。而激烈的竞争和用户对充电费用极为敏感导致服务费短时间内难以上升，因此单桩利用率成为目前运营商盈利的重中之重。

11.5　高压快充

11.5.1　充电难题的重要解决方案

随着整车带电量和续驶里程提升，充电便利性成为制约电动汽车使用体验提升的一大因素。高压快充能够有效解决电动汽车里程焦虑、快速充电问题，以部分热销纯电动汽车为例，支持快充的纯电动汽车平均理论充电倍率约为 1C，即实现 30%~80%SOC 需要充电约 30 min。而在实践中，大部分纯电动汽车实现 30%~80%SOC 需要充电 40~50 min、仅可行驶 150~200 km，"充电慢"依然是纯电动汽车行业的核心痛点。

为提升消费者充电体验，可通过继续改善车桩比，或大幅缩减充电时间，来满足消费者快充的需求。而在快充方面，目前有两条技术路线：提高充电电流和提升充电电压。从不同的实践来看，高压快充能够在更宽范围内实现最大功率充电，更能匹配未来快充需求。

（1）大电流路线：推广程度低，对热管理要求高。根据焦耳定律（公式 $Q = I^2Rt$），电流的提升将大幅增加充电过程中的热量，对散热要求很高，如特斯拉大电流快充方案，其 V3 超级充电桩峰值工作电流超过 600 A，需要使用更粗的线束，同时对散热技术要求更高，且仅能在 5%~27%SOC 实现 250 kW 最大充电功率，高效充电并非全程覆盖。目前国内车厂并没有在散热方案上做大幅定制化改动，且大电流充电桩很大程度上依赖自建体系，推广成本高。特斯拉 Model 3 在 V2、V3 超级充电桩的充电功率如图 11-19 所示。

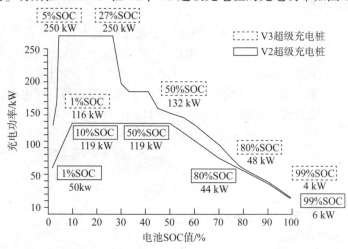

图 11-19　特斯拉 Model 3 在 V2、V3 超级充电桩的充电功率

（2）高电压路线：是目前车厂普遍采用的模式，可兼顾降低能耗、提高续航、减少质量、节省空间等优点。目前受限于硅基 IGBT 功率器件的耐压能力，车企普遍采用的快充方案是 400 V 高压平台，即以 250 A 电流可以实现 100 kW 的充电功率（100 kW 功率充电

10 min 可行驶约 100 km)。自保时捷推出 800 V 高电压平台后(实现 300 kW 功率,高压线束减少一半),此后各大车企开启对 800 V 高压平台的研究与布局。800 V 电压平台相较于 400 V 平台,工作电流更小,进而节省线束体积、降低电路内阻损耗,变相提升了功率密度和能量使用效率。

图 11-20 所示为不同车型的电池容量与续航的关系,常用的家用车型的电池容量更低,续航也更低,因此高压架构是实现超级快充的必然趋势。

图 11-20　不同车型的电池容量与续航的关系

要满足主流车型的 2C 充电需求,电池电压需要满足大于 500 V,现存标准充电头使用 250 A 的充电电流。如果满足主流车型的 4C 充电需求时,电池电压仍要满足大于 500 V,并使用 2021 年所发布的超级充电头,可以满足 500 A 的充电电流。不同电量的电池在不同充电头倍率下的电压如表 11-4 所示。

表 11-4　不同电量的电池在不同充电头倍率下的电压

电量	现存标准充电头倍率					2021 年发布超级充电头倍率				
	2C	3C	4C	5C	6C	2C	3C	4C	5C	6C
35.8 kW·h	286 V	430 V	573 V	716 V	859 V	143 V	215 V	286 V	358 V	430 V
63 kW·h	504 V	756 V	1 008 V	1 260 V	1 512 V	252 V	378 V	504 V	630 V	756 V
80 kW·h	640 V	960 V	1 280 V	1 600 V	1 920 V	320 V	480 V	640 V	800 V	960 V
90 kW·h	720 V	1 080 V	1 440 V	1 800 V	2 160 V	360 V	540 V	720 V	900 V	1 080 V

11.5.2　高压快充元年

2022 年是智能电动汽车真正意义上的元年,也是充电产业步入高压快充的元年。目前,电动汽车根据带电量不同选择不同的电压等级。一般小型代步车的电压为 48 V、60 V 和 72 V;乘用车的电压范围为 250~450 V;大巴车、公交车等由于带电量高,其基本电压为 450~700 V。在未来,随着对续驶里程、充电速度要求的提高,纯电动汽车的电压有望升至 800~1 000 V。纯电动汽车的电压等级如图 11-21 所示。

图 11-21　纯电动汽车的电压等级

高压快充成为汽车厂商的多数选择,2019 年保时捷的 Taycan 在全球首次推出 800 V 高电压电气架构,搭载 800 V 直流快充系统并支持 350 kW 大功率快充;进入 2021 年,高压快充路线受到越来越多主机厂的青睐，现代、起亚、小鹏等企业先后发布 800 V 高压平台，并推出小鹏 G9、极狐阿尔法 S 华为 HI 版等支持高压快充服务的车型。但可惜的是，以上车型只有在自己品牌的充电桩上，才能享受到快充服务，而且也只有部分车型才能实现。之后比亚迪、长城、广汽等国内主机厂也相继推出或计划推出 800 V 平台，高压快充体验将会成为电动汽车市场差异化体验的重要标准。各车企的高电压平台及车型如表 11-5 所示，主要车企快充电桩部署情况如表 11-6 所示。

表 11-5 各车企的高电压平台及车型

车企	电压/V	功率/kW	电流/A	续航	量产时间
长城沙龙	800	400	600A	充电 10 min，续航 800 km	机甲龙限量版在 2022 年上半年陆续交付
比亚迪	800	228	—	充电 5 min，续航 150 km	ocean-x 于 2022 年发布
东风岚图	800	360	600	充电 10 min，续航 400 km	—
广汽埃安	1 000	480	600	充电 5 min，续航 200 km	率先搭载在 AION-V 车型上
吉利	800	360	—	充电 5 min，续航 120 km	—
路特斯	800	—		20 min 即可充满 80% 电量	Type 132 在 2022 年发布，2023 年全球交付
北汽极狐	800	—		充电 10 min，续航 196 km	阿尔法 S 于 2021 年 12 月底小批量交付
小鹏	800	480	670	充电 5 min，续航 200 km	G9 于 2022 年 Q3 交付
理想	800	—			2023 年以后
零跑	800	400		充电 5 min，续航 200+km	2024 年 Q4
保时捷	800	350		5 min 充 80% 电 Taycan 已量产，Macan 将于 2023 年发布	—
现代	800	220		14 min 充 80% 电	IONIQ-5 于 2021 年发布，国内版 2022 年量产

表 11-6 主要车企快充电桩部署情况

车企	功率/kW	高压值/V	充电桩部署情况
吉利	240~360	—	2021 年在北京、上海、广州、深圳、杭州、宁波、西安、长沙、武汉、成都这 10 座城市布局自建充电网络
广汽	480~600	1 000	2021 年广汽独立建设 100 个充电桩，预计 2025 年广汽将会在全国 300 个城市建设 2000 座超充站
北汽	180~360	—	2021 年在北京、上海、深圳、广州、苏州投资建设 24 座专属超充站和 16 座目的地站，84 座认证站，267 座推优站
小鹏	480~600	800	截至 2021 年 10 月，小鹏品牌的超充站上线 439 座，覆盖 121 个城市
特斯拉	250	400	在全球范围内拥有超过 2.5 万个超充站，在华开放的超充站突破 800 个，拥有超过 6 300 根超级充电桩

目前基于 800 V 高压技术平台的车型已进入量产阶段，超级充电桩的部署也在有序推进。而主机厂除了与运营商合作部署充电网络外，也在积极自建充电网络。无论自建还是合作运营，高压都是重要的发展趋势。而快充占比提升能够改善运营商盈利能力，也将加速运营商盈利拐点的到来。

高压快充技术已基本具备，桩端将先于车端实现规模布局。从车端看，高压主要部件均需重新选型。高压电池、BMS、电驱、OBC、DC/DC、PTC、空调、高压连接器等均需重新选型。从桩端看，高压零部件的成熟度较高。充电枪、线、直流接触器和熔丝等需重新选型，目前均有成熟产品，其余部件均无须改变。

应对快充需求需重新选型的部件如表 11-7 所示。

表 11-7　应对快充需求需重新选型的部件

车端部件	当前低压构架	高压构架	桩端部件	DC 500 V 系统	DC 750 V 系统	DC 950 V 系统
电池包	√	⬆	充电枪+线	√	√	⬆
电驱动	√	⬆	直流接触器	√	⬆	⬆
PTC	√	⬆	直流熔丝	√	⬆	⬆
空调	√	⬆	直流电表	√	√	√
车载充电器	√	⬆	充电模块	√	√	√
直流线缆	√	√	充电主控模块	√	√	√
其他线缆	√	√	计费控制单元	√	√	√
√：器件无须新选型			交流配电和线缆	√	√	√
⬆：器件需要新选型			交流防雷保护	√	√	√

11.5.3　充电模块及继电器

1. 直流充电模块

充电模块被誉为充电桩的"心脏"，它是直流快充充电桩的重要组成部分，实现设备跟车进行交直流的转换无缝对接充电。

直流快充充电桩的输入端与交流电网直接连接，输出端装有充电插头用于为电动汽车充电。一个完整的电动汽车充电桩主要包括供电系统、充电系统、监控系统、计量计费系统及其他辅助设施。随着充电桩的不断发展，人们对充电桩电源模块的要求也越来越高。充电模块属于电源产品中的一大类，不仅提供能源电力，还可对电路进行控制、转换，保证了供电电路的稳定性，模块的性能不仅直接影响充电桩整体性能，同样也关联着充电安全问题，是不容忽视的一部分。

作为充电桩系统内的核心关键部件，充电模块的技术方案、性能及可靠性直接影响着充电桩系统的整体性能。

根据充电桩管家数据，当前国内市场，20 kW 充电模块占据市场容量比例约为 60%，其余容量大比例由 30 kW 充电模块占据，及部分 40 kW 充电模块。随着近年来电动汽车电池容量的提升，充电倍率的提升已经有明显的市场发展趋势：20 kW 充电模块较大份额市场正在逐渐向 20 kW、30 kW、40 kW 充电模块多元化规格发展。优优绿能在 2018 年上半年率先推出 30 kW/1 000 V 充电模块,并陆续在 2019 年和 2020 年分别推出 20 kW/1 000 V 和 40 kW/1 000 V 模块。华为、英飞源、永联、通合、中兴等厂家也分别在 2020 年和 2021 年推出了 1 000 V 充电模块产品。高压大功率充电模块的发展如图 11-22 所示。

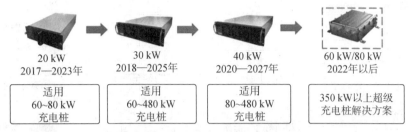

20 kW
2017—2023 年
适用
60~80 kW
充电桩

30 kW
2018—2025 年
适用
60~480 kW
充电桩

40 kW
2020—2027 年
适用
80~480 kW
充电桩

60 kW/80 kW
2022 年以后
350 kW 以上超级
充电桩解决方案

图 11-22　高压大功率充电模块的发展

随着充电设备技术成熟和规模扩大,直流快充充电桩充电模块的价格也不断下降,2020 年充电模块成本价格最低降至 0.35 元/W。假定 2022—2025 年直流充电桩模价格分别 0.28 元/W、0.26 元/W、0.23 元/W、0.21 元/W,新增公用直流充电桩平均功率按照 147 kW、153 kW、161 kW、166 kW 预测,测算得 2025 年新增直流充电模块市场规模将达到 190 亿元,2022—2025 年直流充电模块累计市场规模将达到 647 亿元。直流充电桩充电模块市场规模测算如表 11-8 所示。

表 11-8　直流充电桩充电模块市场规模测算

项目	2019 年	2020 年	2021 年	2022 年	2023 年	2024 年	2025 年
直流模块价格/(元·W^{-1})	0.40	0.35	0.33	0.32	0.30	0.29	0.27
新增直流充电桩平均功率/kW	130	131	135	147	153	161	166
单桩价格/万元	13.0	11.5	11.2	11.6	11.5	11.5	11.2
公共直流充电桩新增/万台	11	9	16	30	32	37	42
充电模块市场规模/亿元(新增)	55	43	72	139	145	172	190
公共直流充电桩市场规模/亿元(新增)	137	108	180	348	363	430	476

2. 高压继电器

高压继电器是电动汽车高压电路上的受控开关器件,同时也在系统中扮演主动保护器件的角色。它在高压回路动力电池主回路、快充回路,高压用电器供电电路的各个开关节点都有应用,如电机、DC/DC、空调压缩机、加热器等。继电器是以小电流控制大电流通断的电气开关,在电路中起着自动调节、安全保护、转换电路等作用。高压直流继电器是一种用于高电压环境下控制电流为直流电的电磁继电器,电动汽车是高压直流继电器最主要的应用领域,此外,高压直流快充保有量的增长同样对高压继电器提出新需求。新能源汽车及直流充电桩继电器分布如图 11-23 所示。

新能源汽车构造

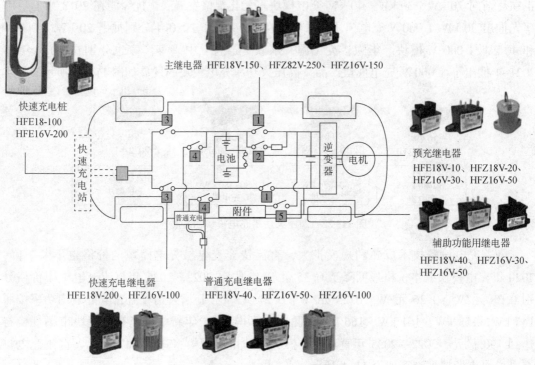

主继电器 HFE18V-150、HFZ82V-250、HFZ16V-150

快速充电桩
HFE18-100
HFE16V-200

预充继电器
HFE18V-10、HFE18V-20、
HFZ16V-30、HFZ16V-50

辅助功能用继电器
HFE18V-40、HFZ16V-30、
HFZ16V-50

快速充电继电器
HFE18V-200、HFZ16V-100

普通充电继电器
HFE18V-40、HFZ16V-50、HFZ16V-100

图 11-23　新能源汽车及直流充电桩继电器分布

（1）高压直流继电器是新能源汽车刚需产品。高压直流继电器是新能源汽车为满足国标安全要求以及严苛工况所选用的技术方案，短期内无法被固态继电器、智能熔断器等新技术替代，中长期与新能源汽车高压电气架构高压化结构性发展绑定，在新能源汽车车型/平台存续期内呈现需求刚性。

（2）新能源高压直流继电器市场空间广阔，2025 年全球市场规模预计达 96.2 亿元。高压直流继电器高性能使其单车价值量远超传统内燃机汽车的继电器；测算在新能源汽车和充电桩增长的驱动下，高压直流继电器全球市场空间 2020 年/2025 年分别为 24.2 亿元/96.2 亿元，成长空间近 4 倍，2020—2025 年 CAGR 达 31.8%，市场空间广阔。

（3）市场格局清晰，自主龙头稳中有进。高压直流继电器市场集中度高，2019 年 CR3 全球市占率超 70%，宏发股份单占 23%，全球排名第二，成唯一突围的自主品牌。随新能源汽车和充电桩需求高增，市场短期内出现需求增长向海外转移、外资投入增强、二线自主加大市场推广、外部进入者增多等扰动，市场竞争加剧、价格下滑显著，但宏发股份在全球化市场运作和技术服务、产品结构/性能、纵向一体化、成本、业务效率、制造能力等方面具备同业竞争优势，将持续稳固龙头地位。随着新能源汽车订单逐步放量，预计宏发股份 2025 年全球市占率有望进一步提升至 45% 以上。

在新能源汽车端，与传统内燃机汽车 12~48 V 的主电路电压相比，新能源汽车的主电路电压一般大于 200 V，电动大巴可大于 750 V，电路切断难度大幅提升，对继电器产品性能要求大幅提升，需采用高压直流继电器。平均而言，每台新能源乘用车需配备 8~11 只高压直流继电器，包括 2 个主继电器、1 个预充继电器、2 个快速充电继电器、2 个普通充电继电器和 1 个高压系统辅助设备继电器。从单车价值量看，在新能源汽车中的高压直流继电器是传统汽车的 10 倍以上。根据车型及动力系统的差异，继电器在汽车上使用的数量及规模也存在较大不同。在充电桩端,平均而言,每台高压直流充电桩需配备 2~3 只高压继电器。应用于新能源汽车及充电桩的继电器分类如表 11-9 所示。

表 11-9　应用于新能源汽车及充电桩的继电器分类

端口	类型	主要功能
车端	主继电器	在出现事故或者电路出现异常的情况下紧急切断高压回路
	预充继电器	与预充电阻一起分担主继电器的冲击负载
	快充(普通充电)继电器	充电时隔离高压,避免电路异常
	辅助继电器	用以辅助继电器控制系统,其本身不直接驱动外部负载
桩端	充电桩用继电器	在充电计费时对充电电路接通或断开,出现异常、故障时紧急情况下切断电路

以新能源汽车销量、充电桩数量预测为基础数据,假设高压直流继电器在规模化生产下,单车价值量受成本下降影响,每年以 5% 幅度下滑,同理假设充电桩价值量。测算所得 2025 年国内新能源汽车及高压直流充电桩用继电器市场规模将由 2021 年的 39 亿元增长至 92 亿元,2021—2025 年 CAGR 为 23.4%。国内新能源汽车及公共快充用继电器市场规模测算如表 11-10 所示。

表 11-10　国内新能源汽车及公共快充用继电器市场规模测算

项 目	2020 年	2021 年	2022 年	2023 年	2024 年	2025 年
新能源汽车销量/万辆	134	336 483	650	811	973	973
单车继电器价值量/元	1 200	1 140	1 083	1 029	977	929
公共直流充电桩新增/万台	22	29	34	57	70	83
单桩继电器价值量/元	300	285	271	257	244	232
市场规模合计/亿元	17	39	53	68	81	92
同比增长率/%	133.9%	36.2%	28.4%	18.5%	14.0%	20.0%

11.6　电力设备产业发展趋势

11.6.1　充电设施行业政策

自 2012 年 1 月国务院正式发布并批准实施《节能与新能源汽车产业发展规划(2012—2022 年)》以来,我国将关于加快促进发展企业节能与促进新能源汽车行业发展作为一项符合国家经济发展的重大战略,中央政府已经先后推出了一系列关于加快促进企业节能与发展新能源汽车及其充电设施等相关行业配套设施项目建设与行业发展的政策文件和优惠政策。我国新能源汽车充电设施迅速增长,在充电设施方面遥遥领先,充电设施数量最多。而且充电桩市场乱象对新能源汽车行业发展的负面作用显现,已经引起政府高度关注。"十三五"期间,我国已经形成了"中央政策指导,地方配套实施细则"的推进体系。2020 年 11 月,国务院办公厅印发《新能源汽车产业发展规划(2021—2035 年)》,明确提出:"科学布局充换电基础设施,加强与城乡建设规划、电网规划及物业管理、城市停车等的统筹协调"，"结合老旧小区改造、城市更新等工作，引导多方联合开展充电设施建设运营，支持居民区多车一桩、临近车位共享等合作模式发展"，"鼓励充电场站与商业地产相结合，建设停车充电一体化服务设施，提升公共场所充电服务能力，拓展增值服务"。2014—2020 年充电桩市场主要扶持政策如图 11-24 所示。

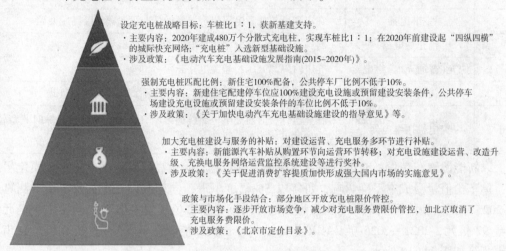

设定充电桩战略目标：车桩比1：1，获新基建支持。
· 主要内容：2020年建成480万个分散式充电桩，实现车桩比1：1；在2020年前建设起"四纵四横"的城际快充网络；"充电桩"入选新型基础设施。
· 涉及政策：《电动汽车充电基础设施发展指南(2015—2020年)》。

强制充电桩匹配比例：新住宅100%配备，公共停车厂比例不低于10%。
· 主要内容：新建住宅配建停车位应100%建设充电设施或预留建设安装条件，公共停车场建设充电设施或预留建设安装条件的车位比例不低于10%。
· 涉及政策：《关于加快电动汽车充电基础设施建设的指导意见》等。

加大充电桩建设与服务的补贴：对建设运营、充电服务多环节进行补贴。
· 主要内容：新能源汽车补贴从购置环节向运营环节转移；对充电设施建设运营、改造升级、充换电服务网络运营监控系统建设等进行奖补。
· 涉及政策：《关于促进消费扩容提质加快形成强大国内市场的实施意见》。

政策与市场化手段结合：部分地区开放充电桩限价管控。
· 主要内容：逐步开放市场竞争，减少对充电服务费限价管控，如北京取消了充电服务费限价。
· 涉及政策：《北京市定价目录》。

图 11-24　2014—2020 年充电桩市场主要扶持政策

11.6.2　充电设施行业发展现状

1. 新能源汽车销量不及预期

新能源汽车保有量的持续增长是充电桩产业良性发展的基础条件，若新能源汽车销量不及预期，则影响充电桩建设及运营。一般情况下，国内新能源汽车充电桩的密集设置多数位于一、二线城市和东部省份，如"北上广深"等地区。主要原因是这些地区的气候更加适宜电动汽车的运行，消费者对电动汽车相对认可，并且当地经济发展水平较高，用车的需求较大。特别是"北上广深"地区传统内燃机汽车牌照有限，而新能源汽车牌照更容易取得，这也是提升了新能源汽车的销售表现。政策客观因素促进了区域内新能源汽车的消费热情，间接促进了充电桩行业的发展。不仅如此，在这些区域内，新能源汽车的停车位一般不独立，因此设置更多的充电桩就显得具有较强的现实意义。

2. 高压快充技术发展不及预期

高压快充技术的发展依赖于车端及桩端共同发展，当前桩端高压技术已基本具备，车端仍需实现功率半导体、高压快充电池、高压电驱等关键技术的突破，若这些技术发展不及预期，将影响高压快充技术的发展节奏。

3. 产业政策风险

新能源汽车市场发展受政策的影响，国家大力发展新能源行业和推广电动汽车充电设施建设成为未来方向，但如果政策未及时落地、扶持效果不及预期，将对充电桩产业产生影响。

4. 市场竞争持续加剧

充电桩市场准入门槛较低，竞争激烈，若充电桩市场竞争持续加剧，可能导致产业链盈利能力继续下滑。

5. 基础建设规模盲目扩大

相关企业为了获得国家财政的补贴等，投入了大量的建设和研发资金，导致一定程度的盲目建设的情况，在设计初期没有对选址布局进行科学性的思考，导致过早的资源固化，没有合理布局。不仅如此，在国家电网和行业利润空间不断压缩的情况下，早在 2017 年的时候，国内新建充电桩的单月数量就有所回落，优胜劣汰的情况展现得比较显著。在该行业进入到第二阶段的时候，开发商开始由以往的不断盲目建设到重视运营，因此充电桩的利用效率在不断提升，服务的单一性也不断得到优化，更多的是在进行增值服务的开发与设计。因此，一些企业开始科学有效地探索充电业务之外的消费形式，如保险业务、广告宣传费用等。

11.6.3　充电设施行业发展趋势

1. 充电设施标准化

充电设施的标准不统一会引发充电桩利用率低、充电难等问题，因此充电设施标准化是未来发展的主要趋势。对于实现充电设施的标准化，最主要的就是解决兼容性的问题。兼容性主要指充电桩与新能源汽车要制定统一标准与规范，约束充电桩企业和新能源汽车企业。

2. 换电技术

早在 2019 年年底，我国就开始强调要积极探索换电补给模式，到 2020 年 4 月，新一轮的新能源补助政策又给换电模式开了一次"后门"，更加促进了换电模式的发展。换电技术可以有效解决充电难、充电效率低等问题，但是各新能源汽车厂家动力电池规格并不统一，存在无法互通等问题。因此，想把换电站的普及率提高上去很难。就目前国内的实际情况来看，充电模式主要有 4 种，充电方式比较单一，无法满足多元化的实际需求。国内一些专业人士也在对新的充电技术进行探索和研究，如电池更换技术、无线充电技术等。专家们根据电磁感应原理设计出了无线充电技术，可在一定的距离范围内进行电能的传输。这种技术的优点主要是自动化充电，驾驶员不需要下车，操作非常简单，而且也比较容易实现电池的保养。当下，东风和中兴两家公司强强联合，在湖北建设国内无线公交充电示范点，经过相关探索，实现了 60 kW 的充电功率。所谓的电池更换技术，主要有两种形式，其一是全自动形式，其二是半自动形式，主要就是快速地更换电池，实现汽车动力的补充。目前这种技术在电动公交车、环卫车等行业使用得比较多。同时，还有其他的技术，借助相关监控设备的应用，集中控制充电、配电等设备，实现一次向多台车辆充电。

3. 充电设施智能化

目前，大多数新能源汽车车主都是通过手机对充电桩进行选择与控制，而且可以对正在使用的充电设施进行远程监控，确保其正常工作。另外，可以通过手机查看当前充电桩使用人数，避开高峰时期。但是，手机 APP 更新次数太过频繁且很多充电桩不能使用同一款手机 APP，需要用户下载多款充电 APP，给车主带来很多不便。因此，要加强其智能化水平，充分挖掘 APP 功能，为车主带来更加便利的服务。

4. V2G

V2G 是 Vehicle-to-Grid 的缩写或简称，充分实现新能源汽车与电网的交换和互动方式是它的一个核心理念，可以通过 V2G 技术使得车辆和电网之间的交流互动能力实现合理的分配，这无论是对于车辆和用户来说还是对电网来说都是一件有利的事情。截至目前，V2G 的试点技术研究已在我国北京等地区和城市进行，并且在 V2G 的放电控制战略、放电负载预测等相关技术上都已经取得了一些研究成果。在未来，V2G 将会发展成为整个充电设施行业的必然趋势。

11.6.4　充电设施行业不足

1. 对政策扶持比较依赖

新能源汽车配套设施行业发展过程中的不确定因素较多，由于国家在宏观上管控电力行业，所以新能源汽车配套设施企业难以自行制订供电价格，同时并没有设计出其他配套服务。所以，充电设施行业没有获得蓬勃的发展，且行业内企业的营利情况依然不明朗。在目前的实际情况下，其营利主要是依赖国家的相关政策扶持，也就意味着该行业的发展对政策的依赖程度较高，这对其今后的进一步发展造成严重的影响。一般情况下，当前新能源汽车配套设施行业的运营模式主要有四种。其一是政府主导，这种运营模式的投资和运营方主要是政府。优点是推进力度较强，但同时会提升地方政府的资金压力，无法提升运营效率，与市场化运营不相符。其二是企业主导模式，这种模式的投资运营方主要是企业，搭配汽车对充电桩进行产品的销售和生产。其优点是运行效率比较高，缺点是具有较差的统一性，可能会出现无序的竞争。其三是混合模式，这种模式主要是企业和政府共同参与，其中企业负责制造，政府负责出台政策。这种模式的优点主要是企业和政府互为补充，形成产业联盟，对整体新能源汽车配套设施相关产业的发展有较强的促进作用，但依旧是政府会占到主导地位，企业很难有相应的话语权。其四是众筹模式，这种模式涉及的角色较多，有企业、社会、政府，参与的力量较多。优点是可以充分利用社会的相关资源，尽快适应各方面的需要；不足是各方利益难以有效整合，对政策的依赖性也比较高。因此，归根结底，影响力最大的依旧是政策。国家层面上提出了相关的文件和政策支撑，但地方没有出台相应的配套政策或者实施细则，还是无法更好将政策完整地实行。

2. 数量少，车桩比失调

在 2020 年年底，我国新能源汽车保有量为 492 万辆，充电桩数量为 168.1 万台，车桩比约为 2.9∶1，比例失调。2021 年我国新能源汽车保有量迅速上升，截至 2021 年 9 月份，我国新能源汽车保有量新增 37.8%，达到了 678 万辆，而我国充电桩数量新增 32.24%，低于新能源汽车保有量的上升速度，充电桩数量约为 222.3 万台，车桩比为 3.1∶1，车桩失衡进一步扩大。从公共充电桩方面来看，2020 年年底车桩比为 6.1∶1，截至 2021 年 9 月车桩比升至 6.5∶1，平均每 6~7 辆车对应一个公共充电桩。具体比例如图 11-25 所示。车桩比越小，充电排队时间越少，但车桩比降低到多少要考虑多方面的因素。一方面新能源汽车保有量增长，消费者对新能源汽车充电速度、质量的需求不断增长；另一方面充电桩运营商投入大、收益低，面临运营压力。

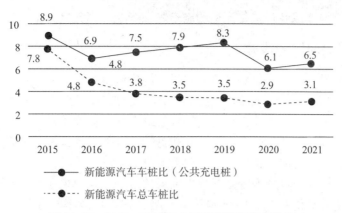

图 11-25　2015—2021 年中国新能源汽车车桩比

3. 利用率低，盈利困难

新能源汽车配套设施相关行业想实现收益，其主要来源无外乎电价差、服务费和增值服务三种。但是由于充电设施行业的增值服务尚没有得到有效的探索，国家电力部门又严格控制着电力差价，因此具有较小的盈利空间。但是区域内政府为了新能源汽车能够更好地普及，限定了相应的服务费的额度。就目前的实际情况来看，相关企业只收取规定范围内的服务费，难以在短时间内收回建设成本，更无须探讨盈利，这对相关营运商投入的积极性造成严重的影响。充电桩整体利用率较低，充电桩平均利用率仅为 3%～5%。主要原因：①充电桩标准不统一，导致不同品牌和厂家的新能源汽车与充电桩之间无法实现互联互通，兼容性问题突出；②建设充电桩的位置越偏僻所需成本越低，导致在偏远地区出现大量的"僵尸"慢充桩，常年无人问津；③传统内燃机汽车占位现象严重，导致很多新能源汽车充电车位被传统内燃机汽车占用。利用率低导致盈利困难，据统计当充电桩利用率超过 10% 时或许才能盈利，当前充电桩利用率远远没有达到要求，仍处于亏损状态。

4. 充电难，效率低

随着近几年新能源汽车保有量的迅速上升，在假期出行的高峰时段经常出现充电难的问题。主要原因：①充电桩数量不足，导致出行高峰期"一桩难求"；②各地区充电桩分布不均，加剧了局部和特定时段的充电矛盾；③充电桩兼容性较差，导致车主多次尝试后才能找到适合自己的充电桩，影响充电效率。伴随着新能源汽车保有量的迅速扩大，充电难的问题可能还将持续一段时间。

5. 安全性有待加强

由于有关充电设施设备技术的门槛较低，外加国家政策的促进，导致很多技术不成熟的中小型企业涌入，在很大程度上直接导致充电设施经常出现一些重大的安全事故。主要原因：①过充保护功能不完善；②电池管理系统不健全；③接口长期使用出现接触不良等，引发新能源汽车自燃，造成人身伤亡和财产损失。因此，充电设施的安全性存在的问题应引起我国充电设施行业内部的强烈重视。近些年来，出现过几次新能源汽车自燃情况，进行事情原因调查的时候发现，主要是充电桩存在安全隐患所致。所以，需要在技术上科学地解决充电桩安全隐患。不仅如此，从行业标准的角度来看，充电设施行业还有待完善，没有统一规范的基础设备建设标准，各运营商采用不同的接口，同时收费标准也不一样，难以认定从业人员的职业资质，缺乏必要的法规支撑，严重影响了充电设施行业的

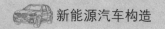

有序发展。标准化操作以及规范化流程的制定是该行业的当务之急。

11.6.5 解决问题的措施

电动汽车配套设施的核心仍是充电桩建设。解决诸多难题的办法主要有以下几种。一是政府支持，将充电桩建设纳入城市发展规划，制定配套政策，加大对基础设施建设的支持，出台充电电价和充电服务费指导价，切实解决卡住电动汽车发展的瓶颈问题。二是利用充电桩的优势，利用桩体进行广告投放，或是配建其他服务设施。三是借助能源互联网的思维建设充电桩。目前我们正处在第四次工业革命阶段，前三次工业革命分别建立在蒸汽动力、大规模生产和计算机等突破式技术成果的基础上，而现在则以互联网为核心，通过互联网来推动全球经济和社会的深刻转型。电网在传输效率等方面具有无法比拟的优势，将来仍然是能源互联网中的"主干网"，未来能源基础设施在传输方面的主体必然还是电网。

现阶段处于新能源汽车推广进程中，目标客户群体比较固定，主要集中在公共交通区域、特定行业领域和部分私家用车，其运行规律、使用习惯、停放地点及时间等方面都具有规律性，充电基础设施的建设需要更加贴近用户，满足用户的需求，根据用户使用点匹配建设充电桩群。例如，特斯拉在充电基础设施建设中采取了目的地充电的模式，使充电基础设施布局更加贴近用户，取得了很好的效果。

由于受土地因素影响程度小，分布式充电桩群的建设模式在城市充电基础设施规划过程中就具备了较强的弹性，可以根据用户需求变化，调整充电桩群的布局。即使充电桩需要迁移，也比充电站搬迁要容易得多，设备的复用率也高，这也某种程度体现了地方政府新能源推广方案提到的"桩随车走"的要求。

分布式充电桩群建设要强调网络的概念，前期可能是几个点，随着用户增加，规模扩大，从点到面，形成个城市服务网络，这才是未来城市充电基础设施的生态结构。当然谁的网络建得早、规模大、服务水平高，谁就占了未来行业域的高地。

由于分布式充电桩群具有无人值守、用户自助式操作的特点，充电桩需要具备较高的安全性、友好的操作界面以及智能化的服务，并且需要配置监控平台和运营维保团队，这些是分布式充电桩群网络需要具备的重要功能。

在充电基础设施建设中，需要创新性思维，利用有限的资源，去满足用户需求，从用户的角度提供能源解决方案，从个性化需求逐步过渡到共性化需求，进而搭建起城市充电基础服务网络。在这个过程中，合理的建桩就可以满足用户的需求，而不需要投入过多的资源进行毫无使用率的充电站建设。

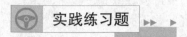 实践练习题 ▶▶ ▶

1. 简要回答域控制器的构成及其分类。
2. 简述新能源汽车的热管理系统与传统内燃机汽车的区别。

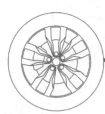

第 12 章
新能源汽车的发展趋势

伴随着政策和环境的逐步完善，未来中国汽车电动化的进程会加快，新能源汽车产业的发展前景是非常光明的。本章简要介绍新能源汽车的发展前景，以及相关技术的发展趋势、发展中遇到的问题。

学习目标

(1) 了解新能源汽车发展前景。

(2) 把握新能源汽车相关技术的发展趋势。

(3) 了解新能源汽车发展中遇到的问题。

12.1 新能源汽车发展前景

12.1.1 产业链

新能源汽车是一个新的产业赛道，将形成整车制造与核心零部件共举的新型产业格局。新能源汽车产业链由顶层技术、上游材料端、中游核心装置部件和下游整车及后市场构成。新能源汽车的零部件数量只有传统内燃机汽车20%，电池、电机、电控等核心零部件是价值所在，整车环节的重要性大大降低，传统车企发动机技术优势不再，传统车企供应链整合优势不再，使得我国在汽车工业方面实现弯道超车成为可能。

新能源汽车行业为汽车行业的重要分支，也改变了延续百年的传统内燃机汽车产业链结构。动力电池是产业链中游最重要的零部件，同时钴矿、镍矿等矿产资源为动力电池的重要组成部分，所以此类矿产资源与传统内燃机汽车上游产业链有所差别。在传统内燃机汽车产业链中，处于下游的整车厂需掌握内燃机、底盘和变速箱等核心技术；而在新能源汽车产业链中，核心零部件的研发与车企逐渐分离，下游的整车厂可以外采电池、电控和电机，同时部分智能化硬件与辅助驾驶芯片也可以与其他企业合作开发，降低了整车厂进入的门槛，给予了企业更大的发展空间。同时，充电桩、换电站等服务于新能源汽车后市场的产业也将在产业链中占据愈加重要的地位。

中国新能源汽车产业图谱如图 12-1 所示。

图 12-1　中国新能源汽车产业图谱

12.1.2　电池研究

目前新能源汽车主要采用电池作为车辆动力，但目前该领域技术并不完善，典型电池消耗量高，寿命很短，大大增加了新能源汽车的成本。随着我国产业结构的不断调整，低碳环保环境友好型的新能源电池产业兴起并发展，已成为国家未来发展的战略性新兴产业之一。随着化石能源的日益消耗和对环保的逐渐重视，利用电能取代化石能源作为动力的电动汽车受到了世界各国的关注和大力研发。电池技术作为电动汽车的核心和瓶颈，是电动汽车研究的重点和热点方向，也是关系到新能源汽车成本、续驶里程、安全性及使用寿命的关键。在电池研发方向，主要有 4 种技术路线：锂离子电池、燃料电池、超级电容和铝空气电池，其中前三者得到了广泛应用，后者尚在研究实验阶段。整体来看，锂离子电池和燃料电池在未来相当长时间内是主要发展趋势。

由于电池研发的特殊性，其设计涵盖电、电化学、热、流动、结构，甚至电磁干扰等多个学科，并且以上几个学科性能紧密相关，客户在设计电池时，必须使用多物理场的方法来进行。目前对于新能源电池的仿真研发主要在于电池反应研究以及热管理研究两大方面。因此，在未来的发展规划中，应重点发展新型电池，提高利用率，这将极大地促进未来新能源汽车的发展。

新能源汽车电池技术发展时间阶段计划如图 12-2 所示。

图 12-2 新能源汽车电池技术发展时间阶段计划

12.1.3 政府扶持

在产业发展初期，新能源汽车生产技术水平低、市场空间小、投资风险大、技术研发期长、投资回报慢，离不开政府的大力扶持。在我国，新能源汽车整车生产、推广、充电设施建设和动力电池研发和运营方面持续获得政府帮助。2010 年国务院发布《关于加快培育发展战略性新兴产业的决定》，将新能源汽车作为战略性新兴产业之一重点培育发展，2014 年接连出台一系列配套补贴优惠政策，这些政策以车辆购置补贴为主，包括车辆购置税减免、政府和公共机构采购、扶持性电价、充电基础设施建设支持等，对新能源汽车行业进行全方位扶持。2016 年中国政府颁布相关政策共 277 项。2017 年，政府又颁发多项政策支持新能源汽车发展，如《关于调整汽车贷款有关政策的通知》。不仅仅在我国，世界各国政府近年来对新能源汽车支持力度逐年增大。

虽然我国新能源汽车起步晚，但在政府的大力扶持下，已经取得了突出的成果，相关政策更加健全，技术研发制度更加成熟，市场发展稳定有序。基于环境保护、能源安全、建设工业强国的考虑，新能源汽车未来仍是我国的战略性新兴产业，是政府重点扶持的对象。而技术发展落后和充电设施欠缺仍是新能源汽车发展的障碍，未来几年，新能源汽车发展仍离不开政府扶持。在建设低碳、节能经济的宏观背景下，发展新能源汽车是大势所趋，在未来必将拉动中国汽车产业技术革新和经济增长。2020 年各国新能源汽车支持政策如表 12-1 所示。

表 12-1 2020 年各国新能源汽车支持政策

国家	支持政策
中国	2020 年 4 月将新能源汽车推广应用补贴政策实施期限延长至 2022 年年底。 2020 全年计划投资 100 亿元左右，新增公共充电桩 20 万个左右，新增私人充电桩将超过 40 万个，公共充电站要过 4.8 万座。 《新能源汽车产业发展规划》指出到 2025 年新能源汽车新车销售量要达到汽车新车销售总量的 20% 左右。 2020 年 12 月签署的中欧投资协定，重点提出将在新能源汽车领域展开合作

国家	支持政策
韩国	2019 年宣布次年投入 7 382 亿韩元补贴电动汽车和充电基础设施建设，投入 3 593 亿韩元给燃料电池电动汽车和加氢站建设。 《2030 未来汽车产业发展战略》显示，到 2030 年韩国电动汽车充电站的数量将从 5 427 个增加到 1.5 万个。 大力提升内需：出台了对部分企业实行环保汽车购入目标制，2021 年公务用车要求全部更换为新能源汽车等政策
欧盟	2020 年计划建立全欧盟清洁汽车采购机制，两年预期要达到 200 亿欧元；规划 400~600 亿欧元清洁汽车投资动力系统方向；计划对充电系统的投资翻倍，用于在 2025 年前建设 200 万个公用充电桩；计划对零排放车型免征增值税。 德、法、荷兰等国家大幅度加大对新能源汽车现金补贴力度，同时对私人住宅和针对公共区域的充电桩安装进行补贴。 欧盟多数国家明确提出未来将禁售传统内燃机汽车，截止日期为 2030—2040 年不等。 对汽车 CO_2 减排及尾气排放立法做出严格要求，乘用车新车平均 CO_2 排放 2025 年要比 2021 年减少 15%，2030 年比 2021 年减少 37.5%
英国	2020 年英国政府计划将停止传统内燃机汽车新车销售的时间由 2040 年提前到 2035 年，到 2050 年，争取全部在用乘用车和厢式轻型货车均为零排放汽车。 加大新能源汽车普及力度，对置换新能源汽车的补贴提高至最高 6 000 英镑，加大税收优惠和超低排放区豁免等优惠政策。 提出"氢能社会"的国家发展总体思路，将氢能源定位为核心二次能源，新版《氢能及燃料电池战略路线图》指出，到 2025 年燃料电池电动汽车将达到 20 万辆，2030 年达到 80 万辆。到 2030 年，电动汽车市场渗进率计划达到 20%~30%。 提出在 2030 年实现混动、电动和混插汽车销售市场占比 70% 的政策目标。并力争到 2025 年，电动货车和电动公交车在新车中的销量占比达 8.6%

全球汽车未来发展的方向是新能源化，或者说是电动化，已经成为全球各国和企业的共识。过去，很多国家对这点存在争议和摇摆，而中国的新能源汽车产业一直在增长，不断迈上新台阶。经过这几年的发展，新能源化这个不可逆的态势已基本形成。目前，中国的新能源汽车渗透率已超过 10%，即汽车增量中电动化的比例超过 10%，预计到 2025 年会突破 30%。美国、欧洲各国等的渗透率也在增长，特别是北欧，挪威电动汽车的新车销售占比已接近 100%。当然，各国电动化的技术路线不一样，如中国目前还是以纯电动汽车为主，欧洲各国以插电式混合动力电动汽车为主，日本则以弱混合动力电动汽车为主。

12.2 新能源汽车技术发展趋势

新技术对于解决新能源汽车现有技术瓶颈，提高新能源汽车对消费者的吸引力，促进其市场发展和成熟具有重要意义。随着"双碳"目标的推进，能源侧变革将让新能源汽车用上可再生能源，真正实现绿色发展。同时，新能源汽车可通过接入电网实现车网互动。风电、光伏、储能、新能源汽车加智能电网这一理想模型会提前实现。未来 3~5 年，技术和政策会进一步支撑新能源汽车的绿色化，从小范围试点逐步走向规模化发展的轨道，能源革命和汽车革命将实现实质性协同。

12.2.1　混合动力技术

通过对纯电动汽车、混合动力电动汽车和燃料电池电动汽车的技术分析，可以发现要实现新能源汽车技术的进一步推广应用，推动新能源汽车进一步的发展，还需要对新能源汽车技术进行深入分析，尤其是对新能源汽车技术未来的发展趋势进行研究，充分发挥这一技术的节能环保优势。

混合动力电动汽车在内燃机技术的应用已较为成熟，在汽车续驶里程上的优势也不断增强。电机技术会逐渐成为未来纯电动汽车发展的核心，并为纯电动技术的广泛应用奠定基础。随着混合动力技术的快速发展，人们能够自行选择燃料模式来满足驾驶需求，与传统内燃机汽车相比，混合动力电动汽车在环保性能与经济性方面更具有优势，也是未来新能源汽车技术应用推广的重点。新能源汽车混合动力技术如图 12-3 所示。

图 12-3　新能源汽车混合动力技术

12.2.2˙　纯电动技术

纯电动汽车在使用过程中存在一定的缺陷，如续驶里程不足、充电时间较长等。这些问题在未来纯电动汽车的发展中都会得到解决。此外，政府部门也在积极提出科学合理的政策和保障措施，为纯电动技术的推广应用提供更多的支持。

12.2.3　氢燃料技术

氢燃料具有资源丰富、清洁及低能耗等优势，但在技术上的要求极高，现阶段氢燃料相关技术还未达到应用的标准。虽然自然界的氢资源丰富，但要实现大范围的氢生产，需要投入极高的费用，且规模化生产无法在短期内实现，使氢燃料汽车短时间内无法实现大范围的推广应用。从可持续发展潜力来看，氢燃料汽车在行驶品质和节能环保等方面具有较为显著的优势。在新能源汽车的发展过程中，可以将氢燃料技术作为技术储备，在攻克了氢燃料应用技术、应用成本等难题后，这一技术可以实现大范围的应用推广。

12.2.4 生物燃料技术

生物燃料汽车的动力来源于生物燃料的燃烧。生物燃料是一种全新的代用燃料，属于可再生资源。该技术主要选择大豆、微藻和油菜籽等植物作为原料，通过分解和提取将其制成液体燃料，在内燃机气缸内进行燃烧产生动力。在制作生物燃料的过程中，应考虑土地资源、气候特征和环境条件等诸多因素的影响，提高生物燃料提取效率。可以预见，未来的生物燃料技术将会呈现出巨大的发展前景。生物燃料电池充电模块如图 12-4 所示。

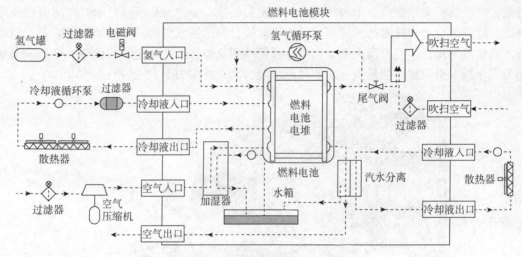

图 12-4 生物燃料电池充电模块

12.2.5 无线充电技术

如果感应充电系统处于磁共振耦合状态，即使发射线圈和接收线圈之间的距离超过几米，仍然可以保证良好的充电效率。得益于这一原理，当感应充电系统具有良好调谐的硬件设备，并将其定位在最佳角度时，停放在车库或街道上的车辆可以用 3~7 kW 的电力在大间隙距离内高效充电，工作频率在数十兆赫兹至数百兆赫兹范围内。一种常见的固定式无线充电的原理图如图 12-5 所示。

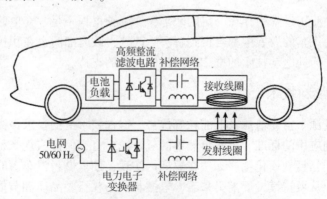

图 12-5 一种常见的固定式无线充电的原理图

与传统充电方式相比，无线充电为车主提供了极大的便利，具有更多功能、更持久、更可靠的优势。它不仅避免了恶劣环境(污点、腐蚀)和频繁的插拔对充电连接器造成的不可修复的损坏和磨损，还确保了在潜在危险的场景下安全充电，包括禁止电火花的爆炸性加油站。由于政府出台了一系列有利于充电站建设的扶持政策和补贴，新能源产业发展的成本和障碍明显降低。随着电力驱动技术的逐步发展，电动汽车的供需都将大幅增加。在这些因素的驱动下，全球电动汽车无线充电市场预计将在 2020—2025 年期间以 49.38% 的复合年均增长率增长。快速电动汽车充电器数量的持续增长将成为进一步推动市场的另一个核心，到 2025 年其规模将超过 70 亿美元。先进的动态充电概念旨在利用预先设置在路面下方的电磁线圈，对等待信号甚至运动中的电动汽车持续充电。无线充电技术在未来发展中的前景如图 12-6 所示。

图 12-6　无线充电技术在未来发展中的前景

12.2.6　智能配电技术

有效的电源分配可以为更多的电动汽车充电，而无须进行重大的基础设施升级。电力分配系统无须安装额外的物理电力容量，而是可以通过更多的电动汽车充电器动态地共享现有电力，为更多的电动汽车充电。在某些情况下，私人和车队的电动汽车司机希望可以方便地使用沿途的充电设施。司机需要透明地共享充电桩信息，包括关于充电器可用性、高峰和非高峰定价的实时信息。通过完善的后端充电集中控制管理系统，为驾驶者提供先进的电动汽车充电管理解决方案，包括具有需求侧响应能力的智能能源管理。

在电网中引入可再生能源和二次电池作为一种先进的智能配电技术，促进了快速电动汽车充电器的实现。二次电池和可再生能源，如绿色能源发电机，可以将多余的发电补充到电网，以提高电网的发电能力。二次电池作为能量缓冲器，可以在电网过载或断开连接的紧急情况下提供能量。

电动汽车配电技术的发展，机遇与挑战并存。电动汽车数量的增长将对城市电网的峰值承载能力提出前所未有的要求，因为大多数电动汽车充电时间高度重叠，特别是在晚上。集中充电导致每天在这些时间内的电力需求急剧增加，而在其余的时间里，电力容量并没有得到充分利用。这种情况会对每个接受电力服务的人产生不利影响。

一方面，电压降和电压不稳定可能导致电器的击穿。另一方面，发电能力的增加和硬件设施的加强不可避免地会提高电价。这些不利因素已经在一些发达国家显现出来。统计数据显示，英国将投资超过 20 亿英镑，对至少 30% 的低压网络进行优化，以满足电动汽车集中充电的峰值需求。然而，如果广泛部署智能配电系统来管理电动汽车充电行为，更好地利用现有电网的电力容量，低压网络升级将被延迟或阻止。此外，作为智慧城市的重要组成部分，智能配电的普及将促进智慧建筑和光伏产业的发展。智能配电系统示意图如图 12-7 所示。

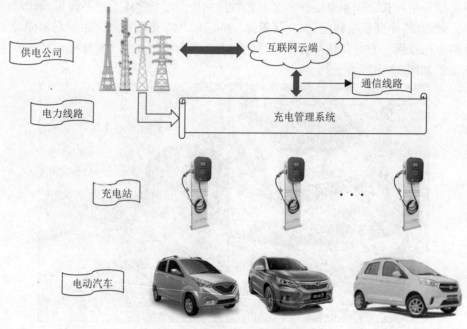

图 12-7　智能配电系统示意图

12.3　新能源汽车发展障碍

里程焦虑、充电基础设施不足、充电时间管理困难是阻碍新能源汽车发展的最显著障碍。尽管在电池材料、动力系统和电动汽车控制策略方面的基础研究在技术水平上取得了重大进展，但新能源汽车的成功商业化仍任重而道远，尤其是在大多数发展中国家。

12.3.1　安全问题

关于新能源汽车的安全问题媒体报道非常多，有一些起火事故对产业的影响也不小。新能源汽车在安全性能上仍与传统能源汽车存在差距。例如，目前的新能源汽车，如果生产人员在生产过程中没有注意到它，电池的安装会有很多问题，这会给用户带来风险，这也是现实生活中非常普遍的现象。从原理上来讲，新能源汽车的安全性不应低于传统内燃机汽车。仔细对每一个火灾事故调查，其发生主要原因是不合格的设计与制造。主流动力锂电池技术路径在安全性和稳定性方面仍处于相对劣势，过去一年，新能源汽车安全事故、自燃等安全隐患备受关注市场。对于锂电池厂商来说，未来材料性能的优化和材料生产的工艺流程需要进一步完善。对于汽车制造商来说，电池管理系统和系统集成功能的组装和测试同样重要，质量要求和测试流程必须进一步收紧。新能源汽车安全问题如下。

1）自燃

电芯能量密度过高，试验验证不足；制造过程控制水平低，留有缺陷；温度过高，温度不均衡造成热失控。

2）充电过程燃烧

低级错误造成过充；不规范充电；不具备能力的快充；低温强制充电造成伤害。

3）碰撞后起火

外部高压电路短路；内部受伤破损。

4）其他原因

电池箱进水；停放中多车火烧连营；过度追求能量密度。

一些电动汽车事故如图 12-8 所示。

图 12-8　一些电动汽车事故

(a)美国普锐斯混动车锂电池冒烟着火；(b)杭州出租车电池组漏液起火；
(c)特斯拉 Model S 电池组被刺穿而短路着火；(d)深圳五洲龙纯电动大巴过充起火

12.3.2　建设进度问题

中国的新能源汽车还处于发展阶段，由于很多新能源汽车往往与现有的设施不能够形成很好的搭配，从而使得其相应的配套设施是非常不完善的。比如，新能源汽车充电一直是困扰人们的一个问题。因为新能源汽车动力电池续航和使用寿命有限，充电时间也相对较长，所以有的新能源汽车往往在需要的时候，得不到充足的补给，而且其电池也很容易耗尽和损坏。新能源汽车需要消耗大量电能，但目前我国的电站建设技术还不是很发达，建设进度相对缓慢。考虑到我国新能源技术的现状，如果国家没有相关补贴政策支持，新能源汽车将很难得到普及和推广。当前，宏观调控存在诸多问题，政府必须制定相应政策，落实一些优惠补贴政策，确保基础设施建设顺利进行，助力新能源汽车积极发展。尽管当前我国充电设施建设已经逐步加快，而且也达到了 3∶1 的车桩比，但与实现 1∶1 的要求还有很大的距离。根据中国汽车协会分析，我国新能源汽车将在 2035 年超越一亿辆，但就目前充电设施建设进度来看，未来时间，充电设施的建设必须加快。另外，充电设施建设还存在不均衡的现象，多集中在东部地区和沿海地区，西部地区和农村占比不足 15%。

12.3.3 电池技术问题

制约新能源汽车发展最重要的问题集中在续航和充电技术方面，新能源汽车主要依靠电能，且没有环境问题，所以备受市场重视。但是，任何新能源汽车的核心都是电池，所以动力电池的开发，直接决定了汽车的续航和快充。为了解决汽车的续航能力和电池快充技术，必须加快技术革新，只有这样，新能源汽车才能进一步推广使用。动力电池的主要问题是随着能量密度的增加，热失控的可能性增加。业内普遍认为，在电池形态和材料方面，动力电池将从阳极还原钴逐步向无钴、阴极加硅、通过电解液还原有机溶剂等方向发展。目前，全固态电解质仍有许多技术瓶颈需要克服。

12.3.4 回收与处理问题

废旧动力电池的处理逐渐走向成熟。当新能源汽车行驶相应的里程(8 万~12 万 km)，或者是其容量衰减至额定容量 80%，一般认为动力电池达到了其使用寿命，需要报废更换。目前，由于汽车废旧电池的分布相对分散，并且利用价值不高，再加上处理成本、管理及技术等问题，汽车废旧电池一直以来均未得到有效解决，回收率相对较低，大多是将其作为普通的生活垃圾进行处理。一是回收利用难度大，技术壁垒和利润瓶颈突出存在。目前，动力电池回收利用有专门的"新能源汽车废旧动力蓄电池回收(不含危险废物经营)"一般事项经营范围，主要分为梯次利用和材料拆解回收循环利用。前者可将新能源汽车淘汰下来的电池进行拆解改造，但是现阶段却存在技术壁垒难以解决。后者是将电池进行彻底分解并资源化回收利用，但当下材料拆解回收利润很低，部分材料回收危险性高、污染大，更变相增加回收成本，回收企业积极性不高。由于不同厂商生产的动力电池规格差异较大，缺乏统一标准，在拆解和重新组合时通常会遇到兼容问题。二是回收体系混乱。面对巨大的电池回收市场，小作坊式违规回收处理情况突出存在，不少电池流入了不正规企业，随之带来巨大的环境污染和安全隐患。三是电池回收政策法规支撑力和约束力不够。目前，电动汽车电池回收最有力的支撑政策法规是《新能源汽车动力蓄电池回收利用管理暂行办法》，明确了汽车企业的主体责任，但政策并非强制性的，且缺乏明确的奖惩制度，对实施细节、处罚措施也没有明确，电池的生产、使用和回收等各级主体没有构成支撑力和约束力。

12.4 新能源汽车发展改进措施

新能源汽车发展改进措施主要如下。

(1)加强运营。随着经济的快速发展，新能源汽车技术已经不再局限于研发设计与生产制造领域，仓储物流、销售管理和售后服务等运营领域，以及产业链上各环节的互相配合与顺畅运行也愈发重要。新能源汽车企业的经营任务重点已转变为实现整个体系及每个环节的稳定运行。企业可创建统一的操作平台，通过该平台监控产业链中的各个运行环节。

(2)加强上下游客户的引导。在当前政府各部门、各企业合作共赢的大背景下，单靠企业自身力量无法独自完成新能源汽车销售各环节的工作，应与投资者及合作伙伴加强对接，充分整合资源，处理好新能源汽车发展中存在的问题，推动其长远发展。企业必须站在消费者立场思考问题，积极创新与优化新能源汽车的产业结构，从新能源汽车的研发、生产到最终产品的投入使用，都应综合考虑用户的体验与感受。

（3）加快培养专业人才。当前，我国新能源汽车虽然产量位居全球第一，但是产品以面向中低端市场的为主，大而不强的问题依然存在。未来我国新能源汽车面临高质量发展的局面，对于核心技术与高级人才的需求将会越发重要。技术创新是产品保持生命力的重要手段，特别是对于新能源汽车这类新生产品，持续技术创新对该产业的发展具有重要意义。我国正大力推动新能源汽车的普及，汽车制造企业也应积极转型升级。新能源汽车的推广应用，对相关维修人员的专业能力与综合素质提出了更高的要求。相关院校在培养新能源汽车专业人才时应积极研究相关政策，把握教学重点，树立良好的"人本"教育理念，全方位培养专业人才的综合素质，为新能源技术的可持续发展培养更多高素质的人才。在新能源汽车专业人才培养时，应充分开展市场调研，掌握市场对人才的具体需求，创建出科学合理的专业学科，积极填补行业人才缺口。

（4）加大政府对新能源汽车扶持力度，完善相关的政策。政府应对投资者在新能源汽车关键技术的掌握、资金和融资能力、产品研发能力、研发投入和售后保障等方面提出更高的具体要求。合理优化产业布局，当前，中国新能源汽车产业布局有着区域不平衡性。对于产业密集地区，当地政府应该以更高的视野做好新能源产业的发展规划，以高标准吸引产业相关人才，利用好已有发展优势稳固其在产业的龙头地位。这些还要主动与国际知名新能源汽车品牌看齐，在发展中低端产品的同时，瞄准高端市场，以强而有力的竞争优势占领全球市场份额。

（5）对于东北、西北等产业欠密集区域，当地政府应该加大新能源汽车推广力度。通过以下手段在当地培育新能源汽车市场：①培养消费者环保与绿色出行理念；②完善道路与充电桩等基础设施；③探索与发展多种新型发电模式，降低电价；④加大对消费者购买新能源汽车的激励。

实践练习题

1. 简述燃料电池电动汽车的优点。
2. 简述新能源汽车无线充电技术与传统充电方式相比的优点。

参 考 文 献

[1] 高建平，郄建国. 新能源汽车概论[M]. 北京：机械工业出版社，2018.

[2] 何洪文，熊瑞. 电动汽车原理与构造[M]. 北京：机械工业出版社，2018.

[3] 程振彪. 燃料电池汽车[M]. 北京：机械工业出版社，2016.

[4] 节能与新能源汽车技术路线图战略咨询委员会，中国汽车工程学会. 节能与新能源汽车技术路线图[M]. 北京：机械工业出版社，2016.

[5] 赵振宁. 新能源汽车技术概述[M]. 北京：北京理工大学出版社，2015.

[6] 胡骅，宋慧. 电动汽车[M]. 北京：人民交通出版社，2006.

[7] 陈全世. 先进电动汽车技术[M]. 北京：化学工业出版社，2007.

[8] 温有东. 电动汽车用永磁同步电机的研究[D]. 哈尔滨：哈尔滨工业大学，2012.

[9] 陈清泉，孙逢春，祝嘉光. 现代电动汽车技术[M]. 北京：北京理工大学出版社，2002.

[10] 肖生发，郭一鸣. 汽车构造[M]. 北京：北京大学出版社，2017.

[11] 刘浩学. 汽车使用安全技术[M]. 北京：人民交通出版社，2002.

[12] 陈新亚. 视频图解新能源汽车构造与原理[M]. 北京：机械工业出版社，2020.

[13] 崔胜民. 新能源汽车技术解析[M]. 北京：化学工业出版社，2016.

[14] 崔胜民. 智能网联汽车概论[M]. 北京：人民邮电出版社，2019.

[15] 张金柱. 新能源汽车技术[M]. 北京：机械工业出版社，2014.

[16] 靳立强，田端洋，刘阅. 电动轮汽车驱动助力转向与稳定性协调控制[J]. 机械工程学报，2018，54(16)：160-169.

[17] 谢长君，全书海，杜传进. 燃料电池电动汽车能量管理系统研究[J]. 汽车工程，2007，(09)：758-760.

[18] 谢卓，陈江平，陈芝久. 电动车热泵空调系统的设计分析[J]. 汽车工程，2006，(08)：763-765.

[19] 王文伟，毕荣华. 电动汽车技术基础[M]. 北京：机械工业出版社，2010.

[20] 崔胜民，韩家军. 新能源汽车技术[M]. 北京：北京大学出版社，2009.

[21] 唐有根. 镍氢电池[M]. 北京：化学工业出版社，2007.

[22] 衣宝廉. 燃料电池的原理、技术与应用[M]. 北京：化学工业出版社，2003.

[23] 徐国凯，赵秀春，苏航. 电动汽车的驱动和控制[M]. 北京：电子工业出版社，2010.

［24］张军，董长兴. 汽车总线系统检修［M］. 北京：北京理工大学出版社，2010.

［25］李兴虎. 混合动力汽车构造与原理［M］. 北京：人民交通出版社，2008.

［26］王贵明，王金懿. 电动汽车及其性能优化［M］. 北京：机械工业出版社，2010.

［27］周旸. 电动汽车动力电池系统故障诊断策略与方法研究［D］. 北京：北京理工大学，2013.

［28］王震坡，孟祥峰. 插电式混合动力电动汽车开发技术［M］北京：机械工业出版社，2010.

参 考 答 案

第 1 章

1. 答案:

首先, 汽车作为一种交通工具, 为人类的出行提供了便利。从最初的蒸汽车到现代的电动汽车, 汽车不断演进, 满足了人们不同的出行需求。汽车的出现改变了人类的出行方式, 不再需要依靠马、牛等动物力量, 加快了人们的生活节奏, 促进了社会的发展。

其次, 汽车的发展也带来了环境问题。传统内燃机汽车的使用会产生大量的尾气排放, 造成空气污染和温室气体的排放, 给环境造成了极大的负担。而新能源汽车的出现为解决环境问题提供了一种可行的解决方案。

最后, 汽车产业也成为了许多国家的重要支柱产业, 为经济发展作出了巨大的贡献。汽车制造业的发展带动了各个相关产业的发展, 从而推动了整个社会的经济繁荣。

总的来说, 汽车发展对人类的影响是多方面的。它为人们的出行带来了便利和快捷, 同时也带来了环境问题和交通安全隐患。我们需要在发展和创新的过程中, 不断寻求解决这些问题的方法和途径, 实现汽车与社会可持续发展的协调和共赢。

2. 答案:

(1)纯电动汽车: 仅使用电池存储能量驱动车辆。典型代表车型包括特斯拉 Model S、比亚迪 e6 等。

(2)混合动力电动汽车: 同时使用内燃机和电机两种不同的动力系统, 通过内燃机发电或者利用制动能量回收充电来提供电池驱动电机的电能。典型代表车型包括丰田普锐斯、本田雅阁混动等。

(3)燃料电池电动汽车: 通过将氢气和氧气在燃料电池中反应产生电能来驱动电动机。典型代表车型包括丰田 Mirai、现代 NEXO 等。

(4)其他新能源汽车: 包括太阳能汽车、空气动力汽车、液化石油汽车、超级电容汽车等。

3. 答案:

(1)节约能源: 新能源汽车使用可再生能源, 如太阳能、风能、水能等, 可以减少对石油、天然气等有限能源的依赖, 达到节约能源的目的。

(2)减少污染：传统内燃机汽车使用化石燃料，会排放大量的有害气体和颗粒物，严重影响空气质量和人类健康。而新能源汽车使用电能、氢能等清洁能源，基本不产生污染物，可以减少对环境的污染。

(3)缓解能源安全问题：依赖进口石油、天然气等能源的国家，容易受到国际市场波动和政治因素的影响。而发展新能源汽车可以减少对进口石油、天然气等能源的需求，从而缓解能源安全问题。

(4)推动经济发展：新能源汽车是一个全新的产业，涉及的领域包括能源、材料、电子、汽车制造等，可以为经济发展提供新的增长点和动力。

(5)提升科技水平：新能源汽车是现代汽车制造技术的集中体现，涉及的技术包括电池技术、电机技术、充电技术、智能控制技术等多个方面，推动了科技进步和创新。

第2章

1. 答案：

纯电动汽车是指完全依靠电池组储存的电能作为动力源，不依赖于传统燃料，也不具备备用的传统内燃机的汽车。纯电动汽车一般使用电机驱动轮胎运动，从而实现行驶。其主要优点是零排放、低噪声、低成本和高效率。相比传统内燃机汽车，纯电动汽车可以大幅度减少环境污染，同时也有助于减少对有限石油资源的依赖，因此备受关注和推广。

2. 答案：

纯电动汽车的优点：

(1)零排放：纯电动汽车没有任何尾气排放，是非常环保的车型。

(2)静音：纯电动汽车电机运转时非常安静，不会产生噪声，给驾驶者带来更舒适的驾驶体验。

(3)经济：使用电能比使用化石燃料更经济，纯电动汽车在能源成本上具有一定优势。

(4)维护成本低：纯电动汽车的动力系统比传统内燃机汽车的复杂度低，维护成本也相对较低。

(5)能量回收：纯电动汽车能够通过能量回收系统将制动时产生的能量转化为电能存储在电池中，提高了能源的利用效率。

纯电动汽车的缺点：

(1)续驶里程较短：纯电动汽车的续驶里程目前还无法与传统内燃机汽车相媲美，需要经常充电。

(2)充电时间长：纯电动汽车需要较长的时间充电，无法像传统内燃机汽车那样在短时间内完成加油。

(3)充电基础设施不完善：充电基础设施的建设还没有完全跟上纯电动汽车的发展，用户在外出行时难以找到充电设施。

(4)制造成本高：纯电动汽车的电池技术和电机技术相对成熟，但制造成本仍然较高。

(5)能源密度不高：相比于化石燃料，电池的能源密度仍然较低，纯电动汽车的行驶性能仍有提升。

第 3 章

1. 答案：

主要目标：最佳的燃油经济性、最低的排放、最低的系统成本、最好的驱动性能。

混合动力电动汽车控制策略的设计主要考虑以下几点：

(1)优化内燃机的工作点：基于最佳燃油经济性、最低排放或者二者选其一，根据发动机的转矩/转速特性曲线确定最优工作点。

(2)优化内燃机的工作曲线：如果内燃机需要发出不同的功率，相应的最优工作点就构成了发动机的最优工作曲线。

(3)优化内燃机的工作区：在转矩/转速特性曲线上，内燃机有一个首选的工作区，在此工作区内，燃油效率最高。

(4)最小的内燃机动态波动：应控制内燃机的工作转速以避免波动，从而使内燃机的动态波动达到最小。

(5)限制内燃机最低转速：当内燃机低速运行时，燃油效率很低，因而当内燃机转速低于某一下限值时，应关闭内燃机。

(6)减少内燃机的开/关次数：频繁地开/关内燃机，引起油耗和排放增加。

(7)合适的蓄电池荷电状态：蓄电池的容量须保持在适当的水平，以便在汽车加速时提供足够的功率，在汽车制动或下坡时能回收能量。若蓄电池的容量过高，应关闭内燃机或使之怠速运转。

(8)安全的蓄电池电压：在放电、发电机充电或制动回收充电时，蓄电池的电压会发生很大变化，应避免蓄电池电压过低或过高，否则蓄电池会产生永久性破损，因而蓄电池管理很关键。

(9)分工适当：在驱动循环中，内燃机和电机应合理分担汽车所需功率。

在某些城市或地区混合动力电动汽车以纯电动模式工作效率最高，这种转变可以通过手动或自动来实现。

2. 答案：

(1)在动力性上：PHEV 能够实现纯电、纯油、混合动力等多种驱动方式，因此能够达到动力更强、燃油经济性更好的目的。

(2)在经济性上：PHEV 由于同时带有两套系统，制造成本较高，并且车身质量也更重，因此售价也相比 HEV 更高、整车操控感也变得比较笨重。而且 PHEV 依然需要对内燃机进行维护和保养，在用车成本方面要比 HEV 更高，目前大多数 PHEV 车型都没有快速充电接口，只能够使用慢充，因此充电时间长、费用较高。

3. 答案：

(1)串联式混合动力系统：串联式混合动力系统一般由内燃机直接带动发电机发电，产生的电能通过控制单元传到电池，再由电池传输给电动机转化为动能，最后通过变速机构来驱动汽车。

(2)并联式混合动力系统：并联式混合动力系统包括两套驱动系统，即传统的内燃机系统和电机驱动系统。两个系统可以同时协调工作，也可以各自独自工作。这种系统适合多种复杂工况，同时结构简单、成本低。

（3）混联式混合动力系统：混联式混合动力系统在内燃机系统和电机驱动系统中各有一套机械变速机构，两套机构通过齿轮系或采用行星式结构结合在一起，从而综合调节内燃机和电机之间的转速关系。

第4章

1. 答案：

（1）异步电机：异步电机又称感应电机，是由气隙旋转磁场与转子绕组感应电流相互作用产生电磁转矩，从而实现机电能量转换为机械能量的一种交流电机。

（2）永磁无刷电机：无刷直流电机带永磁体，因无换向器和电刷而被称为无刷。它采用电子换向，免维护，具有起动转矩大、效率高达 95%～98% 的牵引特性，适合高功率密度设计。

（3）开关磁阻电机：开关磁阻电机是具有双重显著性的一类可变磁阻电机，结构简单坚固，转子是一块无绕组或永磁体的叠压硅钢片。这减少了转子惯性，有助于提高加速度。坚固性使这种电机适合高速应用，并能提供高功率密度。其缺点是控制复杂，增加开关电路还会带来噪声。同步磁阻电机是一种具有磁阻性质的同步电机，转矩由转子的交、直轴磁阻差异引起，无励磁绕组或永磁体。这种电机因结构简单坚固而在纯电动汽车和混合动力电动汽车中日益流行。其优点是无转子损耗，能提供比同样大小的感应电机更高的永久转矩。

2. 答案：

（1）仿真技术和设计技术。电机是一项综合技术的产物，它是温度、磁场、电力、机器相互交叉融合的产物。它们相辅相成，并相互影响。例如，温度升高或者降低都会影响磁性材料电磁的大小和磁场的位置，而这样又会影响到电机的工作效率与耗能的多少，从而也会直接影响电机内部零件的磨损程度，而磨损程度的变化对电机本身的温度又产生一定的影响。因此，现代电机中的每一个环节都是不能忽视的，任何一个环节出现差错都会牵一发而动全身。所以，具有综合性的仿真技术和设计技术就显得尤为重要。

（2）高效节能技术。高效节能技术是一个经久不变的话题，高效节能也就意味着电机工作效率的提升。而电机正是整个机电系统中耗电量较大的部分，所以对于它的工作效率的提升就显得更为重要。首先，要从它的体积入手，体积小的效率远远高于体积大的；其次，要不断更新它原件的材料，使电机在工作过程中自身对于电能的消耗降到低谷。

（3）极端环境的适应能力。现代电机涉及的领域越来越多，而传统的电机存在温度限制，这使得电机在特定的环境中失去动力。因此，如果要现代电机能够在更广泛的领域发展，就必须提高它在极端环境的中的适应能力。

3. 答案：

根据负载的起动特性及运行特性，选出最适合这些特性的电机，满足生产机械工作过程中的各种要求；选择具有与使用场所的环境相适应的防护方式及冷却方式的电机，在结构上应能适合电机所处的环境条件；计算和确定合适的电动机容量：通常设计制造的电动机，在75%~100%额定负载时效率最高，因此应使设备需求的容量与被选电动机的容量差值最小，使电机的功率被充分利用；选择可靠性高、便于维护的电机；考虑到互换性，尽量选择标准电机；为使整个系统高效率运行，要综合考虑电机的磁极对数及电压等级。

4. 答案：

直流电机是指能将直流电能转换成机械能(直流电动机)或将机械能转换成直流电能(直流发电机)的旋转电机。它是能实现直流电能和机械能互相转换的电机。当它作电动机运行时是直流电动机，将电能转换为机械能；作发电机运行时是直流发电机，将机械能转换为电能。

第5章

1. 答案：

燃料电池电动汽车由4个基本模块组成：动力系统、底盘、汽车电子系统和车身。动力系统通过燃料电池系统和电机为汽车提供动力。这种能量来源于氢，氢储存在车辆的压力罐中。燃料电池电堆将这些能量转化为电能，并由电池作为辅助一同驱动电机。这与纯电动汽车的原理没有太大不同，但是燃料电池电动汽车的电池容量要小得多。因为纯电动汽车的电池用于储存驱动汽车所需的全部能量，而燃料电池电动汽车只需使用电池来辅助稳定燃料电池的输出功率：在功率需求较低时吸收额外的电力，在功率需求大时释放电力。

从理论上讲，纯电动汽车具有更高的能源效率，但是过大的电池质量降低了这种优势，特别是对于长途运输用的重型车辆。纯电动汽车必须为每多行驶一英里增加更多的电池容量，从而给车辆增加额外的质量。比如在特斯拉的电动重卡模型中，预计其电池质量可以达到4.5 t。而燃料电池电动汽车就没有这样的问题，其所携带的氢气质量远小于同等能量所需的电池质量，因为氢具有更高的比能(约120 MJ/kg，电池的比能是5 MJ/kg)。

除了动力系统，车辆的其他部件基本上是相同的。车辆底盘包括传动、转向、制动和行驶系统。车辆电子系统主要由底盘控制系统，安全系统和车辆电子产品，如信息娱乐/通信，高级驾驶辅助系统以及传感器等构成。最后，车身包括车身主体、座椅和内饰。燃料电池电动汽车的基本结构如下图所示。

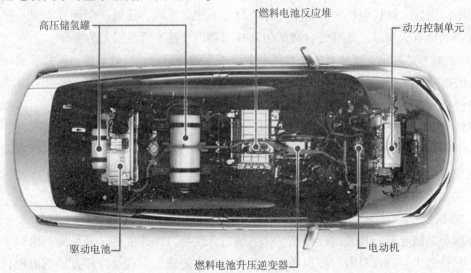

在燃料电池电动汽车中，燃料电池系统由燃料电池组和辅助系统组成。燃料电池电堆是核心部件，它将化学能转化为电能为汽车提供动力。

燃料电池系统除燃料电池电堆外，还有4个辅助系统：供氢系统、供气系统、水管理系统和热管理系统。供氢系统将氢从氢气罐输送到燃料电池电堆；由空气过滤器、空气压缩机和加湿器组成的供气系统为燃料电池电堆提供氧气；水热管理系统采用独立的水和冷却剂回路来消除废热和反应产物(水)。通过热管理系统，可以从燃料电池中获取热量来加热车辆的驾驶室等，提高车辆的效率。

燃料电池系统产生的电力通过动力控制单元传到电机，在电池的辅助下，在需要时提供额外的电力。

2. 答案：

燃料电池电动汽车的工作原理：作为燃料的氢在汽车搭载的燃料电池中，与大气中的氧气发生氧化还原化学反应，产生出电能来带动电机工作，电机带动汽车中的机械传动结构，进而带动汽车的前桥(或后桥)等行走机械结构工作，从而驱动汽车前进。

燃料电池的反应结果会产生极少的二氧化碳和氮氧化物，副产品主要产生水，因此被称为绿色新型环保汽车。燃料电池电动汽车是纯电动汽车的一种，其核心部件燃料电池。通过氢气和氧气的化学作用，而不是经过燃烧，直接变成电能动力。

3. 答案：

部分车辆直接携带着纯氢燃料，另一部分车辆有可能装有燃料重整器，能将烃类燃料转化为富氢气体。单个的燃料电池必须结合成燃料电池组，以便获得必需的动力，满足车辆使用的要求。

4. 答案：

类型：离子膜氢氧燃料电池、培根型氢氧燃料电池、石棉膜氢氧燃料电池。

优点：①清洁环保，产物是水；②容易持续通氢气和氧气，产生持续电流；③能量转换率较高，超过80%(普通燃烧能量转换率约为30%)；④可以组合为燃料电池发电站，排放废弃物少，噪声低，绿色发电站。

缺点：输出电压较低，要持续不断供给反应物，排除生成物，附属设备较多，不容易应用于便携式电子产品。

第6章

1. 答案：

锂离子电池是一种通过正负极之间的锂离子嵌入和脱出来储存和释放电能的充电电池。它由正极、负极、电解质和隔膜组成。正极一般采用富锂材料，如三元材料(如 $LiCoO_2$、$LiMn_2O_4$、$LiFePO_4$等)；负极则采用碳材料，如石墨等。

在充电过程中，正极会释放出锂离子，这些锂离子通过电解质穿过隔膜，最终嵌入到负极中，同时电子在电路中流动产生电流。而在放电过程中，负极会释放出锂离子，这些锂离子再次穿过隔膜，最终进入到正极中，同时电子在电路中流动，释放出储存在电池中的能量。

锂离子电池的特点是高能量密度、无记忆效应、低自放电率、长寿命、环保等。它在现代移动电子产品、电动汽车、储能系统等领域得到广泛应用。

2. 答案：

新能源汽车的电池冷却系统是为了维持动力电池组温度在合适的范围内，保证动力电池性能、寿命和安全而设计的。动力电池组通常由多节电池单体组成，每节电池单体都需要在一定的温度范围内工作，如果温度过高或过低都会影响电池的性能和寿命，甚至会引起动力电池的故障和火灾等安全问题。

冷却系统具有自然冷却、风冷、液冷、直冷等多种形式，最常见的为液冷方式，通过循环液体来吸收动力电池组产生的热量，以达到降温的目的。液冷系统由冷却液循环系统、冷却液储罐、泵、散热器、传感器、控制系统等部分组成。电池组内部的冷却液循环系统通常由导流板、管路、冷却器等部分组成，冷却液流经电池单体，吸收电池产生的热量，再将热量传递至散热器，通过空气对流和散热，将热量释放到外界。

冷却系统的控制系统通常由传感器、控制器、执行器等部分组成，通过监测动力电池组的温度、冷却液的温度、压力等参数，以及控制冷却液的循环流量、泵的工作状态等，实现对动力电池组温度的控制和调节。在低温环境下，冷却液需要预热后才能进入动力电池组循环，保证动力电池组的正常工作。

总之，电池冷却系统是新能源汽车动力电池组不可或缺的部分，能够保证动力电池组的稳定工作和安全性能，为新能源汽车的广泛推广和使用提供了可靠保障。

第7章

1. 答案：

整车控制系统是一种电子控制系统，它负责管理和控制车辆的各种功能，包括动力系统、底盘系统、驾驶员辅助系统、信息娱乐系统等。整车控制系统一般由以下几个部分组成：

发动机控制模块（ECU）：用于管理和控制发动机的燃油喷射、点火等系统，以确保发动机正常工作。

变速器控制模块（TCU）：用于控制车辆的变速器，包括自动变速器和手动变速器等。

制动控制模块（BCM）：用于控制车辆的制动系统，包括制动踏板、制动盘、制动液等。

方向盘控制模块（EPS）：用于控制车辆的转向系统，包括电动助力转向和机械转向等。

稳定性控制模块（ESP）：用于控制车辆的稳定性系统，包括车身稳定控制、牵引力控制、刹车力分配等。

驾驶员辅助控制模块（DAS）：用于提供各种驾驶员辅助功能，例如车道保持、自适应巡航控制、盲区监测等。

信息娱乐控制模块（HMI）：用于控制车辆的信息娱乐系统，包括音响、导航、多媒体播放等功能。

以上这些控制模块在整车控制系统中协同工作，确保车辆安全、高效、舒适地运行。整车控制系统中的各个部分之间还需要进行信息交换和协同控制，以实现车辆各项功能的完善。

2. 答案：

混合动力系统是一种结合了燃油发动机和电动机的动力系统，它们根据不同的工作原理和应用场景可以分为以下几类：

并联式混合动力系统：燃油发动机和电动机并联，可以同时或分别驱动车轮，达到提高加速性能、降低油耗和减少尾气排放的效果。这种系统常见于汽车和公交车等中小型车辆。

串联式混合动力系统：燃油发动机作为发电机，通过电力转化来驱动电动机，电动机直接驱动车轮，达到减少燃油消耗和减少尾气排放的目的。这种系统常见于混合动力客车和重型货车等大型车辆。

电力增程式混合动力系统：类似于串联式混合动力系统，但是增加了一个储能设备（如锂离子电池），在电池电量不足时通过发电机发电给电池充电，从而实现更长的电动模式驱动。这种系统常见于混合动力轿车和SUV等中型车辆。

可调式混合动力系统：根据驾驶者需求，自动或手动选择使用燃油发动机、电动机或两者组合驱动。这种系统常见于高端豪华轿车和跑车等车型。

3. 答案：

串联式混合动力系统是一种混合动力汽车系统，由燃油发动机和电动机串联组成，以实现高效率和低排放。其基本原理如下：

燃油发动机：燃油发动机主要负责驱动车辆，并且充电电池组中的电能用于电动机的动力输出。当电池电量不足时，发动机会自动起动以充电电池组。

发电机：发电机主要负责向电池组充电，以保持电池的电量。

电池组：电池组是混合动力系统中的重要部分，负责储存电能并向电动机提供动力输出。

电动机：电动机主要负责辅助发动机提供动力输出，并且可以利用制动能量或发动机的余热进行充电。

控制系统：控制系统是混合动力系统的关键部分，用于控制发动机和电动机之间的协同工作，以实现高效率和低排放。控制系统还可以监控和管理电池组的充电和放电，以保护电池的寿命。

在行驶过程中，混合动力系统可以自动调整燃油发动机和电动机之间的动力输出比例，以最大限度地提高燃油效率和减少排放。当车辆需要加速时，电动机提供额外的动力输出，减少了对燃油发动机的依赖。当车辆行驶速度较慢或停止时，燃油发动机会自动停止，从而节省燃料和减少排放。

第8章

1. 答案：

(1)高压起动电机具有高功率密度的特点；

(2)高压起动电机的响应速度快也是其优势之一；

(3)高压起动电机噪声低，可以为车辆提供更为舒适的驾驶环境；

(4)高压起动电机还具有体积小、质量轻、效率高、寿命长等优点。

2. 答案：

在电动汽车中，常见的助力转向器主要有以下几种：

(1)电动助力转向器(Electric Power Steering, EPS)：

优点：EPS采用电动驱动方式，相比传统液压助力转向器具有更高的能效和精确的转向控制。它通过电机提供转向助力，能够根据车速和驾驶情况自动调整助力大小，提供舒适的操控感受和减少驾驶者的劳累。

缺点：EPS 对电源依赖较大，需要电池供电。在电池电量不足或电路故障的情况下可能会影响转向的可靠性和安全性。

（2）电液混合助力转向器（Electro-Hydraulic Power Steering，EHPS）：

优点：EHPS 结合了电动和液压两种技术，具备电动助力转向器和传统液压助力转向器的特点。它在低速驾驶时能够提供较大的助力，提升转向的灵活性和操控性，而在高速驾驶时减少液压助力的消耗，提高能效。

缺点：相比 EPS，EHPS 相对复杂，需要液压泵和传感器等额外部件，增加了系统的成本和重量。

（3）无助力转向器（Manual Steering，MS）：

优点：MS 是传统的机械转向系统，没有依赖于电力或液压的助力装置。它简单、可靠，并且在正常情况下不需要额外的能源供应。

缺点：MS 需要驾驶者自行施加较大的力量来转动转向盘，对驾驶者的体力要求较高，特别是在低速行驶或停车时操作较为吃力。

3. 答案：

在电动汽车中，制动系统起到了关键的安全作用，而电动真空泵是制动系统的重要组成部分。它的主要功用是为电动汽车提供辅助制动力和真空助力。电动汽车中的制动系统通常采用电子制动系统（Electronic Brake System，EBS）或者电子稳定性控制（Electronic Stability Control，ESC）系统等现代化的制动技术。这些系统通常需要一个稳定的真空源来提供制动助力。电动真空泵的主要功用如下：

（1）提供制动助力：电动汽车的制动系统需要提供足够的助力来增强制动效果。电动真空泵通过产生负压，将制动助力传递给制动器件（如制动助力器或制动主缸），使驾驶员在踩踏制动踏板时能够更轻松地产生足够的制动力。

（2）维持稳定的真空源：传统的内燃机汽车通常使用内燃机进气歧管产生真空作为制动助力的源泉。而电动汽车没有内燃机，因此需要电动真空泵来提供稳定的真空源，确保制动系统的正常运行。

（3）保证制动可靠性：电动真空泵的存在可以帮助减少制动系统中的真空泄漏风险。通过提供稳定的真空助力，它可以确保制动系统在各种驾驶条件下的可靠性和一致性，提供更加可靠的制动性能。

第 9 章

1. 答案：

电动汽车通常采用直接驱动系统，不需要传统意义上的自动变速器（Automatic Transmission，AT）。然而，一些电动汽车仍然采用了类似自动变速器的装置来调节电机的转速和输出力。以下是几种常见的电动汽车自动变速器类型和组成：

（1）单速变速器：大多数电动汽车采用单速变速器，也称为固定齿比传动系统。它由一个固定的齿轮传动组成，将电机的输出力直接传递到车轮上。这种变速器简单且效率高，适用于日常城市驾驶和高速公路行驶。

（2）多速变速器：少数电动汽车采用多速变速器，类似于传统汽车的自动变速器。多速变速器由多个齿轮传动组成，通过变换齿比来实现不同的转速和输出力。它可以提供更广泛的动力输出范围，以适应不同驾驶条件和需求。

（3）带差速器的变速器：一些电动汽车在传动系统中配备了差速器，以实现更好的转向和操控性能。差速器可以将电机的动力输出分配到车轮上，使左右车轮在转弯时可以以不同的速度旋转。

总体而言，电动汽车的自动变速器相对传统内燃机汽车来说更为简化。它们的主要目的是控制电机的转速和输出力，以提供最佳的动力性能和能效。具体的变速器类型和组成可能因制造商和车型而有所不同，但核心原则是为电动汽车提供适合各种驾驶条件和需求的动力输出。

2. 答案：

行星齿轮变速器是一种常见的变速器设计，由太阳齿轮、行星齿轮和环形齿轮等部件组成。下面是行星齿轮变速器的主要部件及其工作原理：

太阳齿轮：太阳齿轮是行星齿轮变速器的中心齿轮，通常位于中间，由一个固定的轴支撑，并通过电机的输出轴直接驱动。太阳齿轮的齿数通常较小。

行星齿轮：行星齿轮是围绕太阳齿轮旋转的一组齿轮，每个行星齿轮都连接到一个行星齿轮支架，而行星齿轮支架则连接到变速器外壳。行星齿轮的齿数通常较大。

环形齿轮：环形齿轮是行星齿轮变速器的外圆齿轮，齿轮上有内部齿槽。行星齿轮与环形齿轮的齿相互啮合，形成转动的动力传递。

工作原理如下：

当太阳齿轮旋转时，它会驱动行星齿轮旋转。由于行星齿轮连接到行星齿轮支架，并与环形齿轮的齿相啮合，因此行星齿轮会绕着太阳齿轮旋转，并且它们的运动轨迹是环形的。通过改变行星齿轮支架的位置，可以改变行星齿轮与环形齿轮的啮合点。当行星齿轮的齿从一个环形齿轮的齿槽移动到另一个齿槽时，输出轴的速度和扭矩会发生变化。通过控制行星齿轮支架的位置，可以实现不同的齿轮组合和传动比，从而实现变速效果。例如，将行星齿轮支架固定不动，太阳齿轮驱动行星齿轮旋转，输出轴的速度与太阳齿轮的速度相同；而将太阳齿轮固定不动，行星齿轮支架驱动行星齿轮旋转，则输出轴的速度会更低。

行星齿轮变速器可以实现多个齿轮组合，以提供不同的转速和扭矩输出，从而满足不同驾驶需求。行星齿轮变速器具有结构紧凑、传动效率高等优点，被广泛应用于汽车、机械和工业设备等领域。

第 10 章

1. 答案：

（1）高效可靠：CAN 总线采用了先进的通信协议和数据传输机制，能够实现高效的数据传输和实时通信。它具有高速传输能力和低延迟特性，确保信息的准确传递和及时响应，适用于复杂的汽车电子系统。

（2）高带宽：CAN 总线支持多节点连接，可以同时传输多个设备间的数据。它具有较高的带宽，可以处理大量的数据传输，满足新能源汽车各个子系统之间的通信需求，如动力系统、车载网络、充电管理等。

（3）灵活可扩展：CAN 总线具有灵活性和可扩展性，能够适应不同的车辆配置和功能要求。它支持节点的动态连接和断开，可以方便地添加、删除或更换设备，实现系统的灵活配置和升级。

（4）抗干扰能力强：CAN 总线采用差分信号传输方式，具有良好的抗干扰能力。它能够有效地抵抗电磁干扰和噪声，保证数据的可靠传输，特别适用于汽车环境中存在的电磁干扰和噪声情况。

（5）节约成本：CAN 总线使用简单的两线制连接方式，相对于传统的点对点布线方式，可以大幅减少线束数量和质量，降低成本和功耗。此外，CAN 总线还可以实现多功能集成，减少硬件和线束的复杂性，简化系统设计和维护。

综上所述，CAN 通信数据总线在新能源汽车中具有高效可靠、高带宽、灵活可扩展、抗干扰能力强以及节约成本等优越性，为新能源汽车的电子系统提供了可靠的数据通信基础。

2. 答案：

混合动力汽车的网络控制系统通常由以下几个节点构成：

（1）混合动力控制单元（Hybrid Control Unit，HCU）：HCU 是混合动力系统的主控制单元，负责整个系统的协调和控制。它接收来自各个传感器和其他控制单元的数据，根据当前驾驶条件和用户需求，确定最佳的功率分配策略和能量管理策略。

（2）发动机控制单元（Engine Control Unit，ECU）：ECU 负责管理和控制发动机的工作，包括燃油喷射、点火时机、气门控制等。在混合动力系统中，ECU 还负责与电机的协同工作，实现动力的最优分配。

（3）电机控制单元（Motor Control Unit，MCU）：MCU 控制和管理电机的运行。它监测电机的状态和参数，控制电机的转速和扭矩输出，并与发动机控制单元进行协调，实现混合动力系统的协同工作。

（4）变速器控制单元（Transmission Control Unit，TCU）：TCU 控制和管理变速器的操作。它监测车辆速度、加速度和驾驶模式等信息，根据需要自动选择合适的变速器挡位，以提供最佳的动力传输效率。

（5）电池管理系统（Battery Management System，BMS）：BMS 监测和管理混合动力汽车的动力电池组。它负责监测电池的电量、温度、电压等状态，实时评估电池的健康状况，并根据车辆的需求进行电池的充放电控制。

（6）制动系统控制单元（Brake System Control Unit，BSCU）：BSCU 负责控制制动系统的操作。它接收来自车辆的制动信号，并通过电控制动系统实现对车辆的制动力分配和调节。

（7）动力分配控制单元（Power Distribution Control Unit，PDCU）：PDCU 控制和管理混合动力系统中各个动力源的功率输出和分配。它根据驾驶需求、车辆状况和能量管理策略，控制发动机和电机之间的协同工作，实现最佳的动力输出和燃油经济性。

这些节点在混合动力汽车的网络控制系统中相互协作，通过实时的数据交换和控制策略的调节，以达到最优的能量利用和动力输出效果。

3. 答案：

纯电动汽车的基本网络结构通常由以下几个部分组成：

（1）车载局域网：车载局域网是纯电动汽车内部各个电子控制单元之间的通信网络。它将车辆的各个系统和设备连接起来，包括动力系统、车身控制系统、安全系统等。通过车载局域网，这些系统可以进行数据交换和相互协作。

（2）控制单元和传感器：纯电动汽车中的各个控制单元和传感器负责监测和控制车辆的各项功能和参数。例如，电池管理系统（BMS）用于监测电池的状态，电机控制单元（MCU）控制电机的运行，车身稳定控制系统（ESC）用于控制车辆的稳定性等。

（3）信息娱乐系统：信息娱乐系统包括车载娱乐、导航和通信等功能。它提供车辆乘客的娱乐和导航服务，以及与外部通信的能力。这些系统通常与车载局域网相连，以实现数据的共享和交互。

（4）远程连接和互联功能：纯电动汽车通常具备远程连接和互联功能，可以通过手机应用或云平台与车辆进行远程控制和监测。这些功能使车主能够远程查看车辆状态、控制车辆的充电和预热等操作。

（5）充电设备和充电网络：纯电动汽车的网络结构还包括充电设备和充电网络。充电设备用于给电动汽车进行充电，充电网络则提供充电桩和充电站的信息和管理服务，以满足电动汽车的充电需求。

这些网络结构和功能共同构成了纯电动汽车的基本网络系统。通过这些网络，车辆内部的各个系统和设备可以实现数据的交换和协同工作，提供更安全、便捷和智能的驾驶体验。同时，纯电动汽车的网络系统还支持远程连接和互联功能，使车主能够更好地管理和控制车辆。

4. 答案：

智能网联技术变革通常包含以下 3 个阶段：

（1）V2V（车辆对车辆）通信阶段：这是智能网联技术的初级阶段，其中车辆之间通过无线通信技术实现相互之间的数据交换。V2V 通信可以传输车辆的位置、速度、加速度等信息，从而实现车辆之间的协同和安全性提升。通过 V2V 通信，车辆可以相互感知并共享关键的行驶信息，提高行驶安全性、减少事故发生率。

（2）V2I（车辆对基础设施）通信阶段：在这一阶段，车辆与道路基础设施进行通信，实现与交通信号灯、交通管理系统等交通基础设施的互联互通。通过 V2I 通信，车辆可以接收来自基础设施的实时交通信息，如交通拥堵、道路条件等，从而优化行驶路线、提高交通效率。同时，V2I 通信也为车辆提供更多的智能服务，如电子支付、停车导航等。

（3）V2X（车辆对一切）通信阶段：V2X 是智能网联技术的最高阶段，其中车辆不仅与其他车辆和基础设施进行通信，还与云平台、行人、无人机等一切相关的物体进行通信。V2X 通信使车辆能够实时感知和处理周围的环境信息，实现更高级别的智能驾驶功能。例如，通过与云平台的连接，车辆可以获取实时的交通状况、天气预报等信息，并做出相应的驾驶决策。

这 3 个阶段的智能网联技术变革逐步提升了车辆的安全性、效率和智能化水平。从车辆间的通信开始，逐渐扩展到与道路基础设施、云平台以及其他物体的通信，实现了更加智能和互联的交通生态系统。

第 11 章

1. 答案：

域控制器的构成主要分为硬件和软件两部分，可以将汽车电子控制系统分为动力域（安全）、底盘域、座舱域、驾驶域和车身域五域。

2. 答案：

对于传统燃油汽车而言，新能源汽车整车的热管理更多的是集中与汽车发动机上的热管系统上，而新能源汽车上整车热管理与传统燃油汽车的热管理概念有巨大的差异，一般电动汽车的热管理必须统筹规划整车上的"冷"与"热"，提高能源利用率，保证整车续航。

第 12 章

1. 答案：

(1)零排放或近似零排放；

(2)减少了机油泄露带来的水污染；

(3)降低了温室气体的排放；

(4)提高了燃油经济性；

(5)提高了发动机燃烧效率。

2. 答案：

与传统充电方式相比，无线充电为车主提供了极大的便利，具有更多功能、更持久、更可靠的优势。它不仅避免了恶劣环境(污点、腐蚀)和频繁的插拔对充电连接器造成的不可修复的损坏和磨损，而且还确保了在潜在危险的场景下安全充电，包括禁止电火花的爆炸性加油站。